大连理工大学应用经济学前沿系列丛书

Frontiers in Applied Economics of Dalian University of Technology

大连理工大学管理与经济学部学术出版基金资助

汇率制度演进背景下人民币汇率波动成因及波动效应研究

The Research on Causes and Effects of
RMB Exchange Rate Fluctuation under the
Background of Exchange Rate System Evolution

谷 宇／著

经济科学出版社

Economic Science Press

图书在版编目（CIP）数据

汇率制度演进背景下人民币汇率波动成因及波动效应
研究/谷宇著.—北京：经济科学出版社，2013.8
（大连理工大学应用经济学前沿系列丛书）
ISBN 978 - 7 - 5141 - 3675 - 3

Ⅰ.①汇…　Ⅱ.①谷…　Ⅲ.①人民币汇率 - 汇率波动 -
研究　Ⅳ.①F832.63

中国版本图书馆 CIP 数据核字（2013）第 176651 号

责任编辑：刘明晖　李　军
责任校对：王苗苗　杨　海
版式设计：齐　杰
责任印制：王世伟

汇率制度演进背景下人民币汇率波动成因及波动效应研究
谷　宇　著
经济科学出版社出版、发行　新华书店经销
社址：北京市海淀区阜成路甲 28 号　邮编：100142
总编部电话：010 - 88191217　发行部电话：010 - 88191522
网址：www. esp. com. cn
天猫旗舰店：esp@ esp. com. cn
天猫网店：经济科学出版社旗舰店
网址：http://jjkxcbs. tmall. com
北京盛源印刷有限公司 印装
710×1000　16 开　13.75 印张　220000 字
2013 年 9 月第 1 版　2013 年 9 月第 1 次印刷
ISBN 978 - 7 - 5141 - 3675 - 3　定价：38.00 元
（图书出现印装问题，本社负责调换。电话：010 - 88191502）
（版权所有　翻印必究）

前　言

　　1973 年布雷顿森林体系崩溃后，汇率制度选择成为世界各国货币当局的一个核心议题。提高本国在国际市场上的竞争力，促进本国同世界各国的贸易和资本流动，保持国内稳定的通货膨胀水平及预防金融危机的爆发，成为一国选择汇率制度的重要权衡标准。一方面，各国政府为解决各个不同时期国内最为突出的经济矛盾，在上述宏观调控目标中进行抉择，从而导致各自的汇率制度不断地演绎，汇率工具也逐步成为一国政府重要的促进经济内外部均衡的货币政策工具。另一方面，各国的汇率制度演进历程也表明，汇率制度的选择并不是主观的、任意的，脱离国家的政治经济实际维持某种汇率制度，往往导致经济的失衡和危机的爆发，最终引起经济衰退。

　　我国在计划经济时代和改革开放之初，人民币汇率作为一种扭曲的价格体系，不仅无法起到宏观经济调控工具的作用，还严重地制约着我国贸易和投资的发展，成为经济发展的羁绊。伴随着改革开放的逐步深入，人民币汇率体制也历经了数次重大的体制性变革，其对宏观经济的调控作用也日益显现。1994 年人民币汇率并轨前，我国政府对人民币汇率的数次贬值措施使得我国的对外竞争力迅速提高，促进了我国的贸易和投资。1998 年为应对亚洲金融危机，我国政府采取的盯住美元的汇率制度则屏蔽了危机向我国的传染，保障了我国经济的稳定运行。而 2005 年实施的人民币汇率形成机制改革，更标志着我国汇率体制市场化进程的加速。"汇改"的实施一方面是我国经济发展的客观需要，另一方面也是我国政府期望应用汇率工具来调节我国经济内外部失衡的关键措施。2005 年"汇改"实施至今，人民币汇率的波动行为和波动特征都出现了显著变化，名义汇率和实际汇率都出现了显著升值，同时汇率的灵活性显著增强；并且汇率的升值态势和灵活性的增强也深刻地影响着我国经济的各个层面。本书正是在人民币汇率形成机制变革持续实施的背景下提出的，并结合我国内外经济失衡的宏观经济特征，首先从多个维度辨析了人民币汇率波动的长短期动因，随后进一步考察了人民币汇率波动对我国经济不同层面的影响。

本书所做的主要工作和贡献有以下几个方面：

（1）在第 2 章中，介绍了汇率制度分类方法和汇率制度选择理论，回顾了新中国成立以来人民币汇率体制的变迁历程，对人民币汇率的经济绩效进行了述评，构建了本书的基本分析框架。

（2）在第 3 章中，在资本流动和转轨经济的背景下，基于包含非抵补利率平价的行为均衡汇率模型，采取协整和误差修正模型的方法，判定了人民币汇率的均衡水平和错位程度，着重分析了目前人民币汇率升值压力形成的根本原因和短期因素。

（3）在第 4 章中，基于扩展的蒙代尔－弗莱明－多恩布什模型，应用结构向量自回归模型，考察了外部冲击对人民币汇率的冲击。

（4）在第 5 章中，测算了人民币外汇市场压力并分析了其波动成因，着重考察了中美货币政策变动对人民币外汇市场压力的作用机制及效果。

（5）在第6章中，基于均衡汇率理论，应用GARCH模型度量了人民币汇率波动性，并建立进出口的协整和误差修正模型，进一步考察了这一波动性对我国进出口的影响。

（6）在第7章中，构建包含宏观经济变量和汇率的向量自回归模型，基于Granger因果检验和脉冲响应函数判断了汇率升值对辽宁省和大连市经济的效应。

（7）在第8章中，应用事件研究法考察了两次关键事件对我国深市13个行业指数收益率的影响；第8.3节则选取纺织服装业这一特定行业，应用包含GARCH效应的Fama - French三因素模型考察了人民币汇率对该行业上市公司股价的影响。

本书力图在人民币汇率制度演进背景下，基于汇率决定及汇率制度选择的相关理论，运用计量工具从多维度考察人民币汇率波动行为及特征的变动态势及成因，并进一步从多层次分析人民币汇率波动对我国经济绩效的影响。尽管作者在前期准备和写作过程投入了大量精力，但受学识所限，书中难免存在错误、遗漏及不足之处，恳请各位专家、师长及同仁不吝赐教。

谷宇

2013年7月14日

目录

第1章

引　论

　　汇率制度选择一直是国际经济学的核心议题之一，在过去的 100 年间，从金本位制度、布雷顿森林体系到最优货币区，国际汇率体系一直处于不停的演绎之中；与之相随的是国际经济学界关于最优汇率制度的理论之争。在判断汇率制度对一国经济发展和国民福利的中长期影响时，经济学家或是从稳定贸易、投资和产出波动的角度出发，或是从应对外部冲击及货币投机的角度出发，得出了更倾向于固定汇率制度或浮动汇率制度的不同结论。同时，经济学家也逐步得出了汇率制度内生的观点，即一国汇率制度是由其自身的政治、经济、地理特征等特定因素所决定的，并且应当随着这些因素的转变而逐步演化。正如弗兰克尔（Frankel，1999）所说的，没有单一的一种汇率制度可以在所有时候适用于所有的国家。

　　我国自 1978 年以来，经过多年的市场化改革和高速的经济发展，特别是在加入世界贸易组织后，宏观和微观经济结构都发生了重大的结构性转变。与此相适应，我国人民币汇率体制自 1978 年以来也已经历了数次重大的体制性变革，深入了解人民币汇率体制同我国经济增长之间的互动关系，对我国央行进一步推进人民币汇率市场化进程，并运用汇率工具调控我国的宏观经济具有一定的理论和现实意义。

1.1　选题的意义

　　进入 21 世纪以来，随着我国经济的持续高速增长，我国在世界政治经济格局中的地位也日益增强，成为了拥有巨额贸易顺差和超过万亿美元外汇储备的国家。在经常账户和资本账户持续表现为"双顺差"的同时，我国内部经济也逐步表现出因严格盯住美元而产生的经济失衡的倾向。与此同时，美国、日本等国家出于自身的国家利益，开始对人民币汇率施加升值压力；排除国际政治博弈的因素外，一些经济学家也依据经典的经济学理论和我国的经济状况，提出了人民币汇率应进行变革的观点。

例如，哈佛大学教授杰弗里·弗兰克尔（Jeffrey Frankel，2006）在一篇题为《关于人民币：固定汇率下的调整和浮动汇率下的调整》的论文中，从中国经济内外部均衡的角度出发，建议人民币应当升值，并增加人民币汇率的灵活性。而另一位著名的国际经济学大师麦金农（Mckinnon，2005）则强调了人民币汇率应当保持对美元的相对稳定，他基于 1997 年亚洲金融危机后的东南亚汇率体系运行的事实及"浮动恐惧"、"原罪"和"高储蓄两难"等汇率选择理论，并借鉴日本和德国在经济增长过程中面临升值的不同策略，主张人民币汇率应避免大幅升值。而如果再考虑国际政治等因素，人民币汇率问题就变得更为复杂了，正如李扬、余维彬（2005）所论述的："汇率问题从来就不是，或许主要就不是一个纯经济问题。"学术上的纷争并未阻碍人民币汇率体制转变的进程，在我国内外部经济环境都发生重大转变的背景下，我国政府在 2005 年 7 月宣布实施人民币汇率形成机制改革，自 2005 年 7 月 21 日起，我国开始实行以市场供求为基础、参考一篮子货币进行调节、有管理的浮动汇率制度。自此，我国汇率体制的发展开始进入了一个新的历史阶段。

人民币汇率形成机制改革实施以来，人民币汇率行为发生了显著变动，汇率灵活性有所增强，汇率水平在 2007 年美国爆发次贷危机之前基本表现为持续性的单边升值，在美国次贷危机演变为全球性金融危机后，人民币对美元汇率保持了相对稳定，但随着 2010 年 6 月人民币汇改重启，人民币汇率震荡上行，一直表现为稳步升值的趋势。特别是当 2012 年 9 月美国宣布推出第三轮量化宽松货币政策后，人民币对美元汇率有加速升值的趋势。2012 年 10 月 12 日，美元对人民币即期汇率盘中最高触及 6.2578，再次创下 2005 年汇改以来新高，由汇改时的 8.2765，升至 6.2578，7 年累积升幅超过 32%。与人民币波动趋势数次逆转相伴随的是，一些官员、学者及研究机构开始宣称人民币汇率已经接近均衡水平。中国人民银行副行长、国家外汇管理局局长易纲于2012 年 10 月 12 日在出席 IMF 和世行东京年会时表示，人民币汇率已接近基于市场供需的均衡水平①。而国际货币基金（IMF）组织在 2012年 7 月发布的报告称，人民币相对一篮子货币存在中度低估②。这与2011 年的报告形成鲜明对比，IMF 在 2011 年的报告中认为人民币汇率大幅低估。这些迹象都表明，人民币汇率已经接近或达到由经济基本面决定的中长期均衡水平。但人民币汇率接近均衡水平并不意味着人民币汇率的稳定，与此相反，人民币汇率在 2012 年呈现出先升值、后贬值、再度升值的双向波动局面。而在央行于 2012 年 4 月将人民币汇率日波幅扩大为百分之一后，还进一步降低了干预强度，人民币汇率宽幅震荡的局面更加明显。在人民币汇率弹性加强的背景下，由于近期国内外多重不确定因素的影响，人民币未来的汇率走势的不确定性也将进一步加强。

汇率行为的变动也进一步通过贸易、投资、价格水平等渠道深刻地影响到我国经济的各个层面。央行数次评价说，人民币汇率形成机制改革"达到了预期的效果"，促进了经济结构调整、产业优化升级和经济增长方式的转变，培育了金融机构自主定价和风险管理的能力，增强了宏观经济运行的灵活性。市场微观主体经过努力调整逐步适应了有管理的浮动汇率制度，规避汇率风险的能力不断增强，企业利润大幅上升。但同时，我国宏观经济的内外部环境又出现了新的特点，使得人民币汇改进一步推进的难度有所加大。与 2005 年 7 月我国实施人民币汇率机制改革的时候相比，我国的内外经济环境又发生了显著的变动：就外部环境而言，美欧经济因次贷危机和欧洲主权债务危机的影响，仍呈现出低位运行的态势，我国自 2008 年中期开始外贸部门就持续受到世界经济紧缩导致的需求下降的冲击；而就内部环境而言，我国投资主导型的经济增长模式并未得到显著调整，因"四万亿"释放的大量流动性使得居民消费价格一直在较高水平运行，而以房价为标志的资产价格未得到抑制，地方政府债务平台的风险也持续累积。我国宏观经济的新特点

---

① 资料来源：新浪财经，http://finance.sina.com.cn/money/forex/20121015/112013369131.shtml

② 资料来源：国际货币基金组织中文网站，www.imf.org/external/chinese/index.htm

使得学术界有关是否应加速人民币汇率体制变革的讨论不绝于耳且观点往往针锋相对。

基于上述考虑，本书认为有必要从实现我国经济内外部均衡的角度出发，采取现代经济计量方法，主要考察人民币汇率形成机制变革背景下人民币汇率的波动机制、特征及汇率变动对我国宏观经济的作用渠道和效应。为阐述这一问题，本书主要围绕两条主线来展开：（1）依据汇率决定理论，从多重视角分析人民币汇率波动行为及特征；（2）依据汇率行为及汇率制度选择理论，从多层次分析人民币行为，即汇率水平值及波动性的变化对我国宏观经济的影响。在此基础上，探讨在目前我国经济内外部失衡的局面下，人民币汇率机制和政策可能需要进一步变动的深层动因，并提出相应的政策建议。上述问题的研究有助于为推进人民币汇率体制市场化进程提供理论及实证支持，具有重要的理论意义及现实意义。

本章以下的部分安排如下：第1.2节简要介绍了国内外有关汇率制度对经济增长影响的相关文献；第1.3节是论文的结构安排及创新点。

1.2 国内外文献综述

根据前面的汇率选择理论的概述，汇率制度对一国经济增长的影响，或者直接通过作用于贸易、投资等影响经济增长的关键因素来进行，或者间接地通过提供一个稳定的内外部环境，如保持低通货膨胀水平、避免金融危机等来促进长期的经济增长。本节简要从下面几个直接或间接的渠道来归纳总结汇率制度对经济增长影响方面的理论及实证研究文献。

1.2.1 国外研究现状

1.2.1.1 汇率制度对贸易和外商直接投资的影响

学者们对不同汇率制度对贸易和投资，特别是对外商直接投资（Foreign Directed Ivestment，FDI）的影响的考察，主要是围绕汇率波动性（volatility）来进行的。传统的观点认为固定汇率制度可以稳定风险厌恶的经济人的预期，较小的汇率波动性有利于贸易、投资。但是，无论是在理论上还是在实证方面，相关文献关于汇率波动性对贸易和投资的影响问题仍未得出统一的结论。

1.2.1.1.1 在贸易方面

克拉克（Clark，1973）构建了一个完全竞争模型，出口商生产单一产品，并完全在国外销售，在模型的简单形式中，公司不使用进口的投入品，出口商品的价格是外生决定的，产出在整个生产计划期内是不变的。公司在计划期将汇率风险考虑在决策内，以便确定其产出水平。风险厌恶的厂商的贸易量被假定为利润的二次方程，汇率波动性扩大时，厂商将供给曲线左移，产量和贸易量都出现了下降。通过降低销售量，预期利润和利润方差都出现了下降，预期的效用却增加了。假如生产中的投入品是进口的，供给的缩减规模将较小，利润的方差不会同汇率风险的方差成比例的增加。

霍珀和柯尔哈根（Hooper and Kohlhagen，1978）也检验了汇率波动性在双边贸易模型中的效应，模型中不确定性的唯一来源就是名义汇率。他们首先推导出对单一厂商所面临的供给和需求方程，随后加总得到简约化的双边贸易方程，对方程求解达到市场均衡的价格和数量。他们模型中的关键参数是所签订合同使用的货币，远期合约避险的比例和进口商以及出口商的相对的风险厌恶程度。模型假定签订合约的一部分由外国货币所定价，交易的一部分在远期外汇市场上进行了避险操作。这些参数是外生的，并且决定着厂商所面临的风险程度，这样汇率变动性只是影响了一小部分未进行避险操作的利润。

在贸易和汇率波动之间的联系上，有一点必须提及的就是"沉淀成本"。厂商在不同国家大量投资，并组建营销和经销网络等，即厂商在进入或退出某一市场时存在较大的进入或退出成本。因此，在面临汇率大幅度波动时，厂商并不会轻易退出市场，而是采取观望态度，并等待汇率转好，以弥补沉淀成本，所以这些沉淀成本使得公司对汇率的短期变动不太敏感（Dixit，1989）。弗兰卡（Franke，1991）借鉴上述观点，提出了汇率波动性并不必然导致贸易量下降的观点。在他建立的跨期模型中，厂商是风险中性的，并且面对的是垄断竞争市场。模型的一个关键假设是汇率的变动是一个向均值回归的过程，因此汇率的不确定性来自于对其自身均衡水平的偏离。弗兰卡进一步对汇率波动性和贸易的关系进行了研究。厂商具有进入或提出某一市场的"选择权"（option），在制订进入或退出出口市场的决定时，不仅需要考虑显性固定和变动成本，还需要考虑实施进入或离开该市场的选择权所产生的成本。汇率波动越剧烈，保留这种选择权的价值就越大；并且汇率波动的范围也因此而加大，在这个范围里，公司将通过留在出口市场或在外观望（假如它还未进入该市场）来推迟行动。这意味着汇率波动的加剧将导致进入或退出决定的制订变得更加迟钝。

在实证方面，库什曼（Cushman，1988）检验了美国与 6 个贸易伙伴国 1974~1983 年的双边出口和进口水平。他使用了 5 种不同的实际汇率风险的测定方法，并且每种测定方法都代表着一种对贸易伙伴国汇率预期方式的假设。库什曼的结论是，在没有汇率风险的情况下，在同样的样本期间，美国的进口会比平均水平提高约 9%，出口会高出约 3%。

罗斯（Rose，1999）基于引力模型，应用针对 1970~1990 年的 186 个国家的双边数据进行了研究，他发现货币区这种汇率体制的安排对国际贸易具有较明显的正向效应，而汇率波动性对国际贸易有着较小的负向效应。并且，罗斯指出，如果两个国家使用同种货币，则贸易量三倍于两国使用不同种货币的情况。类似于欧盟这种货币联盟使得国际贸易得以大幅度的增长。

克莱因和香博（Klein and Shambaugh，2004）也基于引力模型进行研究，并发现了类似的结论。他们的创新之处在于对固定汇率制度进行了分类。他们的结论表明了固定的汇率制度表现出了较大的、显著的对贸易的影响。这一结论说明了汇率体制在贸易决定上的角色，世界贸易主要在实行固定汇率制度的国家间进行。

1. 2. 1. 1. 2 在外商直接投资方面

库什曼（1985）以及高柏和科斯达德（Goldberg and Kolstad，1995）等人基于传统的贸易理论，从半均衡的角度建立了汇率波动性对 FDI 的影响模型。他们认为当国家间存在关税或者其他贸易障碍时，商品的跨境自由流动被阻止了，因此跨境投资被视作是一种进口替代行为。模型中，他们将汇率波动性同其他宏观经济冲击分离开来，将跨国公司所面临的汇率波动性作为外生变量。在模型中，跨国公司在不同的国家进行分散投机，并利用汇率的波动性配置不同国家的生产任务。如果一国的币值波动使得该国的要素成本降低，跨国公司将会把生产转移到该国。上述理论模型的主要结论是，首先，汇率波动性和 FDI 之间不存在明确的关系。其次，对风险厌恶的公司，汇率波动性会降低跨国公司海外机构的预期收益，因此汇率波动性会阻止外商直接投资。库什曼（1985）的实证研究判断了汇率波动性与美国向这些国家外商直接投资规模的影响，分析表明汇率风险对 FDI 的影响是正向的。

迪西特和平狄克（Dixit and Pindyck，1994）认为汇率波动性阻止了跨国公司的进入，即汇率波动性阻碍了外商直接投资的进行。汇率波动性使得跨国公司在发生必要的投资海外的沉没成本之前，导致进行投资这一选择的"期权价值"（Option value）增加了。这一期权的行权收益等同于这一海外投资的预期的贴现值，汇率风险导致了收益规模的不确定性，增加持有期权的等待价值。

与前面研究的理论基础不同，埃金曼（Aizenman，1993）从一般均衡的角度，考察了汇率体制同外国直接投资之间的关系。模型假定厂商进行事前（ex ante）投资，事后（ex post）雇佣，即在经济已经受到实际或名义冲击之前投资已经完成，而在冲击发生后进行劳动力的雇佣。按照这一方法，汇率波动性对投资的效应依赖于厂商的产出成本、市场竞争结构和利润方程对价格的凸性。模型假定生产商为了分散他们的风险，在多个国家进行生产，并不断将生产转移到要素成本更低的工厂。模型的一个重要结论是，无论冲击经济体的是实际冲击还是名义冲击（货币冲击），固定汇率制度相比浮动汇率制度，都更容易吸引到 FDI。例如，当经济体受到正向的产出冲击时，名义和实际汇率将面临升值压力。而在固定汇率制度下，汇率不变，正的产出冲击使得厂商预期利润增加，因此增加雇佣。这反过来刺激了国内投资和 FDI。而在浮动汇率制度下，由于预期到汇率升值，因此预期的利润增长较小，这使得增加的雇佣和 FDI 较小。

贝纳西·凯雷等（Benassy-Quere et al.，2001）采用面板技术，针对 1984～1996 年 17 个发达国家对 41 个发展中国家的外商直接投资的数据进行了研究。作者的研究发现名义汇率波动性的增加导致了 FDI 的下降。汇率波动性每增加 1% ，FDI 将降低 0.63% 。

1.2.1.2 汇率制度对经济增长和通货膨胀的影响

关于汇率制度与宏观经济的表现，传统上一般集中在考察通货膨胀和经济增长这两项指标上。近年来，由于新兴经济体的金融危机频发，国际资本大规模流动，学者们也开始关注不同的汇率制度的持续性、预防外部冲击以及货币投机的能力等。并且，学者们不再简单的以各国宣称的法律（de legal）意义上的汇率制度作为评判标准，而是纷纷建立自身的评价体系，来对各国事实（de facto）上的汇率制度进行评判，并基于大规模的国别数据进行研究。

戈什等人（Ghosh et al. ，1997）通过对 140 个国家 30 年间的数据进行分析，把这些国家实行的汇率制度按照其实际实行情况进行了详细分类。他们的研究发现，尽管采取浮动汇率制度的国家生产率较高，但通货膨胀率和产出率均低于实行固定汇率制度的国家，产出增长率也较低。实行盯住汇率制度的国家，通货膨胀率要低得多，其波动性也较小，这种反通货膨胀的效应来自于"纪律效应"和"公信力效应"。"纪律效应"使得货币供应的增长率变得较低，而"公信力效应"则在给定货币增长率时，使货币流通速度的增长率较低。但是，在经济增长方面，名义汇率制度的弹性程度与产出和就业的波动负相关。在实行盯住汇率制度的国家，产出和就业的波动较大。这意味着，实行盯住汇率制度国家的低通货膨胀，是以实体经济较大的起落波动为代价的。另一方面，在实行不同汇率制度的国家之间，人均经济增长率只有很小的不同。

莱维·叶亚提和斯图尔辛格（Levy-Yeyati and Sturzenegger，2001）考察了 1974 ~ 1999 年 150 多个国家的情况。他们详细研究了各国实际实行的汇率制度，建立了关于重新分类后各国汇率制度的 LYS 数据库，并据此对汇率制度与经济绩效的关联进行了经验研究。他们的研究表明，在发展中国家中，实行固定汇率制的国家有较低的经济增长率和较高的产出波动。浮动汇率制度同更高的经济增长率相联系，但是只是对发展中国家而言。实行固定汇率制度与实行浮动汇率制度，通货膨胀不具有显著差别，实行中间汇率制度的国家，通货膨胀率要高于固定和浮动汇率制度国家，在人均增长率方面，实行盯住汇率制度的发展中国家，表现较差，不但增长率低，而且波动率也高。此外，固定汇率制度国家的实际利率，要低于浮动汇率制度国家。并且，那些声称实行钉住汇率制度但实际实行中间汇率制度的国家，其实际利率较低。

罗格夫等（Rogoff et al.，2003）则从四个维度考察了汇率体制的绩效：通货膨胀、产出增长、增长波动性和危机发生的可能性。他首先基于莱因哈特和罗格夫（Reinhart & Rogoff，2002）提出的汇率体制分类体系，识别了事实上的汇率体制。他们的研究包含了 1970～1999 年的 158 个国家，并区分了发展中国家、新兴经济体国家和发达国家这三个样本组别。在发展中国家，国际资本流动规模较小，相对固定的汇率制度——钉住汇率制度或者其他的中间汇率制度，增加了政府政策的可信性，能够以较低的成本达到较低的通货膨胀水平。钉住汇率制度的较好的表现需要政府通过公共政策目标的发布及一致性的经济政策，来保证汇率体制的可持续性。相反的，对新兴经济体，由于面临着更高的受到国际资本冲击的可能性，僵硬的汇率体制意味着更高的银行危机发生率（特别是在 20 世纪 90 年代）。升值导致了银行体系同国家的债务情况同时恶化的双重危机的发生。并且，僵硬的汇率体制也不会导致更明显的经济增长或者较低的通货膨胀水平。对发达经济体，自由浮动的汇率体制能够导致更高的经济增长率，但不会导致更高的通货膨胀率。浮动汇率体制的这一优点反映了发达经济体中的名义刚性，浮动汇率体制使得经济体在面对实际冲击的时候，能够使得资源得以重新分配。并且，在有着成熟的金融体系的时候，以国内货币标价的债务和避险工具降低了货币错配的可能性。从而不至于导致所谓的"害怕浮动"。总之，任何汇率体制的绩效都能够通过一致性的宏观政策管理来增强。

一些近期的研究从一国内在的经济特征及发展阶段的角度考察了汇率制度对经济增长的影响，艾金等（Aghion et al.，2006）等人证明了汇率灵活性和产出增长之间是非线性的，认为在一个有着更开放金融部门的国家，汇率波动的正向效应是持续的，即金融体系发达的国家更适于浮动汇率制度以促进经济增长。他们建立了一国简单的货币增长模型，并验证了在存在信贷约束的时候，汇率波动性对国内厂商的投资是有害的，即借贷者在本币存在波动时，不愿意贷出资本。他们的研究是基于 83 个国家 1960～2000 年间的数据进行的，应用广义矩估计和面板数据的方法得出了汇率波动性和产出增长之间非线性关系的结论，并且他们的结论针对不同方法衡量的金融体系发展程度和汇率波动性及不同的时间窗口都是稳健的。

1.2.1.3　汇率制度应对外部冲击

爱德华兹和莱维·叶亚提（Edwards and Levy-Yeyati，2005）发现汇率体制影响贸易条件冲击。他们分析了是否实施浮动汇率制度的国家，比实行固定汇率制度的国家，在面临贸易条件扰动时经济增长受到的冲击较小。进一步的，他们还分析了正向和负向的贸易条件冲击对经济增长是否存在非对称的冲击效应。他们的分析表明在实施更僵硬的汇率制度的国家，贸易条件冲击会被放大。并且负向的贸易条件冲击，比正向的贸易条件冲击，对产出的影响更大。他们的关键结论就是，在控制了其他因素后，实施灵活的汇率制度更有利于经济增长。

克拉里达和加利（Clarida and Gali，1994）构建了一个两国随机、理性预期开放宏观经济模型，基于这一模型，他们构建了包含三个变量——相对产出的变动、实际汇率的变动和价格变动的 VAR 模型。他们也应用布兰查德和奎阿（Blanchard and Quah，1989）提出的长期约束方法，识别了三种结构性扰动（总供给、总需求和名义扰动）的冲击影响。他们的结果表明对日本和德国，汇率不能起到冲击缓冲器的作用，而在英国和加拿大，汇率可以起到冲击缓冲器的作用。

阿提斯和埃赫曼（Artis and Ehrmann，2006）基于奥伯斯特弗尔德（Obstfeld，1985）所提出的分析框架，应用结构向量自回归的方法，判断了汇率是冲击缓冲器还是经济中冲击扰动的来源。他们的理论基础是，在一个蒙代尔－弗莱明—多恩布什的模型框架中，供给冲击、需求冲击和名义冲击作用于整个经济体，汇率能够进行变动以便使得经济重新达到均衡，但是汇率自身受金融市场扰动等因素影响可能导致汇率超调（overshooting），因此汇率自身的变动也可能将扰动因素引入经济当中。他们的分析发现汇率主要反映了源自外汇市场自身的扰动，这意味着汇率更相当于是波动的来源，而不是减振器。

1.2.1.4　汇率制度同金融稳定性之间的关系

在应对货币投机和金融危机方面，艾肯格林和罗斯（Eichengreen and Rose，1998）认为，保持汇率驻锚的目标可以防止政策制定者作出反复无常的政策选择，从而把引发金融危机的国内冲击降到最低程度。他们强调了外部因素的作用，发现更高的世界利率和更低的经济增长率增加了新兴经济体发生危机的可能性。另一方面，他们也发现危机和汇率体制之间几乎没有联系。

艾肯格林和阿特塔（Eichengreen and Arteta，2000）基于发展中国家 1975~1997 年间的面板数据，并应用 Probit 方法，考察了汇率制度、金融自由化和存款保险制度对银行危机（bank crisis）爆发的可能性的影响。结论表明，汇率体制同银行危机之间的联系很小，汇率体制无助于解决银行部门不稳定的问题。

德玛克和佩里亚（Domac and Peria，2000）利用包括发达国家和发展中国家在内的，1980~1997 年的数据来考察汇率制度的选择与银行危机爆发的可能性、银行危机的成本，以及银行危机持续的时间之间的联系。他们的实证研究发现，在控制了宏观经济和外部因素之后。固定汇率制减少了发展中国家发生银行危机的可能性。但如果一国发生了银行危机的话，则按所损失的产出增长来衡量，实行较僵硬汇率制度的国家要承受较高的危机成本。而且，那些在危机之前经历过高通货膨胀率以及有较高银行信贷与 GDP 比率的国家，在危机期间有可能要承受更大的产出损失。不过，没有证据显示汇率制度对银行危机的财政成本有影响。

1.2.2 国内研究现状

人民币汇率相关研究自 2003 年国际上形成"人民币低估"的论调后开始逐步成为国内外的研究热点，很多学者都借鉴了国外最新的有关转型经济体汇率制度选择理论，并运用较为先进的计量经济方法，对我国自改革开放以来的人民币汇率制度，特别是 1997 年实施的钉住美元的汇率制度的运行绩效及下一步的改革方向进行了理论探讨及实证检验。

众多研究大致是围绕两条主线来进行的：（1）围绕"升值"来进行的，主要探讨我国自 1997 年实施的钉住美元的汇率制度是否导致了人民币汇率的"低估"，是否应升值及升值幅度，升值是否能够缓解我国宏观经济内外不均衡的局面等问题。（2）围绕"汇改"来进行的，主要探讨以往人民币汇率政策的成败得失、退出钉住汇率制度的时机及策略、汇率体制变革与货币政策、财政政策的配合等。下面本节也主要侧重从人民币汇改前后，在升值预期下人民币行为及人民币汇率制度对我国宏观经济影响的角度来对学者们的研究进行概述。

1.2.2.1 人民币汇率行为与汇率体制对我国贸易及外商直接投资的影响

由于出口和外商直接投资对我国转轨时期的经济增长起到了重要的拉动作用，因此很多研究首先关注了人民币汇率升值（贬值）或汇率波动性对我国贸易及 FDI 的影响。在人民币升值背景下，探讨人民币升值对宏观经济冲击的研究也较多，仅有少数研究探讨了人民币汇率体制对我国经济增长总体的影响。

1.2.2.1.1 人民币汇率水平变动对贸易的影响

在人民币升值对我国进出口的影响方面，近期研究都给出了人民币汇率变动将影响我国进出口，但各研究给出的影响程度存在差异。

卢向前、戴国强（2005）建立了我国进出口的非完全替代模型，并运用协整向量自回归和自回归分布滞后模型，分析了 1994～2003 年人民币对世界主要货币的加权实际汇率与我国进出口之间的长期关系。他们的研究表明，人民币实际汇率波动对我国进出口存在着显著的影响，人民币实际汇率波动对进出口的影响存在着"J 曲线"效应①，得出了马歇尔—勒纳（Marshall - Lerner）条件②在我国成立的结论。他们强调了由于采用了月度数据，因此得到的结论同以往研究不大一致。他们建议在经济处于上行阶段时调整汇率，以降低其负面影响。

刘荣茂等（2007）基于蒙代尔 - 弗莱明模型，选取 1985～2005 年度数据进行约翰森（Johansen）协整检验，分析结果表明，在长期内，除了通过人民币升值外，还可以通过减少政府支出和控制外商直接投资

---

① "J 曲线"效应是指，在汇率贬值的初期，贸易收支不但没改善反而恶化，一段时间过高，汇率贬值对贸易收支的改善作用才能够显示出来。

② Marshall - Lerner 条件是指任一国家的进口商品国内市场需求价格弹性与出口商品国外市场需求价格弹性两者之和必须大于 1，其货币对外币的贬值及由此而产生的进出口商品价格涨跌才能改善外汇收支状况；两者之和小于 1，外汇收支会恶化；两者之和等于 1，外汇收支状况不变。

流入量来调节我国国际收支的巨额顺差，而且调节效果将强于人民币汇率波动的调节作用。

封思贤（2007）从空间和时间两个角度全面考察了人民币实际有效汇率的变化对我国进出口的影响。他应用协整方法得出了人民币汇率变动会显著影响我国进出口的结论。人民币汇率变化对我国进出口的调整存在明显的"J 曲线"效应，其中进口变动大致滞后于汇率变动 2 个季度，而出口则滞后 1 个季度。但是，他的研究强调人民币汇率对我国进出口的影响程度在 1994 年后出现了显著的下降趋势。他的结论是，从长期来看，出口的汇率弹性较大（-1.45），进口的汇率弹性较小（0.34），两者绝对值之和为 1.80，大于 1，即马歇尔—勒纳条件在我国是显著成立的。

1.2.2.1.2　人民币汇率风险（波动性）对贸易影响

梁琦、徐原（2006）从微观的角度分析了人民币汇率变动导致的汇率风险对微观贸易的影响。他们基于中国进出口企业所做的真实的外汇保值交易，建立了预测中国进出口贸易汇率风险的数学模型，据此预测了国际外汇市场汇率变动和人民币升值预期对中国进口贸易购汇成本、出口贸易结汇收入的影响。他们的结论是，汇率风险对进出口企业的行为影响是显著的，与人民币汇率的小幅度升值相比，外汇市场变动导致的汇率风险对进出口企业的利润影响更明显。

潘红宇（2007）研究了人民币汇率波动性对我国向美国、欧盟和日本在出口方面的影响。他也采取了误差修正模型的方法，结果表明，中国向美国和欧盟的实际出口与实际汇率波动率存在长期显著的负相关关系，而中国向日本的出口与汇率波动率无关，短期内汇率波动率只影响中国向美国的出口，对向欧盟和日本的出口没有影响。

谷宇、高铁梅（2007）基于均衡汇率理论度量了汇率波动性，并将汇率波动性引入非完全替代的我国进口和出口方程，并进一步利用协整和误差修正模型进行了分析。分析表明：在长期内，人民币汇率波动性对进口、出口的影响显著不同，对进口表现为正向冲击，对出口表现为负向冲击。在短期内，对进口、出口都表现为负向冲击，但对进口的冲击效应稍大。从长期来看，人民币实际有效汇率的波动性扩大能一定程度上降低贸易顺差。进一步地，还指出了汇率波动性对我国进出口影响的显著不同反映了我国经济内外需不均衡，贸易结构、贸易方式不合理等经济中的深层次矛盾。

1.2.2.1.3 人民币汇率水平变动及汇率体制对外商直接投资的影响

谢建国（2005）利用协整分析与误差修正模型研究了外商直接投资、人民币实际有效汇率与中国的贸易盈余之间的关系。他强调了外商直接投资对贸易顺差形成的作用，并且指出外商直接投资的增加在短期内会导致人民币实际汇率的贬值，但在长期将维持人民币汇率的升值。另一方面，他认为人民币实际汇率的贬值将导致更多的贸易顺差和外资流入。

王晓天（2005）构建了贸易、FDI 和汇率之间的模型，并应用向量自回归模型对外国的贸易收支、FDI 和汇率之间的关系进行了分析。实证结果从短期和长期角度验证了三者之间的双向因果关系。长期来看 FDI 对贸易余额有一定的改善作用；人民币实际贬值的"J 曲线"效应明显，贬值改善贸易余额的时滞大约为两年。出口空间的大小不是影响 FDI 的主要因素，实际汇率的稳定有利于吸引 FDI。贸易收支的顺差和 FDI 的大量流入是近来人民币升值压力的重要来源，人民币的升值在一定时期内不会恶化我国的贸易收支，但会对 FDI 的流入产生一定的负面影响。

崔远淼（2007）分析了人民币汇率水平对 FDI 流入的竞争力效应、区位效应、部门效应及财富效应。分析表明，人民币汇率水平通过竞争力效应影响 FDI 流入；不同行业、不同区域来源的 FDI 对人民币汇率水平变化具有不同的效应。此外，汇率水平的调整还通过财富效应影响着 FDI 流入方式。

Xing（2006）认为人民币汇率制度在吸引外国直接投资上起到了关键的作用。人民币的贬值和钉住美元的汇率制度使得我国吸引了大量的外商直接投资。他检验了 1981～2002 年日本对中国 9 个行业的投资，实证结果表明人民币和日元之间的实际汇率是决定日本对中国投资的显著变量。人民币的贬值使得来自日本的投资增加，FDI 对汇率的变动是弹性的。

1.2.2.2 人民币汇率行为及汇率体制对经济绩效的影响

在有关人民币汇率升值对我国宏观经济影响的研究，学者们的理论出发点和方法各不相同，但基本上都得出了汇率升值将导致我国经济紧缩的结论。学者们多采用结构化的方法，从一般均衡角度进行了分析。讨论人民币汇率体制同经济增长关系的文献较少，一些文献都是将我国置于亚洲经济体的样本中进行相关研究。

1.2.2.2.1 人民币汇率升值对经济绩效的影响

李建伟、余明（2003）首先分析了人民币实际有效汇率变动对我国进出口和外商直接投资的影响。他们应用 1995 年 1 月到 2003 年 6 月的统计数据，运用两阶段最小二乘法，分析得出：实际有效汇率贬值会刺激出口增加、导致进口减少，并降低利用外资增速。随后，他们利用结构化的模型分析表明，人民币有效汇率大幅度升值不仅会对中国经济增长形成巨大负面冲击，而且对世界经济增长也会产生间接的不利影响。

范金等（2004）采用社会核算矩阵技术，从一般均衡分析角度，以 2005 年中国社会核算矩阵为冲击对象，在以实际有效汇率为基础形成人民币汇率形成机制的假设前提下，对我国宏观经济的冲击进行了情景分析，他们认为，人民币升值并不会改变我国的贸易顺差状况，对外商直接投资的影响呈中性特征，但人民币升值对国际游资具有一定的吸引作用。最后，他们的分析表明人民币升值无论是采用支出法还是收入法计算得出的 GDP 的影响都不大。

魏巍贤（2006）通过建立中国可计算一般均衡模型研究了人民币升值对中国经济的影响，结果表明人民币升值对中国实际 GDP 增长的影响是负向的并且是非线性的。当人民币升值 5%、10% 和 20% 时，实际 GDP 分别下降 0.29%、0.73% 和 2.18%。并且，人民币升值对就业不利，但下降幅度也是随着升值幅度的上升而提高。升值对城乡居民消费的影响也不同，会加大城乡差距。人民币升值对不同部门的影响也不同，受冲击较大的是劳动密集型制造业。

卢万青、陈建梁（2007）考虑了汇率与国内总产出之间的相互作用，即考虑了汇率变动首先影响净出口和外商直接投资，随后通过乘数效应和反馈效应来影响国内生产总值。他们的结论是，1995～2005 年，人民币实际有效汇率上升 1%，出口和进口分别下降 2.37% 和 2.192%，经济增长下降 0.12 个百分点。外商直接投资基本不受影响。

与上述研究的理论基础不同，施建淮（2007）的研究借鉴了国外有关汇率贬值导致发展中国家经济紧缩的理论和实证研究，强调汇率升值可能导致产出增长的一些作用机制。因此，他未采取结构化的研究方法，而是应用向量自回归模型考察了人民币实际汇率冲击对中国产出的影响，他的分析表明，在控制了可能导致人民币实质汇率与中国产出之间的伪相关来源后，人民币实质汇率升值仍会导致中国产出一定程度的下降，因此货币升值在中国是"紧缩性"的。但施建淮强调汇率冲击导致的"紧缩性"效应不是支配性的。他指出，一旦考虑了中国经济的国际金融联系，实质汇率冲击对中国产出变动的解释力和影响程度明显变小，而美国利率冲击对中国产出变动有更大的影响，其影响超过了人民币实质汇率冲击对中国产出的影响。

1.2.2.2.2　人民币汇率波动性对经济增长的影响

丁剑平（2003）应用高频（每日）的汇率数据和 GARCH 模型度量了汇率的波动性，随后判断了亚洲各经济体的经济增长同汇率波动性之间的关系。他的研究表明，从每天的数据看，在经济高速增长的时期，汇率波动的方差较小，"波动持续性"也较短。

高海红、陈晓莉（2005）考察了一些亚洲经济体在 1975～2002 年间实际汇率与经济增长之间的双向关系，以及汇率制度的选择是否与经济增长有关。分析表明：除菲律宾外，包括中国在内的经济体的汇率行为变化同经济增长之间没有显著关系。他们的主要结论是，经济增长是否在长期内对实际汇率产生决定性影响与经济发展阶段和经济制度特征有关；汇率制度的选择是否对经济增长产生影响，取决于经济发展阶段和国内的市场以及价格体系的完善程度。

1.2.2.3　人民币汇率应对外部冲击及货币投机的相关研究

随着我国开放度的不断提高，以及金融体系的逐步开放，外部冲击对我国宏观经济的影响越来越显著。汇率作为传导外部冲击的渠道之一，以及汇率机制本身屏蔽外部冲击的作用，使得很多学者都进行了相关研究，并主要集中在外部冲击（实际冲击及货币冲击）如何通过人民币汇率渠道影响我国国内经济的问题上。这些研究都采用向量自回归模型、方差分解、脉冲响应函数等来作为分析工具。

同时，一些学者也关注了在目前的人民币汇率体制和升值预期下，如何预防货币投机对我国宏观经济的冲击。

1.2.2.3.1　应对外部冲击

范志勇、向弟海（2006）的研究主要关注了汇率扰动和国际价格波动是否导致了国内的价格变动。他们采取递归的 VAR 方法，分析表明：人民币汇率变动对我国的价格水平的影响程度有限，并不是导致国内价格波动的主要原因。而进口价格冲击主要作用于国内的生产者价格指数，而消费价格的短期波动是由进口价格和货币冲击造成的。货币供应量波动对国内价格水平的影响力要强于名义汇率和进口价格波动，而且是导致消费者价格波动的主要原因之一。他们的研究意味着通过汇率工具来对我国的价格水平进行调控的效用可能是有限的。

陈六傅、刘厚俊（2007）也是利用 VAR 来研究人民币有效汇率的价格传递效应，即研究了人民币汇率的变动是如何引起国内价格相应的变动的，探讨人民币汇率作为国内通胀调控工具的可能性。他们的结论是，人民币有效汇率对我国进口价格和消费者价格的影响虽然具有统计显著性，但影响程度非常低。汇率的价格传递效应在不同的通货膨胀环境中存在显著差异，低通货膨胀时期，汇率对进口价格的传递效应增加，但对消费者价格传递效应则减小了。他们指出，由于汇率调整无法解决外部失衡，因此稳健的货币政策有利于进一步隔绝来自外部的通货膨胀压力。

1.2.2.3.2　预防货币冲击

李天栋等（2005）构建了一个适合人民币汇率的动态模型，用以分析 FDI 流向与汇率预期的关系，发现汇率预期具有自我强化的内在机制。汇率预期的自我强化会影响宏观经济稳定，因此需要政策干预。我们运用资产组合理论对政策干预的效力进行了深入分析，得出了成功的冲销式干预需要具备的条件。在固定汇率制度下，外部稳定以汇率波动的幅度衡量，而内部稳定以国内价格的波动幅度衡量，以国内资产价格而非一般价格作为衡量内部稳定的指标，关注了 FDI 的增量，还有存量部分，本书将 FDI 的行为看做是一个资产组合的过程，从而将汇率预期变化率与国内收益率纳入到一个动态模型中，并分析了它们之间的动态调整过程。FDI 对汇率稳定有负面作用,当汇率预期升值时,FDI 的资产配置行为(流入)会使汇率升值预期持续强化。

孙华妤、马跃(2005)建立了一个附加汇率预期的连续时间粘性价格的货币模型,描述人民币升值预期带来的大规模资本流入及货币供给的过度增长,对目前的人民币盯住汇率平价构成的压力。市场利率能够缓解热钱流入所带来的升值压力,但是不能完全化解它,升值预期可能会自我实现。

王松奇、史文胜(2007)则从国际政治博弈的角度,并借鉴德国和日本的经验,提出了人民币汇率在面对外部冲击时央行的政策选择建议。汇率的可行波动区间应选择在公共区间的右侧,以便实现国内经济、国际政治经济博弈的三重均衡,提出在货币升值的过程中,应采取适度从紧的财政政策与货币政策,避免短期内的大幅升值,维持较高的实际利率,防范不动产资产对于银行存款的过度替代,防止出现严重的不动产泡沫。

1.3 主要内容和结构安排

本书基于经典的国际经济学理论,借鉴国内外最新的研究成果,应用计量方法考察人民币汇率体制演进背景下人民币汇率行为的特征转变——升值、贬值及汇率弹性的变动,以及人民币汇率行为对我国经济体不同层面的影响,以便全面评价人民币汇率形成机制的不断变革对人民币汇率自身及我国宏观经济所产生的冲击效应。本书以利用人民币汇率工具实现我国经济内外部均衡为研究宗旨,主要分为两部分来展开分析:首先是考察汇率体系演进背景下人民币汇率长期波动态势及波动特征的成因,分别基于均衡汇率理论考察人民币汇率受宏观经济基本面的影响,随后基于扩展的蒙代尔-弗莱明-多恩布什模型考察外部冲击对人民币汇率的影响,再进一步分析外汇市场压力的成因及波动特征。另外一部分主要是考察人民币汇率长期波动趋势及短期波动特征对我国经济各层面的影响,分几方面来展开。首先考察人民币汇率对中国进出口的长短期影响,进一步以辽宁省和大连市为例,考察人民币汇率升值对经济体是否存在紧缩效应,最后从微观视角出发,考察人民币汇率对中国上市公司股价的影响。

第 1 章是引论，首先介绍了在我国融入全球经济过程中，人民币汇率形成机制改革推出的宏观经济背景及对我国经济长期发展的可能影响，阐述了本书的相关研究意义。随后，从考察世界各国汇率体制及人民币汇率制度经济绩效的角度，对近年来国内外相关研究文献进行了综述，分别讨论了不同汇率制度对一国贸易、投资、价格水平、经济总量及预防危机等方面的影响。最后介绍了本书各组成部分的主要内容。

第 2 章是对汇率制度选择、汇率波动与经济绩效互动关系的理论综述。首先对世界各国的汇率体制进行了简要的分类，第 2.2 节概述了汇率行为对经济增长的影响，随后总结了 20 世纪至今随着世界汇率体系变迁所出现的主要的汇率制度选择的观点，第 2.3 节简要介绍了人民币汇率体制的演进历程，并着重分析了不同时期的人民币汇率制度对我国进口、出口、外汇储备、通货膨胀等宏观经济因素的影响。第 2.4 节对人民币未来的汇改方向进行了探讨。

第 3 章是在国际资本流动背景下考察了人民币汇率的均衡水平及短期波动。首先介绍了名义汇率、实际汇率和均衡汇率的概念，并对人民币实际有效汇率近年来的波动轨迹进行了述评；第 3.2 节介绍了均衡汇率理论，并简要介绍了计算均衡汇率的三种主要方法：购买力平价方法、基本要素均衡汇率方法和行为均衡汇率方法；第 3.3 节考察了资本流动背景下中美利差对人民币均衡汇率的影响，基于行为均衡汇率方法构建了包含中美利差因素的人民币行为均衡汇率模型；第 3.4 节运用协整（Co – integration）、误差修正模型（Error – Correction Model）和 H – P 滤波（Hodrick – Prescott filtering）的方法计算了人民币汇率的均衡水平及错位程度，并对人民币错位的形成因素进行了分析。最后是结论。第 3 章侧重于从资本市场和产品市场双重均衡的角度，将中美利差因素和转型经济因素引入人民币均衡汇率和错位水平的计算中，较好地解释了人民币汇率目前的升值压力，对我国货币当局如何协调利率政策及汇率政策提供了相应的理论和实证支持。

第 4 章是人民币汇率应对外部冲击的机制研究。首先介绍了有关浮动汇率是否能够缓解外部冲击的均衡和非均衡观点，并概述了国内外相关研究；第 4.2 节说明了一些经济冲击的类型和概念，并简要描述了近年来对我国经济造成重大影响的外部冲击；第 4.3 节介绍了蒙代尔 – 弗

莱明 – 多恩布什的粘性价格模型及用于识别模型的结构向量自回归（Structural Vector Autoregressive，SVAR）方法，并进一步构建了中美间相对变量构成的 3 变量和 4 变量 SVAR 模型。在第 4.4 节中，基于所建立的 SVAR 模型，分别识别了供给冲击、需求冲击、价格冲击和货币政策冲击对我国宏观经济的影响，并通过方差分解判断出人民币对美元汇率主要受哪些实际冲击，得出了增加汇率灵活性可以在一定程度上缓解外部冲击的政策建议。第 4 章通过构建中美间相对变量构成的结构向量自回归模型，考察了开放经济背景下，源自美国的实际冲击和名义冲击通过汇率渠道对我国宏观经济可能产生的影响。

第 5 章是人民币外汇市场压力的测算与分析。首先概述了人民币外汇市场压力的国内外相关研究；第 5.2 节测算了非模型依赖的人民币外汇市场压力并分析了人民币汇率升值趋势的成因；第 5.3 节基于央行采取冲销措施应对资本内流的理论框架，构建了包含人民币外汇市场压力、外汇储备和货币政策变量的受限向量误差修正模型，着重分析了我国在后危机时期，中美货币政策变动对人民币外汇市场压力的作用机制及效果；第 5.4 节应用联立方程模型，分析了变量间的短期动态关系。本章从测算人民币外汇市场压力并分析其长短期影响因素出发，考察了中美货币政策的变动对人民币汇率升值趋势的影响。结论表明，我国实施紧缩的货币政策、美国实施宽松的货币政策将导致人民币升值压力上升。

第 6 章是人民币汇率水平及波动性对我国进出口的影响研究。首先介绍了相关的理论和实证文献，给出了汇率波动性对贸易影响的不同观点；在第 6.2 节中，介绍了广义自回归条件异方差（Generalized Autoregressive Conditional Heteroscedastic，GARCH）模型，并基于均衡汇率理论和 GARCH 模型度量了人民币汇率的波动性；第 6.3 节首先建立了我国的非完全替代进出口模型，随后将人民币汇率波动性引入进出口方程中，构建了第 6 章的实证分析框架；第 6.4 节运用恩格尔—格兰杰（Engle – Granger）方法分别计算得出我国进口和出口的长期协整方程及误差修正方程。最后是结论。通过将汇率波动性引入我国的进出口方程，分别考察人民币汇率波动性对我国进口和出口可能存在的不同作用机制，从汇率波动性的角度分析了我国贸易顺差形成的深层次原因。

第 7 章是人民币汇率波动对产出的影响研究。首先介绍了汇率升值可能产生紧缩性或扩张性宏观经济效应的理论假设观点；在第 7.2 节中，给出了汇率影响宏观经济的理论框架；在第 7.3 节中，应用辽宁省数据，构建了包含辽宁省经济总量、工资水平、价格水平、财政收入、居民消费、人民币汇率的向量自回归模型，基于 Granger 因果检验和脉冲响应函数考察了变量间的动态关系；在第 7.4 节中，应用大连市数据，构建了包含大连市经济总量、工资水平、价格水平、财政收入、居民消费、人民币汇率的向量自回归模型，基于格兰杰（Granger）因果检验和脉冲响应函数考察了变量间的动态关系，考察了人民币汇率对大连市经济的影响。第 7 章得出了汇率升值对辽宁省和大连市宏观经济产生紧缩性效应的结论。

第 8 章是人民币汇率波动对上市公司股价及收益率的影响研究。首先介绍了外汇风险暴露的相关理论，第 8.2 节基于 2005 年人民币"汇改"及 2010 年"汇改重启"这两次关键事件，应用事件研究法考察了两次关键事件对我国深市 13 个行业指数收益率的影响；第 8.3 节则选取纺织服装业这一特定行业，应用包含 GARCH 效应的 Fama – French 三因素模型考察了人民币汇率对该行业上市公司股价的影响。第 8 章的分析表明，人民币"汇改"及"汇改重启"事件都会显著地影响上市公司的收益率。而对纺织服装业上市公司的分析则表明，人民币汇率波动会影响上市公司股价。

第 9 章是结论。

第 2 章

汇率制度、汇率波动与经济绩效

　　汇率与一国经济增长之间的关系可以分为两个层面：首先，是汇率行为，即汇率升值（贬值），或汇率高估（低估）同经济增长之间的关系；随后，是汇率制度，即汇率的水平和波动幅度的制度安排与经济增长之间的关系。

　　由于本书侧重考察 2005 年实施的人民币汇率形成机制改革对我国宏观经济增长的影响，因此，本章主要从制度选择的角度进行论述。本章首先对各国实施的汇率制度进行分类；在第 2.2 节，概述汇率行为同经济增长之间的关系，并主要从汇率制度选择的经济绩效角度对汇率选择理论进行综述；在第 2.3 节中，对我国自新中国成立以来实施的人民币汇率体制的变迁历程进行回顾，并对人民币汇率体制的经济绩效进行简要的评述；最后对人民币未来的汇改方向进行探讨。上述分析通过探讨人民币汇率制度变革导致的汇率行为（如升值）和体制性变动（汇率波幅扩大、资本账户开放）等因素影响我国经济增长的可能途径，构建本书的理论分析框架。

2.1　汇率制度分类

　　汇率制度是指一国在经济开放中关于本国与他国之间的名义汇率决定和调整的制度安排。无论在理论还是现实中，汇率制度分类所根据的都是名义汇率的灵活程度和政府或货币当局对名义汇率的干预程度。在理论研究中，学者们往往将汇率制度抽象成完全固定、自由浮动的汇率制度或中间汇率制度。但在现实中，各国实施的汇率制度往往介于两者之间，并且他们实质上（de facto）实施的汇率制度同名义上宣称的（de jure）的汇率制度还可能存在差异。因此学者们在进行研究中，不仅考虑各国向国际货币基金组织（International Monetary Fund，IMF）所报告的汇率制度，还逐步开发了一些方法，对汇率制度进行分类。

2.1.1　IMF 的汇率制度的分类

根据 IMF 采用的分类方法，现实中汇率制度的分类大致分为两个阶段：1999 年之前的名义（de jure）分类和之后的实际（de facto）分类。它将汇率制度分成 3 大类：盯住汇率制度（Pegged Regimes）、有限弹性汇率制度（Limited Flexibility Regimes）、弹性汇率制度（Flexible Arrangements）。

IMF 从 1999 年开始采用实际分类。实际分类主要是根据成员国实际的名义汇率灵活程度和当局干预程度来划分的，它可能与一国宣告的汇率制度不同。目前 IMF 的实际分类主要有以下 8 类：

（1）无独立法定货币（Exchange Arrangements with No Separate Legal Tender）：另一国家的货币作为唯一的法定货币在本国流通（即美元化），或者该 IMF 成员国属于某一个货币（通货）联盟，在该联盟内，各成员采用同一种法定货币。在这种汇率制度下货币当局完全放弃了对国内货币政策的控制。

（2）货币局（Currency Board Arrangements）：这一货币体制以法律形式明确承诺本币和某一特定的外币之间以固定的汇率进行兑换，同时要求本币发行机构确保履行自己的法律义务。本国货币的发行需要完全的外汇资产作支撑，本国丧失了货币政策自主权，失去了传统中央银行功能，如货币控制和最后贷款人。

（3）其他传统盯住（Other Conventional Fixed Peg Arrangements）：本国货币盯住另一国货币，并限制在 ±1% 甚至更狭窄的范围内波动；或者一种类似 EMR II 的协作安排；或者盯住一篮子货币，其中该货币篮子由该国的主要贸易伙伴和金融伙伴的货币组成，其权重反映了该国贸易、服务和资本流动的地理分布。货币篮子也可以标准化，像 SDR。在这种汇率制度下，盯住并不意味着一国承诺永久维持某一固定平价。

名义汇率可以在中心汇率上下小于1%的幅度内波动，或者说汇率的波动幅度要小于2%，而且要维持至少3个月。货币当局通过直接干预（通过买卖外汇）或者间接干预（例如运用利率政策、外汇管理、约束外汇交易的道德规劝或其他公共机构干预）来维持固定的平价。货币政策虽然灵活度有限，但比无法定货币和货币局的情况要灵活，货币当局至少可以调整汇率水平，虽然频率较低。

（4）波幅盯住汇率（Pegged Exchange Rates within Horizontal Bands）：币值的波动范围维持在中心汇率上下至少1%（或者说波幅超过2%）。就像传统的盯住汇率制度一样，可以参考单一货币，也可以参考货币篮。货币政策的灵活性受到限制，并且与波幅大小有关。

（5）爬行盯住（Crawling Pegs）：币值以固定速率或应所选数量指标的变化而定期小幅调整，所选指标可以是本国和主要贸易伙伴国之间的历史通货膨胀率之差、主要贸易伙伴国的通货膨胀目标值与预期值之差。爬行的速率可以根据度量的通货膨胀或其他指标，也可以根据事先宣告的固定速率。维持爬行盯住对货币政策的约束类似于盯住汇率制度。

（6）爬行区间汇率（Exchange Rates within Crawling Bands）：币值的波动范围维持在中心汇率上下至少1%（或者说波幅超过2%），并且中心汇率或波幅以固定的速率或应所选数量指标的变化而定期调整。汇率灵活程度与波幅有关。将名义汇率保持在波幅以内的承诺约束了货币政策，货币政策的独立性也与波幅宽度有关。

（7）汇率无前定路径的管理浮动（Managed Floating with No Predetermined Path for the Exchange Rate）：货币当局试图影响汇率，但并没有确定的路径和目标，汇率管理的指标也大都基于货币当局自身的判断（例如国际收支头寸、国际储备、平行市场发展程度），而且调整不是自动。干预可以是直接的或间接的。

（8）独立浮动（Independently Floating）：汇率由市场决定，当局外汇市场干预的目标在于缓和汇率变动速率和阻止汇率的过度波动，而不在于建立一个汇率水平。

2.1.2 汇率制度分类方法

在合理的汇率制度分类的基础上，一些研究者利用定量或者定性的方法对各国各个时期所属的汇率制度进行划分，构造相应的汇率制度数据集。比较有代表性的有戈什（Ghosh）、盖德（Guide）、奥斯特里（Ostry）和沃尔夫（Wolf）（1997）的分类方法（简称 GGOW 分类），莱因哈特和罗格夫（Reinhart and Rogoff，2004）的方法（简称 RR 分类）与莱维·叶亚提和施图尔辛格（2003，2005）开发的方法（简称 LYS 分类）。

戈什等人（1997）认为主要采用的还是基于 IMF 各成员国中央银行所公开宣称的法定分类。GGOW 分类有两种：一种是三分法，即钉住汇率制、中间汇率制和浮动汇率制；另一种是更加细致的九分法，即钉住汇率制包括钉住单一货币、钉住 SDR、其他公开的一篮子钉住和秘密的一篮子钉住，中间汇率制包括货币合作体系、无分类的浮动和预定范围内的浮动，浮动汇率制包括无预定范围内的浮动和纯粹浮动。戈什等人并没有对各国汇率制度进行具体分类。

莱因哈特和罗格夫（2004）认为，复汇率制不但在布雷顿森林体系期间还是之后，都是广泛存在的。其中 RR 使用的不是央行宣布的汇率制度而是实际汇率制度，通过是否有黑市、平行的市场或者其他可以绕过央行汇率制度的安排来判断。数据中包括了 1946 ~ 2001 年 133 个国家的数据，反映了最接近市场的汇率制度。他们把这种分类命名为自然分类（Natural Classification），并把汇率制度划分为 14 种类型（如果把超级浮动作为一种独立的类别，则有 15 种）。

莱维·叶亚提和施图尔辛格（2005）的分类是基于事实上的分类，三个分类变量是：（1）名义汇率的变动率；（2）汇率变化的变动率；（3）国际储备的变动率。LYS 分类使用聚类分析方法，计算了 1974 ~ 2000 年向 IMF 报告的所有 183 个国家的数据。LYS 分类有两个：一个是四分法，即浮动、肮脏浮动、爬行钉住和钉住；另一个是三分法，即浮动汇率、中间汇率和硬钉住。LYS 的数据包含了 1974 ~ 2000 年 154 个国家的数据。

2.2　汇率制度、汇率波动与经济绩效的理论联系

在对各国实际上实施的汇率制度进行分类后，本节将介绍汇率行为

及不同汇率制度对经济增长影响的理论基础。

2.2.1 汇率波动行为与经济增长

汇率波动行为首先指汇率水平值的变动，即在一段时间内升值或者贬值，汇率高估或者低估也可以归结为汇率行为。

2.2.1.1 汇率升值（或贬值）对经济增长的影响

汇率波动行为对经济增长的作用，在短期内主要通过影响贸易收支来进行。如汇率升值，将使出口减少、进口增加，根据凯恩斯的国民收入乘数原理，本币升值所引起的净出口减少会以一定的倍数反映到国民收入的减少上，也就是对经济增长产生紧缩效应。而本币升值对国际收支资本与金融项目的影响则是不确定的，最终取决于公众持有的是升值预期还是贬值预期。

但从长期而言，汇率波动行为对经济增长的作用则主要体现在要素的配置上。如果一国的新增设备投资通常包含大量的进口资本品，货币升值降低了这些进口资本品的国内价格，因此更倾向于增加新增投资从而扩大经济的总支出。从货币升值对供给面的影响看，货币升值将降低进口中间产品和原材料（如石油和矿产）的国内价格，因此降低所有最终产品（包括非贸易品）的生产成本，边际成本相对于最终产品价格的下降将导致其增加产出和雇佣，从而增加经济的产出和就业。因此，即使货币升值对总需求的净效应是紧缩的，供给面效应的存在使得升值仍可能是扩张性的。

2.2.1.2 汇率高估（低估）对经济增长的影响

汇率相对其均衡水平的高估或者低估对经济增长都是不利的。汇率高估的主要风险是可能导致经常账户的不可持续性，并增加外债以及货币攻击的可能性（Kaminski, Lizondo and Reinhart, 1997）。汇率低估对经济的冲击也是不利的，低估可能导致要素向可贸易部门的过度配置及投资过热等，不利于产业的升级发展等（Razin and Collins, 1997）。

2.2.2 汇率制度选择的理论分歧[①]

汇率制度大致可以分为固定汇率制度、浮动汇率制度和中间汇率制度。固定汇率制度的主要优点是，为货币政策提供了名义锚、鼓励贸易和投资、避免了国家间的竞争性贬值、避免出现投机泡沫。而浮动汇率制度的主要优点是，货币政策的独立性、对贸易冲击可以自行调节、避免了投机攻击、保持铸币税和最后借款人的能力（Frankel，2003）。一国在选择汇率方面，究竟选择何种汇率体制，如果从开放经济角度来看，其评价标准是这种汇率制度能否对一国宏观经济的长期稳定及经济增长做出贡献。

2.2.2.1 对布雷顿森体系运行及瓦解的反思——浮动与固定汇率制度之争、最优货币区理论、"米德冲突"

在布雷顿森林体系运行初期，经济学家对汇率制度安排的相关讨论主要集中在支持固定汇率制度或者支持浮动汇率制度上。固定汇率制度的支持者认为固定汇率制度能够规避汇率风险，促进贸易和投资，提高资源配置效率，推动经济的全面发展；而浮动汇率制度的支持者则认为，汇率作为一种相对价格，其变动反映了经济基本面因素的变化，灵活的汇率制度能够促使经济重新回到均衡汇率，即浮动汇率制度可以作为经济中的一种调节机制。因此，浮动汇率制度与固定汇率制度的区别，实质上就是市场定价机制与政府定价机制的区别。

在对固定汇率制度与浮动汇率制度的相对优点的争论中，蒙代尔（Mundell，1961）、麦金农（Mckinnon，1963）等人提出了"最优货币区"（Optimal Currency Areas，OCA）的概念，主张在一个地理区域内部实行单一货币或固定汇率制度，而对外实施浮动汇率制度。"最优"的标准即从维持经济体内部和外部均衡的宏观经济目标来定义的。如果一个国家在金融交易、生产要素流动或商品贸易上与外部世界高度一体化，固定汇率也许比浮动汇率能够更有效地保证内部和外部均衡。

---

① Lucio Sarno & Mark P. Taylor，何泽荣主译：《汇率经济学》，西南财经大学出版社 2006 年版。Paul R. Krugman & Maurice Obstfeld：《国际经济学：理论与政策》，清华大学出版社 2004 年版。丁一兵著：《汇率制度选择》，社会科学文献出版社 2005 年版，第 11～41 页。

"米德冲突"（Meade's Conflict）是詹姆斯·米德（J. Meade）于1951 年提出的，是指政府难以同时实现内部均衡和外部均衡的宏观调控目标。米德的理论指出，要想保持固定汇率制度，就必须实施资本管制和外汇管制，即控制资本的流动，特别是短期资本的流动。因此，固定汇率制度和资本自由流动之间存在一个"二元冲突"。而根据米德的分析，在开放经济条件下，一国如果想同时实现内部和外部均衡，必须运用收入和国际收支两个不同的政策工具。

2.2.2.2　牙买加体系下的汇率制度选择观点——货币危机模型、"名义锚"理论、汇率目标区理论

在布雷顿森林体系崩溃之后，除了欧洲货币体系（European Monetary System，EMS）之外，大多数的工业化国家选择了浮动汇率制。而一些新兴市场经济国家由于爆发了货币危机，无法维持固定汇率制度，也逐步转向浮动汇率体制。因此这一时期有关汇率制度选择的研究是与货币危机理论结合在一起的。其中最有代表性的研究就是克鲁格曼（Krugman，1979）提出的第一代货币危机模型与奥伯斯特弗尔德（1994）提出的第二代货币危机模型。

克鲁格曼研究了固定汇率制下国际收支危机的模型，认为危机的主要原因是和固定汇率制不相容的货币、财政政策。他指出国内信贷超过货币需求的过度增长，将导致中央银行外汇储备的损失。在固定汇率制度和资本流动的情况下，投资者将进行货币投机，从而迅速耗尽央行的外汇储备，使得货币危机爆发。奥伯斯特弗尔德认为，货币危机的发生并不以过度扩张的财政货币政策为前提，只要一国的失业或政府债务压力达到一定限度，即维持固定汇率制度的成本过高的时候，货币当局就可能放弃固定汇率制度，而市场对货币当局的这种是否放弃固定汇率制度的权衡是存在理性预期的。一旦市场形成放弃固定汇率制度的预期，就会形成抛售本币的投机行为，此时货币当局若采取提高利率等措施维持汇率稳定，反而会增加固定汇率成本，形成恶性循环，最终形成预期的自我实现（self - fulling）效应，导致货币危机。

20 世纪 80 年代，很多国家都出现了较高的通货膨胀水平，经济学家开始关注汇率工具稳定国内价格水平的作用。主张固定汇率制度的经济学家以当时流行的理性预期和动态一致性理论为基础，提出了汇率制度选择的"名义锚"（nominal anchor）理论。这种理论主张对汇率确定一个

目标，即固定汇率制度，以此来加强中央银行的货币稳定计划（Frankel，Schmukler and Serven，2000）。

在这一时期，克鲁格曼（1991）等人还提出了汇率目标区理论。汇率目标区理论的基本原理是由中央银行制定一个围绕中心汇率波动的目标区域。在区域内，中央银行不进行干预，当汇率波动幅度过大，接近上限或下限时，中央银行才入场进行保护。

2.2.2.3 20 世纪 90 年代金融危机频发后的新观点——"三元悖论"、两极论、原罪论、害怕浮动论

20 世纪 90 年代在东亚、东欧、拉美等新兴市场地区或国家爆发了一系列金融危机，这使得这一时期的汇率制度选择理论关注一国外部经济环境，特别是金融全球化背景和大规模资本流动对一国汇率制度稳定性和持续性的影响。危机的爆发使得经济学家对中间汇率制度提出质疑，也使争论从主要围绕固定汇率制度和浮动汇率制度转向中间汇率制度和两极汇率制度之间。奥伯斯特弗尔德（1998）提出了"不可能三角"（the impossible trinity）理论，也称为"三元悖论"假说。"三元悖论"认为，货币当局只能同时实现国际资本的完全自由流动、货币政策的完全独立和汇率的完全稳定这三个基本目标中的两个，不可能同时实现三个目标。

在资本大规模流动的背景下，一些经济学家把"三元悖论"发展成"二极学说"（two corner regimes），也称为"角点说"。这一理论首先由艾肯格林（1994）提出，该理论的主要观点是认为，唯一可能持久的汇率制度是自由浮动制或具有非常强硬的承诺机制的固定汇率制（如货币联盟和货币局制），介于这两者之间的所有中间汇率制度（intermediate regimes），包括"软"（soft）的钉住汇率制度如可调节的钉住、爬行钉住、目标汇率制以及管理浮动制，都正在或应该消失。因此，未来的汇率制度只剩下完全自由浮动汇率制和"硬"的钉住汇率制这两极。

"原罪论"（original sin）指的是，由于发展中国家的金融市场发育不成熟，汇率的变动会产生资产平衡表效应。"原罪"是指一国的货币不能用于国际借贷，甚至在本国市场上也不能用本币进行长期借贷。由于金融市场的这种不完全性，一国的国内投资不出现货币错配（currency mismatch），就会出现期限错配（maturity mismatch）。如果企业借贷外币用于国内业务，而出现货币错配，本币的贬值就会导致借款成本上升；如果因

借本币出现期限错配，利率上升就会导致借款成本上升。因此利率或汇率的变动会使得企业的资产负债表出现变动，金融体系会变得十分脆弱。这种"原罪"使得发展中国家的政府倾向于实施钉住的汇率制度。

在这一阶段，一些经济学家还注意到一些宣称实施浮动汇率制度的国家并未真正由市场力量来决定其货币的价格，而实际上采取各种方法最小化其汇率的波动。这反映了这些国家对大规模的汇率波动存在恐惧，这就是所谓的"害怕浮动论"（fear of floating hypothesis），它是由卡尔沃和莱因哈特（Calvo and Reinhart，2002）提出的。"害怕浮动"的原因是因为在这些国家，贬值有紧缩效应，而这同这些国家的经济政策长期缺乏公信力（credibility）有关。"害怕浮动论"因此主张，由于新兴经济体有结构性的不适于浮动的理由，故这些国家应该实行完全美元化。

2.3 人民币汇率制度演进历程及经济绩效述评[①]

自 1949 年 1 月 18 日中国人民银行发布人民币汇率，人民币汇率制度就历经了从计划经济时代相对固定的汇率制度，到改革开放后的"双轨制"，再到 1994~2005 年的"有管理的浮动汇率制度"，以及转变为目前我国所实施的"以市场供求为基础的、参考一篮子货币进行调节、有管理的浮动汇率制度"的演进历程。人民币汇率制度的演进是伴随着我国政治经济体制的变革而逐步推进的，同时也深受国际汇率制度变化的影响。

2.3.1 计划经济时代的人民币汇率制度

2.3.1.1 人民币汇率大幅贬值和起伏回升阶段（1949~1952 年）

1948 年 12 月 1 日，中国人民银行成立，并发行了统一的货币——人民币。由于人民币没有规定含金量，因此，对西方国家货币的汇率，

---

① 李婧著：《中国资本账户自由化与汇率制度选择》，中国经济出版社 2006 年版，第 14~72 页。周宇著：《人民币汇率机制》，上海社会科学院出版社 2007 年版，第 208~250 页。杨帆：《人民币汇率制度历史回顾》，载于《中国经济史研究》2005 年第 4 期。

最初不是按两国货币的黄金平价来确定，而是以"物价对比法"作为基础来计算的。也就是说，新中国成立初期人民币汇率制定的依据是物价水平，这是一种比较市场化的汇率安排。但因新中国成立之初全国通货膨胀形势严重，各地区物价水平不一致，因此各地人民币在中央统一政策和管理下，以天津口岸汇价为标准，根据当地情况公布各自外汇牌价。1950 年 7 月 8 日，随着经济秩序的逐步恢复和全国财经统一制度的建立，人民币实行全国统一汇率，由中国人民银行总行公布。

从 1950 年 3 月至 1952 年底，随着国内物价由上涨转变为下降，同时，由于美国对我国"封锁禁运"，为促进我国的进口，我国必须降低汇价。因此，我国汇率政策的重点也由"推动出口"改变为"进出口兼顾"，并逐步调高人民币汇价。1952 年 12 月，人民币汇价调高至 1 美元 = 26170 元旧人民币。

这一时期，我国对外贸易对象主要是美国，对外贸易主要由私营进出口商经营。人民币汇率的及时调整，可以调节进出口贸易，保证出口的增长。总之，这一时期，国家用汇需求很大，但由于外国的经济封锁，外汇资源紧缺，进出口渠道不畅，侨汇汇率阻塞。为迅速恢复国民经济，国家建立外汇集中管理制度，人民币汇率主要作用为调整对外贸易，照顾侨汇收入，制定的主要依据是物价。

2.3.1.2　人民币汇率处于基本稳定阶段（1953～1972 年）

自 1953 年起，我国进入社会主义建设时期，开始对国民经济实行高度集中的计划管理体制。鉴于对私营进出口商的社会主义改造完成，对外贸易由外贸部所属的外贸专业公司按照国家规定的计划统一经营，外贸系统采取了进出统算，以进贴出的办法。同时，由于以美元为中心的固定汇率制度的确立，各国之间的汇价在一定程度上也保持了相对稳定。再加上我国同西方工业国家的直接贸易关系和借贷关系很少，因此，西方各货币汇率变动对我国人民币汇率几乎没有什么影响。

为了维护人民币的稳定，有利于内部核算和编制计划，人民币汇率坚持稳定的方针，在原定汇价的基础上，参照各国政府公布的汇率制定，只有在外国货币发生升值或贬值时，才作相应的调整。1955 年 3 月，新币代替旧币，直到 1971 年 11 月，人民币汇率在近 16 年时间里基本保持为 2.4618 元人民币/美元的水平。

这一时期人民币汇率政策采取了稳定的方针，即在原定的汇率基础上，参照各国政府公布的汇率制定，逐渐同物价脱离。但这时国内外物价差距扩大，进口与出口的成本悬殊，于是外贸系统采取了进出口统负盈亏、实行以进口盈利弥补出口亏损的办法，人民币汇率对进出口的调节作用减弱。

2.3.1.3 人民币实行盯住一篮子货币的"盯住汇率制"，汇率调整频繁（1973～1978 年）

1973 年，布雷顿森林体系瓦解，西方货币纷纷实施浮动汇率制度。在这一背景下，为了避免西方国家经济衰退的影响，推行人民币对外计价结算，保持对主要贸易伙伴货币的相对稳定，促进对外经贸的正常开展，我国采用盯住篮子货币的浮动汇率制度。由于选用货币和权重的变动，该时期人民币汇率变动频繁，仅 1978 年人民币对美元汇率就调整了 61 次之多。人民币汇率基本上稳定在各国之间汇率的中间偏上水平。1971 年 12 月、1973 年美元两次贬值，以后美元汇率又持续下浮，在 1972 年人民币汇率偏离 2.46 元人民币/美元后，人民币快速升值，并于 1979 年达到 1.49 元人民币/美元的水平，汇率高估现象不断趋向严重。

这种"盯住汇率制"的汇率安排，操作简便易行，在很大程度上抵御或减少了国际汇率波动对本国货币的影响，保持了人民币汇率的相对稳定，有利于对外经济贸易企业的成本核算、利润预测及减少汇兑风险。但该种方式却因篮子货币的币种选择和权数确定客观依据不足，而使汇率水平的合理制定失去可靠保证；同时国际市场价格和国内市场价格严重背离，汇率作为经济杠杆的作用逐渐消失，蜕化为外贸会计核算的标准，贸易和非贸易价格与世界市场拉大，贸易部门和非贸易部门间矛盾加剧，从而影响整个对外贸易的发展。

自 20 世纪 50 年代中期以来，由于我国一直实行的是传统社会主义计划经济，对外自我封闭，对内高度集权，直至 20 世纪 80 年代初，国家外汇基本上处于零储备状态，外贸进出口主要局限于社会主义国家，且大体收支平衡，国内物价水平也被指令性计划所冻结，尽管人民币汇率严重高估，但它并未带来明显的消极影响。

纵观整个计划经济时期，人民币汇率由政府按照一定的原则制定，成为计划经济的调节工具。但高度的计划性决定了市场力量对汇率几乎不起到任何作用，汇率水平无法真正反映外汇相对短缺的情况。

2.3.2　经济转轨时期的 "双轨制" 人民币汇率制度

1978 年我国实行改革开放后，计划经济时期形成的固定汇率制度，越来越不适应我国国内外经济发展的需要，汇率高估造成的出口亏损成为一个迫切解决的问题。由此拉开了人民币汇率体制改革的序幕。

2.3.2.1　人民币内部结算价和官方汇率并存的双重汇率时期（1979～1984 年）

1979 年 8 月国务院决定改革外贸体制，包括打破外贸垄断经营、建立外贸企业自我运行机制、改革进出口和外汇管理体制、消除价格和汇率扭曲等。为促进出口，平衡外汇收支，我国实行外汇留成制度，即对外贸易单位和出口生产企业把收入的外汇卖给国家，国家按一定比例拨给他们相应的外汇留成。而且，自 1981 年 1 月 1 日起，试行人民币对美元的贸易内部结算价，规定贸易内部结算价按照 1978 年全国平均换汇成本 2.53 元人民币/美元加上 10% 的出口利润计算，即 2.8 元人民币/美元。1981～1982 年由于全国出口平均换汇成本变动不大，贸易内部结算价没有变动。同时公布牌价，仍采用 "钉住汇率制" 的计价原则。这样人民币汇率在改革开放初期形成了贸易内部结算价和官方牌价汇率并存的双重汇率制度。

2.3.2.2　取消内部结算价，官方汇率和外汇调剂市场汇率并存时期（1985～1993 年）

从 1985 年 1 月 1 日起，我国取消内部结算价，官方汇率应用于贸易结算和非贸易外汇兑换。为了消除汇率高估，使人民币汇率同物价的变化相适应，起到调节国际收支的作用，1985～1990 年根据国内物价的变化，我国多次大幅度调整官方汇率。为鼓励出口，在人民币汇率下调的同时，1985 年国家又一次提高外汇留成比例，采取按出口商品收汇金额比例留成的办法。1985 年 12 月我国改变由中国银行多年举办外汇调剂业务的模式，在深圳成立第一个外汇调剂中心，调剂市场汇率日益成为补偿出口亏损、促进出口增长的重要手段。1988 年我国外贸体制进行了重大改革，外贸开始推行承包责任制，1991 年外贸由补贴机制转向自负盈亏机制，取消财政补贴。外贸体制改革的深化，要求人民币汇率成为调节进出口贸易的主要手段。

从 1991 年 4 月 9 日起，我国政府开始逐步小幅度地调整人民币汇率。由于单靠官方汇率，难以解决外贸核算问题。所以从 1988 年 3 月起各地普遍设立外汇调剂中心，增加留成外汇比例，扩大外汇调剂量，放开调剂市场汇率，利用市场利率，解决出口亏损，鼓励进口，限制非必需品进口，实行官方汇率和调剂市场汇率并存的"双轨制"。

贸易内部结算价的采用，解决了外贸部门出口换汇成本过高以至于出口亏损的问题，加上当时国内物价较为平稳，而美元汇率因采取扩大财政赤字、紧缩通货等政策处于升值状态，西方国家经济走向复苏，我国的贸易收支明显好转，外汇储备明显增加。但实行内部结算价也暴露了一系列问题，它影响了非贸易部门的积极性，一定程度上使外贸亏损增大，造成了外汇管理的混乱，更加重了国家的财政负担，因此实行内部结算价注定成为一个过渡时期的应急措施。

1978 ~ 1994 年，人民币对美元汇率为了纠正在计划经济时期的严重高估，呈现出大幅度持续贬值的状态（如图 2 - 1 所示）。在此阶段，人民币汇率的确定是根据出口换汇成本来决定的，这是中国自改革开放后汇率改革的最主要的原则之一。但是，这种汇率决定原则却导致了我国巨额的财政负担。

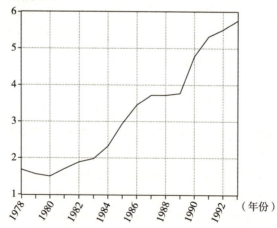

图 2 - 1　人民币对美元汇率

　　谢多（1997）指出："外贸企业依赖财政补贴来完成出口创汇这一首要任务，忽视成本。因此，换汇成本不断提高，当国家财政不堪重负时，只能通过贬值来保证出口，这就是所谓'汇率跟着换汇成本走'的现象。" 1994 年初汇率并轨则标志着转变的完成，并且出口换汇成本对人民币汇率的影响逐渐减小。

　　汇率的大幅度贬值，也在一定程度上导致了我国价格水平的剧烈变动以及高通货膨胀局面的出现（如图 2-2 所示）。实际上，汇率与换汇成本并不存在单向的追逐关系，而是一种双向刺激效应，即以换汇成本为标准调整汇率水平会通过价格波及效果加剧贬值对通货膨胀的刺激作用（王振中，1986）。

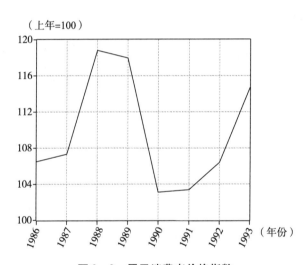

图 2-2　居民消费者价格指数

　　作为从传统的、封闭的计划经济向开放的市场经济转变过程中的人民币汇率体制，双轨制既是特定历史时期的产物，其存在也有一定的必然性。不过，随着国内经济体制改革的深入，特别是外贸体制改革的不断深入及对外开放步伐的加快，官方汇率和外汇调剂市场汇率的并存，造成了人民币两种对外价格和核算标准，不利于外汇资源的有效配置，不利于市场经济的进一步发展。我国在此阶段的出口和进口都历经了快速增加，由于我国的工业化建设需要进口大量的先进设备及技术等，我国从 20 世纪 80 年代到 90 年代初期，在多数年份表现为贸易逆差。但总体而言，贸易基本平衡（如图2－3和图2－4所示）。

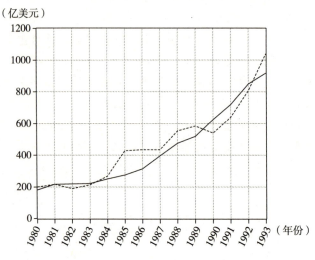

图2－3　出口总额（虚线）进口总额（实线）

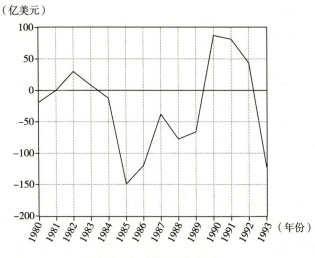

图2－4　贸易顺差总额

2.3.3 "并轨"后的人民币汇率制度

1993 年 11 月 14 日十四届三中全会通过了《中共中央关于建立社会主义市场经济体制若干问题的决定》。1994 年初，根据建立社会主义市场经济体制的指导思想，国务院推出了自改革开放以来最为综合的一揽子改革方案，在外汇体制改革方面，总体目标是"改革外汇管理体制，建立以市场为基础的有管理的浮动汇率制度和统一规范的外汇市场，逐步使人民币成为可兑换的货币"。

2.3.3.1 1994～1997 年，人民币汇率并轨，实行有管理的浮动汇率制度

1994 年 1 月 1 日实行人民币官方汇率与外汇调剂价并轨，人民币官方汇率由 1993 年 12 月 31 日的 5.80 元人民币/美元下浮至 1994 年 1 月 1 日的 8.70 元人民币/美元。实行单一的有管理浮动汇率制，汇率的形成是以市场供求状况为基础，改变了以行政决定或调节汇率的做法，发挥市场机制对汇率的调节作用。

并轨后取消了外汇留成和上缴，实行外汇的银行结售汇制，作为一项临时性措施，对经常性项目设立台账制，取消国内企业的外汇调剂业务，建立统一的银行间外汇市场，并以银行间外汇市场所形成的汇率作为中国人民银行所公布的人民币汇率的基础。此后人民币汇率结束了长达 16 年的贬值过程，开始稳中趋升。

1996 年 7 月起外商投资企业开始实行银行结售汇制。1998 年 12 月 1 日起，关闭外汇调剂中心，外商投资企业的外汇买卖全部纳入银行结售汇体系。此外，对境内居民个人因私用汇大幅度提高供汇标准，扩大供汇范围，超限额或超范围用汇，经外汇管理局审核其真实性后由外汇制定银行供汇。

至此，自 1994 年外汇体制改革以来尚存的其他经常项目汇兑限制基本消除。我国 1996 年 12 月 1 日接受了国际货币基金组织第 8 条款，实现了人民币经常项目可兑换，所有正当的、有实际交易需求的经常项目用汇都可以对外支付，这是实现人民币自由兑换的重要一步。

2.3.3.2 1998~2005 年，事实上钉住美元的汇率制度

1997 年，亚洲金融危机爆发，以泰铢为首的东南亚货币纷纷贬值，1998 年日元贬值，为了防止金融危机的进一步蔓延和深化，我国央行对外宣称人民币汇率不贬值。为了维持人民币汇率的稳定，中国人民银行加强了对外汇市场的干预。持续的、强有力的央行市场干预使得人民币对美元的汇率处于十分稳定的状态，从而在事实上与当初设计的"有管理的浮动汇率制度"产生了某种偏离，这导致国际货币基金组织在1999 年将人民币汇率制度认定为"事实上的钉住美元"的汇率制度。

2001 年后，尽管人民币贬值压力已经完全消失，但是，在持续增大的双顺差的环境下，特别是 2003 年以来，在美国等国家的施压下，人民币转而面临强大的升值压力。为了保持竞争性的汇率水平，以便通过扩大出口来弥补相对不足的国内需求，加上国内金融体系的脆弱性问题比较严重和企业抗风险能力较差等原因，我国央行加大了对外汇市场的干预，从而继续将人民币汇率保持在高度稳定的状态。

从图 2-5 可以看到，1994~2005 年，人民币对美元汇率在 1997 年前波动较大，而从 1998 年到 2005 年汇改前，基本没有变化。与此相应的是我国在实施相对浮动的汇率制度时，通货膨胀水平较高，而在钉住美元时期，价格水平非常稳定（如图 2-6）。王水林、黄海州（2005）指出，我国自亚洲金融危机开始实施的钉住美元的汇率制度，对货币政策起到了名义锚的作用，特别是在 20 世纪 80 年代到 90 年代中效果十分明显，他们指出，从 1994 年到 20 世纪末，人民币汇率继续采取钉住美元的机制，事实上"进口"了引导美国经济高速增长和低通货膨胀的美元货币政策，它对当时中国经济增长和宏观调控是有帮助意义的。

在进出口方面，汇率"并轨"使得人民币大幅贬值，并出现了一定程度的低估，导致了我国出口产品的竞争力显著增强，这促进了我国贸易的快速增长，同时经常账户也开始表现为持续性的顺差（见图2-7和图 2-8）。亚洲金融危机对我国贸易顺差的影响也十分明显，我国周边国家的货币纷纷贬值，使得我国实际汇率升值，这降低了我国出口商品的竞争力。但随着亚洲金融危机的结束，我国的顺差水平很快就恢复到危机发生前的水平，并且随后持续性增长。到 2005 年，我国的贸易顺差已经达到了 1019 亿美元。同时，我国在世界上的贸易地位也持续

（元人民币/美元）

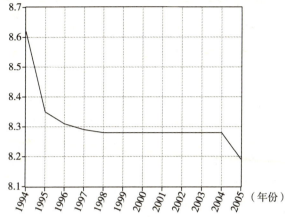

图 2 - 5　人民币对美元汇率

（上年=100）

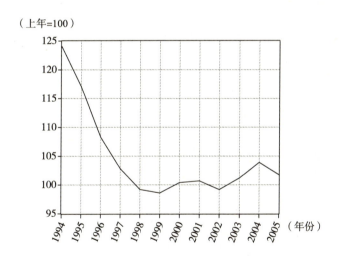

图 2 - 6　居民消费价格指数

上升，而贸易顺差的持续性增长使我国占世界贸易的比重也进一步上升，出口比重由 2004 年的 6.5% 上升到 7.3% ，进口比重由 5.9% 上升到 6.1% 。贸易顺差的上升推动了我国外汇储备的增长，我国在 2005 年末的外汇储备达到了 8189 亿美元。但与此同时，我国在 2005 年遭遇反倾销调查 51 起，连续 11 年成为世界上受到反倾销调查最多的国家。

实际上，我国贸易顺差和外汇储备的大幅增长也体现了我国经济结

（亿美元）

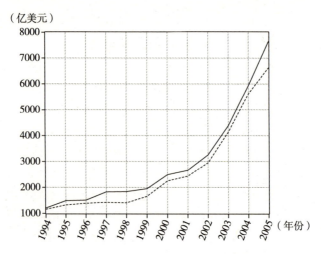

图 2 - 7　出口总额（虚线）、进口总额（实线）

（亿美元）

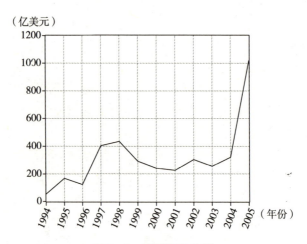

图 2 - 8　贸易顺差总额

构严重的内外不均衡的局面。2000 年以来，我国经济持续高速增长，但依赖出口和投资拉动经济增长的局面并未发生明显的变动。而外向型的经济增长方式使得各种要素都集中到出口部门，加剧了我国资源的消耗和环境的恶化，严重制约了我国经济的可持续发展，也阻碍了其他产业部门的发展。并且，由于加工贸易占整个出口的比重居高不下，我国在面临越来越多贸易摩擦的同时，只是依赖廉价的劳动力赚取了少量的加工费，实际上的收益是很有限的。

2.3.4　人民币汇率形成机制改革启动

2005 年 7 月 21 日，中国人民银行发布〔2005〕第 16 号文件——《关于完善人民币汇率形成机制改革的相关事宜公告》，这标志着人民币汇率制度开始进行了重大的变革。这一次的人民币汇率改革的核心是放弃单盯美元，改盯一篮子货币，以建立调节自如、管理自主的、以市场供求为基础的、更富有弹性的人民币汇率机制。

随后，央行又采取了多种市场化的方式来推进汇率机制的改革：

（1）增加市场交易主体。2005 年 8 月 8 日，央行决定允许更多符合条件的非银行金融机构和非金融性企业进入银行间即期外汇市场。截至 2007 年 5 月底，银行间即期外汇市场会员有 268 家，其中包括 151 家外资银行、111 家中资金融机构和一家企业会员。

（2）健全外汇交易方式。2006 年 1 月 4 日起，央行在银行间即期外汇市场上引入询价交易，同时引入做市商制度①，此举提高了交易的灵活性、大幅度降低了交易费用。截至 2007 年 5 月底，银行间外汇市场的做市商共 22 家，其中有 9 家外资银行、13 家中资银行。在汇率中间价的形成过程中，做市商的独立性以及报价能力对汇率形成机制市场化起了决定性的作用。

（3）改革和完善管理政策。国家外汇管理局先后推出的头寸管理政策改革有：2005 年 9 月 22 日决定调整结售汇周转头寸管理办法，实行结售汇综合头寸管理；2006 年初，允许做市商将远期敞口纳入结售汇综合头寸管理；2006 年 7 月 1 日起将权责发生制头寸管理原则推行至所有外汇指定银行。

（4）增加汇率弹性。2005 年 9 月 23 日，银行间即期外汇市场非美元货币对人民币交易价的浮动幅度，从原来的上下 1.5% 扩大到上下 3%。从 2007 年 5 月 21 日起，人民币兑美元交易价浮动幅度也从 3% 扩大至 5%。扩大银行间即期外汇市场人民币兑美元汇率浮动幅度有利于

---

①　银行间外汇市场做市商，是指经国家外汇管理局核准，在中国银行间外汇市场进行人民币与外币交易时，承担向市场会员持续提供买、卖价格义务的银行间外汇市场会员。做市商由具备一定实力和信誉的法人充当，在不断提供买卖价格的同时，按其提供的价格以自有资金和货币与投资者进行交易，并通过买卖价差实现一定利润。

进一步促进外汇市场的发展，增强人民币汇率弹性。

（5）增加外汇市场交易品种。汇改以来，中国外汇市场交易品种不断丰富、业务范围逐渐扩大。2005年5月18日在银行间市场上推出了外币对外币买卖业务，2005年8月8日推出了远期外汇业务，2006年4月24日推出人民币对外币掉期交易；在银行对客户零售市场上扩大了银行对客户远期结售汇业务范围，并且开展银行对客户外汇掉期业务，以满足各类市场主体管理人民币汇率风险的需求。

（6）有序拓宽资本流出入渠道。允许银行集合境内外汇或人民币购汇投资境外金融市场，支持证券经营机构集合境内机构和个人自有外汇投资境外证券市场，鼓励保险机构在一定比例内以自有外汇或购汇对外金融投资。取消境外直接投资购汇额度限制，允许提前购汇支付前期费用。完善合格境外机构投资者制度的相关管理政策，积极引导其促进国内资本市场发展。

各种外汇体制改革措施的陆续出台使得人民币汇率行为发生了显著变动，特别是在人民币汇率弹性加大后，汇率的升值幅度显著加快；我国汇率的升值和波动性对我国企业、居民等微观主体的行为也产生了显著的变动。如企业积极地采用避险工具来应对汇率风险，居民购汇投资于海外市场等。从宏观层面，我国的"双顺差"的局面则进一步加剧，而国内也在2007年出现了一定程度的通货膨胀局面。

从2005年7月到2007年下半年，在强大的升值压力下，人民币汇率波动性的扩大使得人民币对美元表现为持续升值，并且自2006年7月以来，升值速度明显加快（如图2-9所示）；从2005年7月到2006年7月，人民币对美元汇率在汇改时一次性升值2.1%后，仅升值了1.6%，而2007全年升值幅度超过了6.8%。

人民币对欧元的汇率走势则呈现出先升值，后贬值的状态（如图2-10所示）。而在汇改的第一年，人民币汇率对欧元实际上升值2.2%，在汇改第二年，人民币汇率对欧元实际上升值2.5%。人民币对日元汇改以来也主要表现出升值的趋势，从2005年7月末到2007年7月，人民币对日元的升值幅度达到了15%（如图2-11所示）。

渐进式的升值一方面使得我国进出口企业受到的影响较小，我国的进口和出口总量仍处于持续性的上升状态，如图2-12。并且，两者之间的差额也似乎进一步的扩大，我国2007年的贸易顺差达到了2622亿

（元人民币/美元）

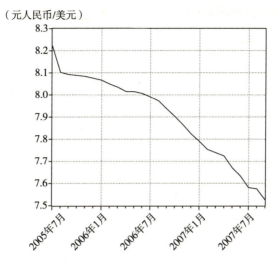

图2-9 人民币对美元汇率

（元人民币/欧元）

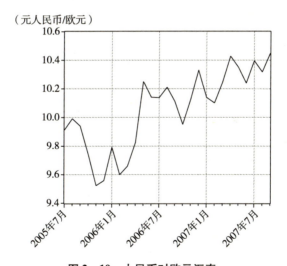

图2-10 人民币对欧元汇率

美元，同比增长47.7%，这也进一步导致了美国、欧盟等国政府向我国施压，以进一步推动人民币汇率升值。另一方面，渐进式的升值也使得国际游资可以从容不迫的进入我国的股市、楼市等资本市场，并进行无风险的套利。贸易顺差及短期套利资本一起推动了我国外汇储备迅猛增长，且表现为持续性的上升。截止2007年12月，我国的外汇储备达

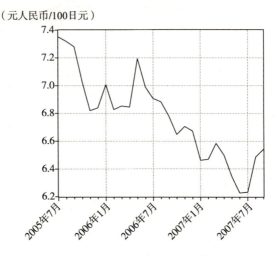

图 2-11 人民币对日元汇率

到了 1.53 万亿美元（见图 2-13）。而央行应对外汇储备增加进行的冲销式干预使得我国基础货币的投入增长，在一定程度上导致了流动性过剩，并伴随着出现了结构性通货膨胀局面。（见图 2-14）。

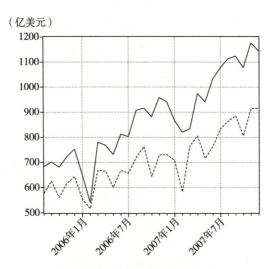

图 2-12 进口总额（实线）、出口总额（虚线）

（亿美元）

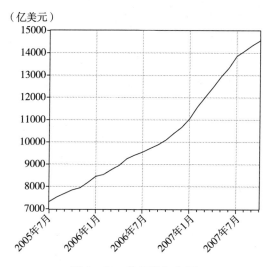

图 2 - 13　外汇储备余额

（上年=100）

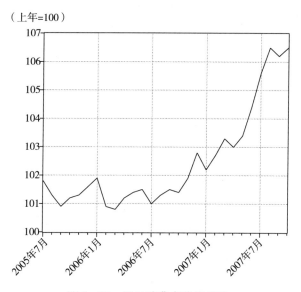

图 2 - 14　居民消费者价格指数

2.3.5　人民币汇率形成机制改革重启

2010 年 6 月 19 日，在金融危机对我国的影响逐步消退之际，中国人民银行发言人对外宣布重启人民币汇率形成机制改革①。在此之前，由于美国次贷危机引发的全球金融危机造成世界范围内货币金融体系大幅动荡，我国在 2008 年至 2010 年 6 月期间实质上回归了盯住美元的汇率制度，保持人民币对美元汇率水平稳定在 1 美元兑 6.8 元人民币左右。这一措施有效地维护了我国汇率体系在金融危机蔓延时期的稳定，一定程度上屏蔽和缓解了国际金融危机通过汇率渠道对我国的冲击。但在后危机时期，重新盯住美元的弊端再次显现，我国货币当局重新启动"汇改"，以推进人民币汇率的市场化进程。

自 2010 年 6 月人民币"汇改"重启后，外汇市场迅速做出了反应，人民币汇率随后表现出明显的双向波动的特点。人民币对美元汇率开始逐步小幅升值，并且，在我国宏观经济强劲增长的数据一再出台、美国宏观经济复苏乏力的背景下，人民币汇率升值有加速的态势。特别是在标普下调美国国债信用评级后，人民币汇率更是屡创新高。截至 2011 年 9 月 26 日，人民币汇率达到 1 美元兑 6.3735 元人民币，这是人民币汇率自 2005 年"汇改"以来的最高水平。自 2010 年 6 月央行重启汇改以来，人民币兑美元已累计上涨 6.91%，2011 年以来的升值幅度也已经达到 3.21%②。而与 2005 年 7 月"汇改"实施前相比，"汇改"至今人民币对美元已累计升值 29.86%。人民币汇率的升值趋势在 2011 年可能进一步延续，一些研究预计，在目前的经济形势下，2011 年人民币汇率的升值幅度将达到 5% 左右。

人民币汇率近期的快速升值趋势也引发了政府和学界一些人士的担忧，即担心快速升值将显著影响国内一系列产业部门的出口，进而影响就业、产出和经济增长。但就进出口部门整体而言，我国 2011 年的外贸形势发展良好。2011 年，我国前 2 个季度进出口总额达到 17036.7 亿美元，同比增长 25.8%，顺差达到 449.3 亿美元。实际上，自 2005 年"汇改"以来，人民币对美元升值幅度已经接近 30%，而我国整体出口并未受到严重冲击，一直持续了贸易顺差的局面，外汇储备也持续累积。而全球金融危机的发生也提示我们，外需是导致我国外贸大幅波动的原因，汇率并不起是影响进出口的根本性因素。因此，尽管人民币升值可能导

致一些技术含量较低、利润率较低的出口部门出现困难，但从总体经济来看，人民币汇率适度升值是有助于实现贸易平衡、产业升级和结构优化的。

人民币汇率升值对我国经济的另一作用在于对我国通货膨胀局面的影响。我国 2011 年呈现出高通胀的局面，前 8 个月的 CPI 都在高位运行。尽管汇率工具并不是直接调控价格的常规手段，但在国际大宗商品价格大幅波动的背景下，再考虑到我国对进口能源、原材料的依存度较高，人民币升值实质上降低了进口产品的价格、一定程度上缓解了输入性的通货膨胀。同时，由于外汇占款的增加是我国基础货币投放的主要渠道，而人民币升值有助于降低外汇占款，因此人民币升值也降低了我国基础货币投放的规模。因此，在我国一方面通胀率居高不下，另一方面准备金率已经高达 21.5%、一些中小企业已经出现融资困难的背景下，央行的货币政策调控空间是受限的，而人民币汇率升值则为央行提供了控制物价的可行工具。

2.4　人民币未来的汇率制度改革方向

人民币汇率在"汇改"重启后的升值趋势是国内外多重因素所导致的，但升值的根本动因还是我国经济相对美、欧等经济体的强势增长，这一因素也将导致人民币汇率在长期内维持这一升值趋势。在此背景下，人民币汇率的适度、稳步的升值将有利于我国经济的内外部均衡，符合我国经济的长期发展目标。

根据前述分析，本书认为我国央行应继续稳步推进人民币汇率形成机制改革，秉持"主动性"、"渐进性"和"可控性"原则，适度降低外汇市场干预强度，允许人民币汇率稳步升值，使其逐步接近市场均衡水平，同时央行可以通过增加人民币汇率的灵活性，实现汇率的双向波动，消除人民币汇率的单边升值预期。进一步，我国政策当局还应当积极运用汇率工具，实现宏观经济调控目标。具体建议如下：

（1）主动选择升值时机及幅度、控制汇率波动区间，避免在国际压力下被动升值。在当前形势下，人民币汇率不存在大幅升值空间，我国政府并不需要对人民币汇率一次性进行大幅调整，而应根据国内宏观调控目标的需要，确定升值幅度及时机。如国内经济增速较快、外贸顺差进一步扩大、通胀局面加剧，可适度扩大汇率升值幅度。反之，则控制汇率升值幅度。

（2）加强人民币汇率弹性，实现人民币汇率"双向波动"，应对外汇市场上的汇率升值预期。央行在外汇市场的干预行为应着力实现人民币汇率"双向波动"，消除汇率单边升值的预期。同时加强对跨境资本流动的管理，密切监控短期资本的流动，并对外资进入股市和楼市采取一定的限制措施，预防资产泡沫的形成和金融风险的累积。

（3）以国际金融危机为契机，完善人民币汇率形成机制，提升人民币的国际地位。在美国国债信用等级下调和欧洲债务危机的背景下，我国政府应当以此为契机，通过国家间货币互换等措施逐步提升人民币的国际地位，使人民币逐步成为区域化的交易、储备货币，逐步提升人民币的国际地位。

（4）以推动国内经济结构改革、提高居民消费率为主，以人民币汇率调整为辅，逐步改善贸易失衡局面。我国只有通过经济结构调整、提高居民收入及消费水平，优化贸易结构，才能在长期内实现我国经济内外部的均衡发展。在此过程中，人民币汇率渐进式地升值将有助于上述目标的实现。

本章小结

本章首先介绍了汇率制度分类方法及汇率制度选择理论。汇率制度选择理论的演进历程表明一国实施何种汇率制度，应当取决于一国政治体制、经济发展阶段、国家规模以及世界金融体系等等因素，并没有任何一种汇率制度适用于所有的国家。进一步地，本章对新中国成立以来实施的人民币汇率体制的变革历程进行了回顾，并分析了在不同阶段，人民币汇率制度对我国经济发展的影响。在计划经济时期，人民币汇率仅仅是简单的交易工具，并未起到调节经济内外平衡的功能。而我国在改革开放后，计划经济时代僵硬的外汇体制逐步转向更灵活的、以市场供求为基础的汇率体制，人民币汇率制度在促进贸易和投资、稳定国内的价格水平等方面都起到了相应的促进作用，但由于人民币汇率的市场化进程还在进行之中，其对宏观经济的调控作用还很有限。本章最后分析了近期美国次贷危机爆发后，外部经济紧缩对人民币汇率改革所产生的影响，探讨了人民币汇率改革近期的目标及具体措施。

第 3 章

人民币汇率的均衡水平及短期波动

　　固定汇率制度相对浮动汇率制度的一个缺陷是固定汇率制度更可能导致实际汇率水平偏离其均衡水平（equilibrium level），产生一定程度的低估或高估（Calvo and Mishkin，2003），即存在一定程度的汇率错位（exchange rate misalignment，也有学者译为失调）。而当固定汇率制度转向更灵活的汇率制度时，如果存在汇率错位预期，汇率将更快地向其均衡水平复归。我国在 1997 年为应对亚洲金融危机而实施的严格钉住美元的汇率制度预防了危机的进一步蔓延和深化，但这也使得人民币汇率失去了向均衡汇率自我复归的可能。2005 年 7 月人民币汇率形成机制改革使得人民币汇率的灵活性得以扩大，其后人民币的走势表现出强劲的升值趋势。一些学者认为这正是人民币汇率借助市场力量寻求其均衡水平的过程，但另一些学者也表达了人民币的这种升值动力可能不仅来自于宏观经济内外均衡的自身要求，还深受国际金融市场的扰动因素和国际政治博弈因素的影响。在这种背景下，判定人民币均衡汇率水平及错位程度，并对人民币汇率短期内的波动因素进行辨析则非常必要。

　　本章首先对人民币汇率的相关概念及文献进行简要的介绍；随后介绍涉及均衡汇率计算的主要理论模型：购买力平价模型、基本要素均衡汇率模型、行为均衡汇率模型；本章第 3.3 节基于我国作为转型经济体的事实，依据行为均衡汇率模型，分析可能影响人民币汇率均衡水平的主要因素并构建人民币均衡汇率模型；第 3.4 节应用误差修正模型考察各宏观经济变量对人民币汇率的长短期冲击效应，并测算人民币均衡汇率和错位水平；最后给出结论和政策建议。

3.1 汇率概念及人民币汇率变动轨迹

国际经济学的文献中涉及到名义汇率、实际汇率、有效汇率及均衡汇率等多种概念，很容易混淆，因此本节首先对名义汇率和实际汇率的概念进行澄清，随后对近年来的人民币实际汇率走势进行简要的述评，最后介绍均衡汇率的概念。

3.1.1 汇率相关概念[①]

国际经济学中定义的名义汇率是两种货币的相对价格，即用一国货币表示的另一国货币的价格。实际汇率是经过相对价格水平调整的指标，体现了一个经济体商品和劳务的国际竞争力。研究中，实际汇率可以分为两种：外部实际汇率和内部实际汇率。外部实际汇率是根据一国外部指标定义的实际汇率，即根据外国与本国价格水平的差异对名义汇率进行调节后得到的实际汇率。这种定义源于购买力平价理论，根据不同国家之间相同一篮子商品的相对价格水平可以比较货币的相对价值。内部实际汇率是根据国内指标定义的实际汇率，如把实际汇率定义为一个国家内部的贸易品与非贸易品的国内价格之比，它反映了在一个特定国家内部人们生产或消费贸易品和非贸易品的相对价格水平。

3.1.1.1 外部实际汇率

外部实际汇率（External Real Exchange Rate，ERER）又分为双边实际汇率和多边实际汇率。前者指本国和一个贸易伙伴国或竞争国之间计算的实际汇率，后者指本国与所有重要的贸易伙伴国和竞争国加权计算的实际汇率。

$$ERER = \frac{EP^*}{P} \tag{3.1}$$

---

① Cecchetti, Stephen G.：《货币、银行与金融市场》，北京大学出版社 2006 年版，第 229~234 页。卜永祥、秦宛顺著：《人民币内外均衡论》，北京大学出版社 2006 年版，第 2 章。

其中，*ERER* 代表本国的外部实际汇率，*E* 代表本国的名义汇率（以本币直接标价），*P* 代表本国的价格水平，P^* 代表外国的价格水平。

多边实际汇率能够准确反映一国相对于其贸易伙伴国的竞争力，因此又被称为实际有效汇率（real effective exchange rate，REER）。实际有效汇率是一个加权平均的外部实际汇率指数，用本币直接标价的实际有效汇率的计算公式见式（3.2），其中 *m* 表示本国的贸易伙伴的数量，$\prod$ 表示 *m* 个国家括号项目中的内容的乘积，ω_i 是第 *i* 个国家所占的权重。

$$REER = \prod_{i=1}^{m} \frac{(E_i \cdot P_i^*)^{\omega_i}}{P}, \quad 且 \sum_{i=1}^{m} \omega_i = 1 \qquad (3.2)$$

国际货币基金组织（IMF）测算并定期公布其成员的实际有效汇率指数，IMF 对实际有效汇率指数（REER）的定义为：实际有效汇率指数是经本国与所选择国家间的相对价格水平或成本指标调整的名义有效汇率。实际有效汇率指数是本国价格水平或成本指标与所选择国家价格水平或成本指标加权几何平均的比率与名义有效汇率指数的乘积。计算公式如下：

$$REER_i = \prod_{j \neq i} \left[\frac{P_i R_i}{P_j R_j} \right]^{W_{ij}}, \quad 且 \sum_{j \neq i} W_{ij} = 1 \qquad (3.3)$$

其中，$REER_i$ 代表第 *i* 个国家的实际有效汇率，W_{ij} 代表第 *i* 个国家赋予第 *j* 个国家的竞争力权重，R_i、R_j 分别代表第 *i* 国和第 *j* 国货币以美元标价的名义汇率，P_i、P_j 分别代表 *i* 国和 *j* 国的消费价格指数。

3.1.1.2 内部实际汇率

内部实际汇率（Internal Real Exchange Rate，IRER）可以基于两商品、三商品或者多商品宏观经济模型。为简单起见，这里仅介绍两部门商品（贸易品和非贸易品）的内部实际汇率定义。内部实际汇率定义为一国贸易品与非贸易品的相对价格。

$$IRER = \frac{P^T}{P^{NT}} \qquad (3.4)$$

式（3.4）中，*IRER* 是以本币计价的内部实际汇率，P^T 是用本币计价的贸易品价格，P^{NT} 是用本币计价的非贸易品价格。这个概念来源于布恩布什（Dornbusch，1980）的依存经济模型，该模型认为，在小国开放经济、要素自由流动、价格可变和产品市场自由竞争等假定条件下，存在一个使得经济同时处于内外均衡的内部实际汇率水平。若非贸易品价格和贸易品的国际价格是外生的，为了出清非贸易品市场并同时实现贸易收支平衡，内部实际汇率需要进行调整直至两个市场同时达到均衡。内部实际汇率关注的是国内资源在贸易和非贸易品部门之间的流动和配置。应用内外实际汇率的主要问题是数据的可获性，贸易品和非贸易品的相对价格指数不易获得。因此，在实证研究中，一般应用外部实际汇率来替代内部实际汇率。

3.1.2 人民币实际有效汇率的运行轨迹

人民币汇率在改革开放之初严重高估，但经过一系列的外贸及外汇体制方面的改革，人民币汇率的运行轨迹开始逐步反映我国宏观经济的基本状况。图 3-1 是 1990 年 1 季度到 2007 年 1 季度的人民币实际有效汇率指数 REER （real effective exchange rate）[①]。从图 3-1 可以看到，在这一阶段，人民币实际有效汇率有两次比较大的波动：（1）1990 年 1 季度 ~ 1993 年 1 季度的大幅下降；（2）1993 年 2 季度 ~ 1998 年 1 季度年的大幅上升。前一阶段主要是因为人民币在计划经济时代长期高估，我国货币当局采取了一系列措施使人民币回归市场均衡水平，并在 1994 年人民币汇率并轨时，对人民币实施了超贬，这导致了名义汇率和实际汇率的大幅贬值；后一阶段主要是因为我国在 1994 年前后经济增长迅猛，同时出现了较高的通货膨胀水平，这导致了实际有效汇率的升值。1997 年亚洲金融危机爆发，周边国家货币贬值而人民币保持坚挺，使得人民币实际有效汇率达到峰值。从 2002 年开始，人民币实际有效汇率出现了一定程度的下降。这主要应归因于，在人民币盯住美元的情况下，美元的贬值导致了人民币的相应贬值，实际汇率下降。2005 年 7 月人民币汇率形成机制改革后，人民币对美元虽然小幅升值，但对非美货币并未升值，甚至出现贬值，因此人民币实际有效汇率在汇改后变动不大。但从 2006 年 2 季度开始，人民币实际有效汇率又开始呈现上升趋势。

---

① 资料来源：国际货币基金组织出版的《国际金融统计》（International Financial Statistics, IFS）。

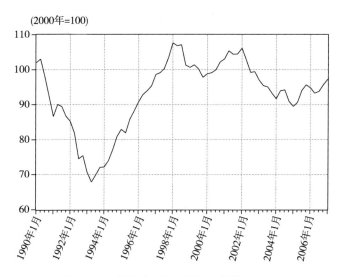

图 3 - 1　人民币实际有效汇率指数 REER

3.2　均衡汇率理论概述[①]

均衡汇率（Equilibrium Exchange Rate）是指在贸易不受到过分限制、对资本的流动无任何特别的鼓励措施、无过度失业前提下能够使国际收支实现均衡的汇率。均衡汇率的概念首先是由纳斯（Nurse，1945）提出的，并由阿图斯（Artus，1978）进行了深入的讨论。均衡汇率理论的出发点是反映国际产品市场均衡的购买力平价（Purchasing Power Parity，PPP）假说，但由于购买力平价假说对汇率运行轨迹，特别是对发展中国家和转型经济国家中长期内的汇率升值趋势缺乏解释效力，学者们又提出了将汇率同宏观经济基本面结合起来的理论模型，即基本要素均衡汇率模型（Fundamental Equilibrium Exchange Rate，FEER）和行为均衡汇率模型（Behavioral Equilibrium Exchange Rate，BEER）。

---

① 卜永祥、秦宛顺著：《人民币内外均衡论》，北京大学出版社 2006 年版，第 2 章。Égert，Balázs，2004，"Assessing equilibrium exchange rates in CEE acceding countries：Can we have DEER with BEER without FEER? A critical survey of the literature"，*BOFIT Discussion Papers* 1/2004，Bank of Finland，Institute for Economies in Transition.

FEER 模型是由威廉姆森（Williamson，1985，1994）提出的，此模型认为一国汇率应当有助于实现一国经济的内外部均衡，因此汇率变动应当同反映适当经济增长水平（内部均衡）和适当资本流动（外部均衡）的宏观经济基本因素的长期变动趋势保持一致。而 BEER 模型是由麦克唐纳（MacDonald，1997）、克拉克和麦克唐纳（1998）提出的，此模型基于非抵补利率平价（Uncovered Interest Rate Parity，UIP）理论，将国家间的利差、经济基本面变量同汇率联系起来，并通过构建简约化的单方程判断汇率同经济基本面的长期协整关系。由于 FEER 模型需要建立较大型的联立方程模型，并需要在建模时进行主观的参数设定，因此模型得出的结论主观性较强；而 BEER 方法虽然并未严格地基于经济理论，但大量的经验研究也给出了经济基本面的大致选择范畴，目前被广泛地应用于各国，特别是转型经济国家或新兴经济国家的均衡汇率研究。

由于 FEER 模型和 BEER 模型都需要对影响实际汇率的宏观经济基本面变量进行确定，因此本节对蒙特埃尔（Montiel，1999）提出的模型进行概述，该模型包含了一般均衡的思想，为经济基本面变量的选择提供了理论基础。

3.2.1　购买力平价（PPP）理论

购买力平价理论即一国名义汇率是本国价格水平和外国价格水平之比。

$$E^{PPP} = \frac{P}{P^*} \tag{3.5}$$

式（3.5）意味着长期名义汇率的均衡水平是由购买力平价决定的。从短期来看，外汇市场的名义汇率的走势一般是偏离于购买力平价所决定的汇率水平。名义汇率偏离购买力平价所决定的汇率程度，就被称为汇率的低估或高估。购买力平价理论得以成立的一个潜在假设是物价篮子中的每种商品都要符合一价律（Law of One Price，LOOP）。一价定律即同种商品在本国或外国用同一货币标价时，价格是一致的。国内和国外市场是完全竞争的，没有贸易壁垒，并且资本流动是不受限制的。

将式（3.5）转换成对数形式，可以得到绝对购买力平价的表示形式，如式（3.6）。其中 e 是对数形式的名义汇率，p 是对数形式的本国价格水平，p^* 是对数形式的外国价格水平，ε 是一个稳态的随机变量。由于 ε 是一个零期望等方差的随机变量，因此实际汇率与长期均衡实际汇率的偏离是暂时性的，这意味着长期均衡汇率应等于常数：

$$e = p - p^* + \varepsilon \tag{3.6}$$

但实际上，一价定律在实际中即使是对同质性的商品也由于贸易壁垒、本地化定价等原因，在实践中很难成立，并且由于不同国家的商品篮子的构成不同，特别是对处于不同发展阶段的国家，商品篮子的显著不同将会把系统性的偏差引入购买力平价的式子。因此绝对购买力平价假说在实证中一般不成立。对购买力平价假说的检验主要是对相对购买力平价假说来进行的。相对购买力平价假说可以表示为式（3.7），其中 α_0 是常数项。验证相对购买力平价是否成立，即验证是否满足 $\alpha_1 = 1$。

$$e = \alpha_0 + \alpha_1(p - p^*) + \varepsilon \tag{3.7}$$

目前，购买力平价的国家检验主要集中于检验名义汇率、本国价格水平、外国价格三者之间是否存在协整关系，对式（3.7）改写后，得到（3.8）式：

$$e = \alpha_0 + \alpha_1 p + \alpha_2 p^* + \varepsilon \tag{3.8}$$

但名义汇率、本国价格与外国价格三者之间协整并不说明购买力平价假说成立，因为 $\alpha_1 = 1$，$\alpha_2 = -1$ 是购买力平价成立不可或缺的条件。

3.2.2　基本要素均衡汇率（FEER）模型

FEER 模型的主要思想是：从一般均衡的角度，假定均衡汇率应当同时满足经济体内外部均衡出发，得出均衡汇率同宏观经济基本面之间的联系。威廉姆森（1985，1994）提出的基本要素均衡模型方法中，FEER 意味着对给定的一系列国家，同时实现经济内部均衡和外部均衡的实际有效汇率。在这里，内部均衡被定义为不会加速的非失业的通货膨胀率（non-accelerating inflation rate of unemployment, NAIRU），即经济中的产能被完全利用，同时能够保持低通货膨胀水平。外部均衡指的是在一个中期时间（medium-term）段内，外部债务具有可持续性。这一问题可以表示成下式，要实现宏观经济均衡，经常账户余额的赤字要等同于资本账户余额的盈余。

$$CA = - KA \tag{3.9}$$

其中, CA 表示经常账户, KA 表示资本账户, 可以进一步把经常账户表示成实际有效汇率 q , 本国总产出 y_d 和外国总产出 y_f 的函数, 即:

$$CA = b_0 + b_1 q + b_2 y_d + b_3 y_f \tag{3.10}$$

其中常数项满足 $b_1 < 0$, $b_2 < 0$, $b_3 > 0$ 。

假定宏观经济处于均衡状态, 即国内和国外产出达到充分就业下的均衡产出, 资本账户的余额是长期可持续水平的余额, 用上标 " $-$ " 表示指标达到均衡状态, 则有:

$$CA = b_0 + b_1 q + b_2 \bar{y}_d + b_3 \bar{y}_f = - \overline{KA} \tag{3.11}$$

满足上式的实际有效汇率就是基本均衡实际汇率, 基本均衡实际汇率就等于:

$$FEER = (- \overline{KA} - b_0 - b_2 \bar{y}_d - b_3 \bar{y}_f)/b_1 \tag{3.12}$$

使用 FEER 模型, 需要解决两个问题。首先是判断同低通货膨胀水平相联系的潜在产出水平。第二个需要解决的问题是估计可以维持经常账户的净流入资本水平, 即确定外债与 GDP 的最优比率如何保证经常账户的可持续性。

3.2.3 行为均衡汇率 (BEER) 模型

行为均衡汇率 (BEER) 模型的基本思想是认为一国汇率同宏观经济基本面之间存在着长期稳定的协整关系, 模型基于经济基本面的当期水平通过统计方法来计算汇率的均衡水平。由于 BEER 模型包含了非抵补利率平价理论, 即考虑了在中期内国家间资本市场均衡导致的资本流动对汇率的影响, 因此该模型在体现汇率长期变动趋势的同时, 更好地反映了中期内汇率向均值回归 (mean-reverting) 的机制。

非抵补利率平价成立的基本假设是资本在国家间完全流动, 并且国内和国际都存在成熟的资本市场, 特别是债券市场。它的基本思想是: 理性经济人根据汇率的预期变动和不同资本市场间不同币种资产的收益率差异 (可用实际利差衡量) 来进行资本的配置, 资本的自由流动使得国内和国外的资本市场达到均衡。

BEER 模型的形式如下, 即一国汇率是由经济基本面决定的预期汇率值、实际利差和风险贴现组成:

$$q_t = E_t(q_{t+k}) - (r_t - r_t^*) + \omega_t \qquad (3.13)$$

其中，q_t 是实际汇率，r_t 和 r_t^* 分别是期限为 $t + k$ 期的国内利率和国外利率，$E_t(q_{t+k})$ 是实际汇率在 $t + k$ 期的条件预期值，ω_t 是时变风险贴现。进一步地，$r_t = i_t - E_t(\pi_{t+k})$ 是事前实际利率，其中 i_t 是期限为 $t + k$ 期的名义利率，$E_t(\pi_{t+k})$ 是通货膨胀 π_t 在 $t + k$ 期的条件预期，风险贴现 ω_t 的增加将导致实际汇率的下降。根据克拉克和麦克唐纳（1998），风险贴现 ω_t 是一国财政状况的线性方程。例如，当一国政府债券发行量增加时，该国的风险贴现水平也相应增加，这将导致该国的货币贬值。

$$q_t = q_t(\bar{x}_t, \bar{z}_t) \qquad (3.14)$$

其中，$\bar{x}$ 是基本经济面的向量。在实际中，实际汇率可以被写作长期和中期的基本经济变量（$\bar{x}_t$）和短期的变量（$\bar{z}_t$）的方程。

BEER 模型的使用分下述几个步骤：第一步是应用单方程方法来判定实际汇率同宏观经济基本面变量，以及短期变量之间的关系，这等同于估计汇率决定方程；第二步对经济基本面变量的永久性成分进行识别，即将宏观经济变量的时间序列分解为永久成分和暂时成分，这可以通过 H－P 滤波或 Beveridge－Nelson 分解，或通过对长期值的主观判断来计算（Baffes et al.，1999）；第三步将宏观经济基本面变量的永久部分代入第一步估计出的汇率决定方程替代原基本变量，并设定短期变量为零，就得到了长期均衡汇率；第四步求出名义汇率同长期均衡汇率之间的差异，即得到汇率的错位水平。

3.3　人民币均衡汇率模型的构建

为准确反映人民币汇率水平所体现的我国商品和劳务的国际竞争力，本书在研究人民币均衡汇率时，使用的是国际货币基金组织（International Monetary Fund，IMF）测算并公布的人民币实际有效汇率指数。本节将首先概述人民币实际有效汇率近年来的变化趋势，随后建立人民币行为均衡汇率模型。

3.3.1 转型经济国家均衡汇率研究的文献综述

由于我国是典型地从计划经济向市场经济转轨的发展中国家，同很多东中欧的转型经济体一样，其汇率的变动趋势都经过了一个大幅贬值随后逐步升值的过程。国外对转型经济的相关研究在方法上的应用主要以 PPP、FEER 和 BEER 方法为主，相关研究发现对转型经济或新兴经济体，产出增长、高通货膨胀水平、外国直接投资（Foreign Directed Investment，FDI）和利差（Interest Rate Differential）导致的资本流动对均衡汇率的长期趋势存在显著影响。

泰勒和萨尔诺（Taylor and Sarno，2001）估计了转型经济国家的均衡汇率，他们强调了实际利差和产出差异对实际汇率的决定性影响。伯拉达（Brada，1998）认为是大规模的资本流动和高通货膨胀水平是转型经济体汇率升值的主要原因。德·布洛克和斯洛克（De Broeck and Slok，2001）分析了 1993～1998 年的 26 个转型经济国家的实际有效汇率，他们发现这些国家都历经了显著的升值过程。并且，这些国家的人均 GDP 的增长是汇率升值的主要原因。科里切利和杰斯贝克（Coricelli and Jazbec，2001）也得出了类似的结论，强调产出增长对转型经济国家汇率升值的作用。

在对人民币均衡汇率的相关研究中，近期的各个研究得出的结论也存在着较大的差异。国内学者得出的结论是人民币汇率在汇改前后存在一定程度的低估，但低估幅度并不严重，大致在 5%～10% 左右（如施建淮、余海丰，2005；王维国、黄万阳，2005；王曦、才国伟，2007）。与此相对应的，国外学者对人民币均衡汇率的近期研究给出的结果差异较大。例如，高德特和高哈德（Coudert and Couharde，2005）测算，人民币汇率在 2003 年的低估水平达到 20%～40% 左右。冯克和拉恩（Funke and Rahn，2005）认为人民币汇率在 2002 年低估了 5%～10%，张、陈和藤井（Cheung，Chinn and Fujii，2006）认为人民币汇率不存在低估。在方法上，国内外学者都应用了购买力平价法、FEER 方法和 BEER 方法。高德特和高哈德（2005）采用了 FEER 方法进行了研究，冯克和拉恩（2005）采用 BEER 模型及由 BEER 模型衍生出来的 PEER（Permanent Equilibrium Exchange Rate）模型，对人民币均衡汇率进行了分析。张、陈和藤井（2006）采用了相对购买力平价法进行了研究。窦祥胜、杨炘（2004）用购买力平价方法进行了研究。施建淮、余海丰（2005）应用行为均衡汇率模型，他们的研究强调了制造业劳动生产率的上升及贸易盈余导致的净对外资产余额的增加是推动人民币实际汇率升值的动因。王维国、黄万阳（2005）应用的是爱德华兹提出的ERER 模型，并指出影响人民币实际有效汇率的是贸易条件、开放度、政府支出和全要素生产率。

也有一些学者另辟蹊径，采取了不同于上述学者的方法。一些研究侧重从微观角度进行考察。陈平和王曦（2002）从参与人民币外汇市场的主体的微观经济行为分析入手来研究人民币汇率的均衡态势。他们在我国外汇管理制度和外汇市场的运行和监控以及微观制度安排的基础上推导出我国外汇的供给和需求曲线，指出由于政府对交易主体持有外汇头寸的限制以及对人民币汇率波动水平的限制，使得外汇市场失衡成为经常现象。王曦、才国伟（2007）通过假定均衡汇率具有向均值自动回归的机制，并利用远期外汇市场的信息对人民币汇率的均衡水平进行了预测。另外有一些研究从一般均衡的角度进行了分析。卜永祥、秦宛顺（2002）通过借鉴蒙特埃尔（1999）的模型，运用动态一般均衡的方法，主要讨论了关税、货币供应量、国外利率水平等对人民币均衡汇率的影响。他们的分析表明，降低进口品关税使人民币面临贬值压力，而政府增加税收，减少对贸易品的消费则有利于人民币的保值和升值。国外实际利率的下降，实际货币供应量的增长都将引起人民币均衡汇率的贬值。张纯威（2007）构建了一般均衡框架下的人民币现实均衡汇率的多方程模型，依据内外均衡理论来确定汇率影响因素和决定机制，利用联立方程组来求解均衡汇率。

达讷韦、利和李（Dunaway，Leigh and Li，2006）对有关人民币均衡汇率的研究进行了综述，他们指出由于具体的样本时间跨度、经济基本面的选取、方法使用的不同等因素，估计结果难以达成一致是难免的。上述研究的差异也使得有必要进一步探讨人民币均衡汇率的决定因素并对均衡汇率水平进行测算。

3.3.2　人民币均衡汇率模型设定

麦克唐纳提出的 BEER 模型包含了均衡汇率应有助于实现产品市场

和资本市场的共同均衡的思想。模型认为，从中期的角度出发，本国和国外之间的利差引起的资本流动将对均衡汇率产生冲击。而前述的人民币均衡汇率研究尽管数量众多，但或是单纯从产品市场均衡的角度，或是从外汇储备等资本存量的变动角度来考察人民币均衡汇率，并未充分考察不同类型资本流动——长期资本流动（如 FDI）和利差等因素导致的中短期资本流动对人民币均衡汇率水平的可能影响。而实际上，很多学者都认为在目前国际资本大规模流动、我国资本市场持续发展，且货币当局对国际资本采取"宽进严出"管理措施的背景下，单纯从产品市场均衡的角度来考察人民币汇率已经不适用了。

例如，麦金农和施纳布尔（McKinnon and Schnabl, 2006）就指出，在判定人民币汇率是否应当升值时，应着重从资本市场和劳动力市场的均衡角度进行分析。汪洋（2004）对 1982～2002 年我国的资本流动状况进行研究，发现在我国存在资本管制的情况下，资本流动存在无风险套利和非均衡的特点。作者研究表明，自 1994 年以来中美利率和双边汇率的组合，使得套利资本的跨境流动可以获得稳定、高额的利差和汇差的双重收益。

现在我们重新考虑 BEER 模型，即方程（3.13），$q_t = E_t(q_{t+k}) - (r_t - r_t^*) + \omega_t$，其中的 q_t 是用直接标价法来表示的汇率。如果我们将其用间接标价法来表示，可以得到

$$q_t = E_t(q_{t+k}) + (r_t - r_t^*) + \omega_t \qquad (3.15)$$

设定 t 期对 $t+k$ 期的实际汇率的期望值 $E_t(q_{t+k})$ 是由宏观经济基本面因素 $X_{1,t}$ 和转型经济因素 $X_{2,t}$ 决定的，因此方程（3.15）可以写成如下形式：

$$q_t = \mu + \theta_1 X_{1,t} + \theta_2 X_{2,t} + \theta_3(r_t - r_t^*) + u_t \qquad (3.16)$$

根据均衡汇率理论和相关研究（Montiel, 1999），影响一国均衡汇率的基本因素，包括可贸易部门相对非可贸易部门的劳动生产率、贸易条件、开放度、净对外资产、政府支出等。结合方程（3.16），本书在 X_1 中包含下述四个宏观经济基本因素：工业增加值（IP）、贸易条件（TOT）、政府支出（G）和开放度（OPEN）。

对转型经济国家而言，可贸易部门相对非贸易部门的劳动生产率是导致汇率表现出升值趋势的主要因素，即符合巴拉萨–萨缪尔森效应假说。巴拉萨–萨缪尔森假说是在 20 世纪 60 年代有关美元汇率政策讨论

的过程中分别由巴拉萨（Balassa，1964）和萨缪尔森（Samuelson，1964）提出的，其直接内容是揭示购买力平价作为均衡汇率解释理论存在的系统性偏差，因此被称为 Balassa-Samuelson（简称为 B-S）假说。B-S 假说描述了一国两部门的小型开放经济模型，并且经济体是由贸易品部门和非贸易品部门组成。这一模型假定贸易品部门面临着国际竞争，因此购买力平价在贸易部门是成立的。由于劳动力可以在贸易品部门和非贸易品部门之间自由流动，因此两个部门之间的工资是一致的。如果贸易品部门的劳动生产率相对非贸易品部门有所提高，就会导致两个部门的工资都有所增加，而非贸易品部门的成本也会增加，这将导致更高的通货膨胀水平。假如一国的贸易品和非贸易品部门之间的生产率差异高于外国的这种两部门之间的生产率差异，则该国的汇率将会升值。B-S 效应在理论上较为适用于转型经济国家，这是由于转型经济体在转型初期其贸易品部门通常都进行私有化，因此生产率相对非贸易部门提高更快。其中工业增加值是代表可贸易部门相对非可贸易部门的劳动生产率发展水平，根据巴拉萨－萨缪尔森效应，如果一国可贸易部门的生产率大幅提高，会刺激可贸易部门工资的上升，并最终提高全社会工资水平，从而刺激货币升值。

而贸易条件直接同一国经常账户相联系，贸易条件的改善会优化经常账户，最终导致货币升值。政府支出对汇率的影响则不确定，政府支出的上升如果意味着政府债务规模的扩大，则表明风险水平的上升，这将导致汇率贬值。但如果国家债务水平在安全范围内，政府支出的增加则意味着对非贸易品消费的增加，将推动非贸易品价格的上升，导致汇率升值。开放度衡量一国的贸易管制、关税壁垒等因素，开放度的提高意味着贸易壁垒的下降，会刺激进口，因此经常账户恶化，最终导致汇率贬值。

学者们对东欧等转轨经济体的研究表明，这些国家的汇率水平在转轨初期都大幅度贬值，随后呈现逐步升值的趋势。这主要是由于下面两方面原因所导致的。一方面，实行计划经济体制的国家，在转轨初期，被体制改革释放的各种生产要素（资本、劳动力等）将迅速集中到可贸易部门，从而导致可贸易部门的生产率相对非可贸易部门提高得更快，推动两部门的工资水平上升，导致实际汇率升值。另一方面，在实施计划经济体制的国家，价格体系都存在严重的人为扭曲现象，通过实

施计划经济向市场经济的转变，转轨经济国家的价格水平一般都会经历
一个通货膨胀的过程，这也导致了汇率的升值。

　　具体到我国而言，我国从 20 世纪 80 年代到 90 年代中期，已经初
步实现了向市场经济的转变，经济发展水平和对外开放程度大幅度提
高。从 20 世纪 90 年代中后期至今，我国作为转轨经济的特点表现为国
有经济比重进一步下降，外商投资企业和民营企业比重持续上升；国有
工业企业集中到关系我国国民经济命脉的基础产业和核心产业，并在所
属产业中呈现强势地位，而外商投资企业则由于其在技术、资金、管理
等方面的优势地位，迅速地发展壮大，对我国整体产出水平，特别是制
造业生产率提高起到了显著作用。因此，本书选取国有工业产值占整个
工业产值的比重（SR）及 FDI 占 GDP 的比重（FDI）来描述转型经济
因素 X_2 对我国均衡汇率的影响。考虑到 FDI 在我国向发达国家赶超的过
程中所起到的作用及其对贸易顺差的贡献，在理论上可以假定 FDI 对人
民币汇率在长期内产生升值压力。而国有企业产值占工业产值比重对人
民币汇率的影响方向是难以确定的，这是由于我国在 20 世纪 90 年代中期
已经结束了短缺经济局面，价格体制基本理顺，改革已经进入了较深的
层面，因此体制变革导致的经济结构性变动对汇率的影响是较为复杂的。

　　进一步地，本书考虑用中美之间的利差（$r_t - r_t^*$）来表示我国和
国际市场的利差，r_t 是我国实际利率，r_t^* 是美国实际利率。根据上面
的分析，我们可以得出人民币实际有效汇率的均衡汇率模型，即方程
（3.17）。除中美实际利差外，其余经济变量都采取对数形式。

$$\ln(REER_t) = \mu + \beta_1\ln(IP_t) + \beta_2\ln(TOT_t) + \beta_3\ln(G_t)$$
$$+ \beta_4\ln(OPEN_t) + \beta_5\ln(FDI_t) + \beta_6\ln(SR_t)$$
$$+ \beta_7(r - r^*)_t + u_t \qquad (3.17)$$

　　根据以上分析，参数 β_1，β_2，$\beta_5 > 0$；$\beta_3 \neq 0$，$\beta_6 \neq 0$；$\beta_4 < 0$。在
t 期非抵补利率平价完全成立时，$\beta_7 = 1$，本书假定 β_7 趋向于 1。

3.3.3　影响人民币汇率的经济基本面因素分析

3.3.3.1　生产力发展水平

　　我国作为典型的转轨经济，在改革初期，特别是在 1994 年汇率并

轨后，的确经历了汇率大幅贬值，随后持续升值的局面。并且，我国自改革开放以来，代表我国可贸易部门的制造业多年来增长迅猛，因此很多学者的研究都认为我国的现实状况适用于巴拉萨－萨缪尔森假说。弗兰克尔（2004）通过检验巴拉萨－萨缪尔森效应有效性来研究人民币实际汇率，推断认为即便中国此后生产率追赶进程中止，到 2010 年人民币实际汇率对巴拉萨－萨缪尔森关系偏离也会调整一半，即升值22%左右。卢峰（2006）通过比较我国制造业与发达国家的相对劳动生产率，得出人民币汇率应升值的结论。他的计算结果是，1995～2005年我国制造业与美国比较"相对相对"劳动生产率增长 65.9%，同期与 13 个 OECD 国家平均水平比较"相对相对"劳动生产率增长92.1%。进一步的，卢锋（2007）比较了我国可贸易部门劳动成本的变动情况，发现 1996～2005 年我国可贸易部门单位劳动成本相对下降，而这是该部门劳动生产率快速追赶的产物，意味着我国的名义汇率和实际汇率都面临升值压力。

3.3.3.2　贸易条件

近年来，我国的贸易条件主要表现为持续恶化的趋势，这是同我国的贸易结构和贸易方式紧密联系的。我国贸易结构中以低附加值的劳动密集型产品为主，而我国的贸易方式以加工贸易为主。我国企业进口大量的初级产品或中间产品进行加工后再出口，近年来，初级产品和中间产品的价格有所上升，特别是原油、矿产等资源类产品及粮食等大宗商品的价格都出现了大幅增长，而我国出口商品同质化的倾向又使得我国企业在出口竞争中主要采取价格竞争的手段，低附加值的劳动密集型产品使得出口商品价格难以大幅增长。因此，我国贸易条件持续恶化。

3.3.3.3　开放度

我国自改革开放以来，对外开放的步伐不断向前推进，特别是在2001 年我国加入 WTO 后，我国的进口关税水平也持续下降。至 2007年，我国的平均关税水平从 5 年前加入 WTO 时的 15.3% 降至 2007 年的9.8%。我国进出口水平的大幅提高，使得我国的开放度也持续提高。

3.3.3.4　政府支出

正如前面所说的，如果国家具有偿债能力，政府支出的增加意味着对非贸易品消费的增加，将导致汇率升值。我国近年来的政府收入大幅增长，财政收支状况良好，政府支出开始逐步向农业、教育、医疗等领域倾斜，可以想见，这将一定程度上导致我国价格总体水平的上涨，从而刺激人民币汇率的升值。

3.3.3.5 外商直接投资

我国近年来的外商直接投资水平稳步上升（如图3-2所示），对我国的经济增长起到了明显的促进作用。江小涓（2002）指出外资经济不仅推动着中国经济的持续增长，而且改变着中国经济增长的方式，提高了中国经济增长的质量。并且，外商投资企业的进出口还导致了我国大量贸易顺差的形成（高铁梅、康书隆，2005）。

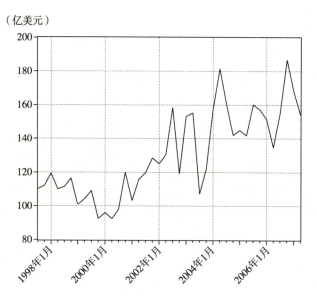

图3-2 外商直接投资实际利用额

3.3.3.6 国有企业比重

1978年以来，我国国企改革逐步深入，大体经历了放权让利、两权分离、建立现代企业制度、国有经济布局战略调整四个阶段。1999年《中共中央关于国有企业改革和发展若干重大问题的决定》的出台，标志国企改革全面进入了"国有经济布局战略调整"的新阶段。这一阶段以提高国有经济的控制力、影响力和带动力为目标，在布局上将国有资本向关系国家安全和国民经济命脉的领域集中。但国有经济比重呈逐年下降趋势（如图 3－3 所示）。

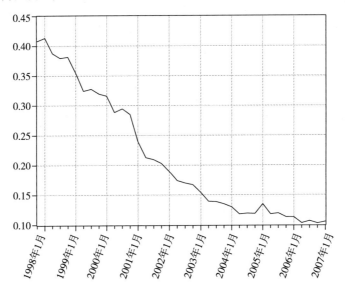

图 3－3　国有企业产值占工业企业产值比重

3.3.3.7　中美实际利差

由于我国一直存在较严格的资本管制，人民币利率的市场化进程也在发展之中，因此学者们较早的观点普遍认为非抵补利率平价理论在我国并不成立（易纲、张磊，1999）。但是，在金融全球化背景下，随着我国开放度的日益增加，特别是近年来我国资本市场本身的发展壮大及利率市场化进程的加快，已有研究表明利差因素对我国经济的影响作用日益加强。施建淮（2007）认为中美之间的利差已经开始对我国实体经济产生显著影响。王世华、何帆（2007）认为中美利差至少在短期内是影响我国资本流动的关键影响因素。近年来，在人民币升值预期下，大量套利资本经过各种合法渠道或非法渠道进入我国[①]，合法渠道

---

① 2007 年 8 月 8 日《国际金融报》报道：国家外汇管理局在对沿海 10 省市的外汇资金流入和结汇的专项检查中发现，贸易和投资项下确实存在资金异常流入现象。

包括外商直接投资或 QFII① 形式进入，非法渠道则通过贸易渠道（见图 3 - 4）。

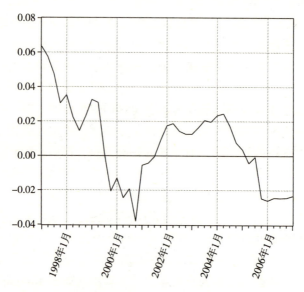

图 3 - 4　中美名义利差（1997 年 1 月 ~ 2007 年 1 月）

当然，由于我国的债券市场较小，因此进入我国的套利资本实际上可能主要流向了股票市场和房地产市场。这意味着中美利差并未准确反映我国和国际资本市场当期的收益率差异。但考虑到货币当局一般都密切关注资产价格，并可能将资产价格作为隐含的宏观调控目标，因此存款准备金率等货币工具的运用导致的银行间利率水平的变动也能够在一定程度上反映前期的资本收益率的变动状况。据此本书认为：从中长期来看，中美利差仍然近似地衡量了我国资本市场同国际资本市场之间的收益率差异。综上，本书认为非抵补利率平价理论对人民币汇率的长期变动趋势具备一定的解释效力，因此将利差因素作为影响人民币均衡汇率的因素之一。

---

① QFII（Qualified Foreign Institutional Investors）制度即合格的境外机构投资者，是指允许经核准的合格境外机构投资者，在一定规定和限制下汇入一定额度的外汇资金，并转换为当地货币，通过严格监管的专门账户投资当地证券市场，其资本利得、股息等经审核后可转为外汇汇出的一种市场开放模式。

3.4　人民币汇率均衡水平及错位程度的测算

下面本节根据模型（3.17），首先判断变量间是否存在长期协整关系，并在此基础上建立误差修正模型，最后计算人民币汇率错位水平。

3.4.1　建立人民币均衡汇率的协整方程

本节应用的是国际货币基金组织 IMF 公布的人民币实际有效汇率（REER），影响人民币汇率的宏观经济基本面变量包括：实际工业增加值（ip）、出口价格指数与进口价格指数的比值来衡量的贸易条件（tot）、进出口总额与 GDP 的比值衡量的开放度（open）、政府支出占GDP 的比重衡量的政府支出水平（g）、外国直接投资 FDI 占 GDP 的比重衡量的外国直接投资水平（fdi）、国有企业产值占工业产值比重（sr）、中美之间的实际利差（$r - r^*$）[①]。数据区间为 1997 年 1 季度 ~ 2007 年 1 季度，并采用 X – 12 方法对宏观经济变量进行了季节调整。为判断变量间是否存在协整关系，因此首先应用 ADF（Augmented Dickey – Fuller）检验判断变量是否存在单位根（见表 3 –1）。

表 3 –1　　　　　　　　变量的 ADF 检验结果

变量	检验形式	T 统计量	单整阶数	变量	检验形式	T 统计量	单整阶数
REER	$(1, nt, c)$	– 1.76	I(1)	ΔREER	$(0, nt, nc)$	– 4.77 *	I(0)

[①]　本书数据来自中国经济信息网、《中国统计年鉴 2006》和 IMF 的国际金融统计（IFS），后面不再说明。由于进行经济普查，2005 年的 GDP 数据与以前年度数据不可比，本书年度 GDP 数据利用国家统计局修正后数据；季度 GDP 数据利用国家统计局修正后的年度 GDP 数据与原来的年度 GDP 相比，将得到的比率对原来的季度 GDP 的数据进行修正，得到了估算的季度 GDP 数据，后面不再说明。进出口价格指数以 2000 年 =100，中国实际利率（r）为银行间 60 ~ 90 天同业拆借利率减通货膨胀率得出的，美国实际利率（r^*）为美国 3 个月存款单利率减通货膨胀率得到的。应用我国银行间同业拆借利率和美国 3 个月存款单利率是由于这两种利率的市场化程度较高，能较准确地反映市场上的资金需求。实际工业增加值是名义工业增加值除以工业品出厂价格指数（2000 年 =1）所得到的。

续表

变量	检验形式	T统计量	单整阶数	变量	检验形式	T统计量	单整阶数
lnip	$(0,nt,c)$	2.85	I(1)	$\Delta lnip$	$(0,nt,c)$	-4.35^*	I(0)
lng	$(1,nt,c)$	-2.23	I(1)	Δlng	$(2,nt,nc)$	-2.11^*	I(0)
lnopen	$(6,nt,c)$	-0.89	I(1)	$\Delta lnopen$	$(5,nt,nc)$	-2.26^*	I(0)
lntot	$(1,nt,c)$	-0.98	I(1)	$\Delta lntot$	$(0,nt,nc)$	-8.62^*	I(0)
lnsr	$(6,nt,c)$	-2.45	I(1)	$\Delta lnsr$	$(3,nt,nc)$	-4.46^*	I(0)
lnfdi	$(0,nt,c)$	-1.78	I(1)	$\Delta lnfdi$	$(1,nt,nc)$	-6.92^*	I(0)
$r-r^*$	$(0,nt,c)$	-1.12	I(1)	$\Delta(r-r^*)$	$(0,nt,nc)$	-5.94^*	I(0)

注: Δ 是差分算子, 表中的 ADF 检验的最大滞后阶数为12, 检验形式 (n, nt, c) 或 (n, nt, nc) 中 n 表示滞后阶数, nt 表示无趋势项, c 或 nc 表示有截距项或无截距项。滞后阶数是根据 SIC 准则所确定的。* 号表示 5% 的置信度下拒绝原假设, 即所检验的序列是I(0)的。

由于各变量都为 I (1) 过程, 因此可以采取恩格尔—格兰杰的方法来判断变量间是否存在协整关系。估计得到下面的方程 (3.18), 方程残差序列经过 ADF 检验是平稳的, 即方程 (3.18) 是协整的①。

$$\ln(REER_t) = 4.18 + 0.13\ln(ip_{t-3}) + 0.52\ln(tot_t) + 0.18\ln(g_{t-2})$$
$$\qquad\quad (13.29)(2.65)\qquad\quad (3.50)\qquad\qquad (1.78)$$
$$-0.10\ln(open_t) + 0.08\ln(fdi_{t-1}) + 0.11\ln(sr_{t-1}) - 0.77(r-r^*)_{t-3} + \hat{u}_t$$
$$(-1.70)\qquad\quad (2.07)\qquad\qquad (1.82)\qquad\qquad (-3.05)$$

$$(3.18)$$

$$R^2 = 0.85 \qquad D.W. = 1.65$$

模型 (3.18) 的结果表明, 在我国, 工业增加值、贸易条件、政府支出、外国直接投资、国企产值比重在长期内都会推动人民币汇率升值, 而开放度导致汇率贬值。式(3.18) 中 REER 的产出弹性 $\beta_1 = 0.13$, 这说明工业增加值增速的提高, 将显著推动人民币均衡汇率的上升, 这同大多数发展中国家和转型经济国家在实现经济赶超过程中出现的汇率升值趋势是类似的, 即我国是存在显著的巴拉萨 - 萨缪尔森效应的。张斌 (2003) 的研究就表明推动均衡汇率升值的主要原因是中国贸易品部门相对较快的生产率进步和国外直接投资的持续流入。

———————————

① 括号内为系数对应的 t 统计值。

　　REER 的贸易条件弹性 β_2 = 0.52，表明贸易条件对人民币汇率的影响也十分显著，贸易条件的改善将显著地推动汇率升值。政府支出对人民币汇率的作用表明在我国财政政策对人民币汇率的长期变动是存在正向影响的，β_3 = 0.18，即财政支出增加意味着对非贸易品消费的增加，并最终导致人民币汇率升值。在经济基本因素中，REER 的开放度弹性为 β_4 = − 0.10，表明开放度对人民币汇率水平产生贬值压力，这同开放度对其他发展中国家汇率的影响是一致的。卜永祥、秦宛顺（2002）就强调了由于加入 WTO，进口关税的下降将导致人民币汇率面临贬值压力，这也就意味着加入 WTO 导致的开放度的增长使得人民币汇率面临贬值压力。

　　方程（3.18）中 FDI 占 GDP 比重（fdi）对人民币汇率在长期内表现为明显的正向冲击，即 β_5 = 0.08，这同 FDI 对很多转型经济国家或发展中国家的汇率作用是类似的。本书认为 FDI 对均衡汇率的正向冲击效应首先是由于 FDI 显著地提高了我国的产出水平。我国 FDI 多为新设投资，这有效地刺激了经济增长，同时 FDI 通过外溢效应等显著地提高了我国的产出水平。其次，由于世界产业转移趋势的影响，很多外资企业从事的都是加工制造业，这些企业的加工贸易在相当程度上促使我国形成巨额的贸易顺差，贸易顺差的形成则会在长期内推动人民币升值。另一方面，近年来 FDI 在我国的投资领域逐步多元化，虽然仍然以投入制造业为主，但有相当份额投入了房地产业和服务业等非贸易部门。进入非可贸易部门的 FDI 也有助于刺激这些部门的生产效率的提高，特别是进入房地产业的 FDI，在一定程度上推动了我国房地产价格及相应投资品价格的上升，并最终刺激非贸易品价格的上升。最后，在我国近年来资本并非稀缺的情况下，FDI 作为一种内流的资本将促使我国流动性的上升，即刺激价格水平的上升，这也对人民币构成了升值压力。

　　方程（3.18）中国有企业产值占工业产值比重（sr）对人民币汇率在长期内表现为明显的正向冲击，即 β_6 = 0.11。从 1997 年到 2007 年，我国进一步深化了国有企业的体制改革，国有企业逐步退出了竞争性产业，并集中到关系国家经济命脉的基础产业和核心产业。国有企业产值占工业产值的比重大幅度下降，从 1997 年超过 40% 下降到 2005 年的12% 左右，2006 年后 sr 基本保持在 10% 左右。在国有资本逐步退出竞争性产业的同时，大量的民间资本和国外资本逐渐转移到制造业产业，产能快速扩张，一定程度上导致了很多行业投资旺盛、产能过剩、竞争加剧的局面。另一方面，我国经济受出口和投资拉动的特征明显，内需不足，这些因素同产能过剩一起共同导致了我国的价格水平 1997 ~ 2003 年一直在低位运行。而正是较低的价格水平，对人民币形成了贬值压力，1997 ~ 2005 年 REER 基本呈贬值状态，与 sr 的下降的变动趋势是一致的。

从方程（3.18）可以看出，滞后 3 个季度的中美实际利差的系数 β_7 为 −0.77，即实际利差的扩大（中国提高利率或美国降低利率或两者同时进行）将导致人民币实际有效汇率在长期内贬值。本书的分析支持了经济理论的假设，即从长期或中期角度来看，基准利率或资产收益率更高的国家，其货币存在着贬值预期。这意味着由我国更高的资产收益率导致的大规模套利资本的进入，虽然在短期内可能滞留在我国的资本市场并进一步推高资产价格，并导致汇率在短期内升值，但当我国资本市场的收益率上涨到一定程度，汇率也达到一定升值幅度的时候，资本市场内在的均衡需求将导致这些资本大规模的套现并流出，从而最终对人民币汇率形成贬值压力。本书结论同卜永祥、秦宛顺（2002）的研究结论存在相似之处，他们在存在资本套利的前提下，研究了美元实际利率对人民币均衡汇率（用人民币实际有效汇率替代）的影响，得出了美国实际利率下降，人民币均衡汇率贬值，美国实际利率上升，则人民币均衡汇率升值的结论。

3.4.2 建立人民币均衡汇率的误差修正模型

在人民币均衡汇率协整方程（3.18）的基础上，本书进一步建立人民币实际有效汇率的误差修正模型，来确定各经济基本变量在短期内是如何作用于人民币实际有效汇率的，以判断目前人民币升值压力形成的宏观经济因素。令 $ecm_t = \hat{u}_t$，$\hat{u}_t$ 是方程（3.18）的残差，人民币汇率的误差修正模型如下式：

$$\Delta\ln(reer_t) = c + a_0 ecm_{t-1} + \sum_{i=1}^{n} a_{1i}\Delta\ln(reer_{t-i}) + \sum_{i=0}^{n} a_{2i}\Delta\ln(ip_{t-i})$$

$$+ \sum_{i=0}^{n} a_{3i}\Delta\ln(tot_{t-i}) + \sum_{i=0}^{n} a_{4i}\Delta\ln(g_{t-i}) + \sum_{i=0}^{n} a_{5i}\Delta\ln(open_{t-i})$$

$$+ \sum_{i=0}^{n} a_{6i}\Delta\ln(fdi_{t-i}) + \sum_{i=0}^{n} a_{7i}\Delta\ln(sr_{t-i}) + \sum_{i=1}^{n} a_{8i}\Delta(r-r^*)_{t-i} + \varepsilon \quad (3.19)$$

因数据长度所限，滞后阶数设为 $n = 4$，然后根据从一般到特殊的方法，去掉不显著的解释变量，最后得到人民币汇率的误差修正模型估计结果。由表 3 - 2 可知，误差修正项的系数显著为负，这表明变量间的协整关系是稳定的。从短期来看，人民币汇率变动的 1 期滞后，贸易条件变动的 4 期滞后，外商直接投资变动的 1 期滞后，国有企业比重变动的 2 期滞后，实际利差变动的当期值都对人民币汇率产生正向冲击，而开放度的当期变动对人民币汇率的影响表现为负向冲击。工业增加值变动的 3 期滞后和 4 期滞后作用方向相反，但累计影响表现为正向冲击。

表 3 - 2 中误差项系数为 - 0.67，这表明人民币汇率自身具备较强的误差修正机制。并且注意到 $\Delta\ln(reer)$ 的滞后 1 期的系数为 0.53，这意味着如果人民币汇率处于升值通道中，连续性地小幅升值将不断推动人民币汇率自身上涨。

表 3 - 2　　　　人民币实际有效汇率误差修正模型估计结果

变量	系数	标准差	统计量
ecm_{t-1}	- 0.67	0.12	- 5.39
$\Delta\ln(reer_{t-1})$	0.53	0.11	5.09
$\Delta\ln(ip_{t-3})$	0.45	0.08	5.85
$\Delta\ln(ip_{t-4})$	- 0.31	0.08	- 3.95
$\Delta\ln(tot_{t-4})$	0.11	0.07	1.62
$\Delta\ln(g_{t-4})$	- 0.17	0.05	- 3.19
$\Delta\ln(open_t)$	- 0.07	0.03	- 2.56
$\Delta\ln(fdi_{t-1})$	0.05	0.02	3.63
$\Delta\ln(sr_{t-2})$	0.07	0.04	1.83
$\Delta(r-r^*)_t$	0.39	0.21	1.86
R^2	0.77		
$D.W.$	2.01		

实际利差的变动在短期内对人民币汇率的冲击方向同长期内的冲击方向是相反的，即中美实际利差的上升在短期内对人民币汇率表现为正

向冲击，冲击系数为 0.39。由于利差上升意味着一国资产收益率的上升，这将吸引大规模的短期资本迅速流入进行套利，货币供给的迅速增长将导致需求上升和价格上涨，从而刺激汇率升值。这一结论同一些学者的研究也是类似的。帕拉萨德和魏（Prasad and Wei，2005）通过分析我国资本流动的构成，认为我国自 2001 年以来迅猛增长的外汇储备主要源于套利资本，而不是 FDI 和经常账户盈余，而正是这些套利资本对人民币汇率产生了巨大的升值压力。格里和泰尔斯（Golley and Tyers，2007）的研究也认为金融资本流动是短期内人民币汇率升值压力形成的主要原因。近一阶段，美国货币当局受次级债的影响已经下调了联邦基准利率，而我国由于流动性过剩和投资高涨，以及资产价格上涨的局面，也数次上调了人民币存贷款利率和存款准备金率，因此，中美利差有缩小的趋势，这将在短期内对人民币汇率形成一定的升值压力。

3.4.3　人民币汇率错位水平测算

3.4.3.1　H－P 滤波基本原理[①]

HP（Hodrick－Prescott）滤波方法是从经济时间序列中提取长期趋势成分的常用方法。HP 滤波的基本原理是：假设经济时间序列 $\{Y_t\}$ 由趋势成分 $\{Y_t^T\}$ 与波动成分 $\{Y_t^C\}$ 两部分构成，则 HP 滤波方法的基本原理实际上就是通过求解下列的最小化问题来分离其趋势成分：

$$\min\left\{\sum_{t=1}^{T}(Y_t - Y_t^T)^2 + \lambda\sum_{t=2}^{T-1}\left[(Y_{t+1}^T - Y_t^T) - (Y_t^T - Y_{t-1}^T)\right]^2\right\} \quad (3.20)$$

式（3.20）中存在一个权衡问题，即要在趋势成分对实际序列的拟合程度和趋势的光滑程度之间做出选择，因而 λ 的取值至关重要。当 $\lambda = 0$ 时，满足最小化问题的趋势就是实际序列本身，尽管趋势成分与原序列十分接近（已经重合），但是并不具备趋势成分的光滑性要求，因此不能将其看作代表原序列长期变化的趋势成分；随着 λ 的增加，最小化问题求解出来的趋势成分变得越来越光滑；当 λ 趋于无穷大时，趋势成分与实际序列的接近程度显得微不足道。因此，光滑参数 λ 取值越

---

① 高铁梅：《计量经济分析方法与建模》，清华大学出版社 2006 年版，第 41～43 页。

大，得到的趋势成分越光滑。

一般经验认为，对于年度数据而言，λ取值为100；对于季度数据而言，λ取值为1600；而对于月度数据来说，λ取值为14400。

3.4.3.2 错位水平计算结果

在得到人民币实际汇率协整方程（3.19）后，依照 BEER 的方法，采取 H – P 滤波（Hodric – Prescott filtering）方法得到基本经济要素变量的长期趋势并代入协整方程（3.19），得到人民币均衡汇率，见图3 – 5。

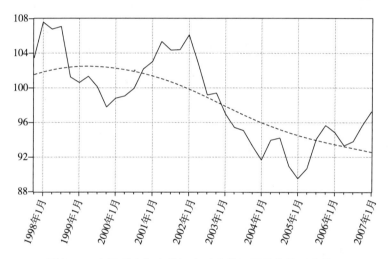

图 3 – 5　人民币实际有效汇率（实线）及均衡值（虚线）

进一步，得到人民币汇率错位水平（汇率错位 =（实际汇率/均衡实际汇率 – 1）× 100），由图 3 – 6 可知，人民币实际汇率在 1997 年后并未出现严重的汇率错位，其偏离均衡水平的最大幅度都在 6% 左右。从 1997 年 3 季度到 2007 年 1 季度，人民币实际汇率大体上经历了三次高估和二次低估。1997 年 4 季度到 1998 年 3 季度、2000 年 4 季度到 2002 年 4 季度以及 2005 年 3 季度到 2007 年 1 季度，人民币汇率出现了一定程度的高估。

第一阶段的高估主要是由于 1997 年亚洲金融危机发生后，我国坚持人民币汇率不贬值，而周边国家货币相对美元贬值，导致人民币实际汇率加快上升，高于了其均衡水平。本书认为第二阶段的人民币汇率高

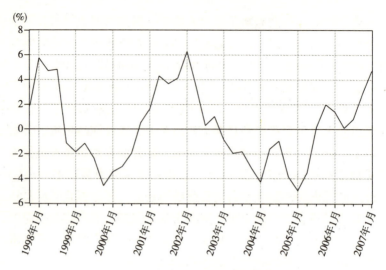

图3-6　人民币实际有效汇率错位水平

估则是由于我国在 2001 年 11 月加入 WTO 后，我国整体的关税水平和非关税壁垒大幅降低，对外开放度持续上升，发展中国家的开放度上升一般导致汇率均衡水平的下降，同时，美国开始从新经济的泡沫中复苏，美元出现了一定程度的升值，导致钉住美元的人民币汇率出现了一定程度的高估。另外两次低估是从 1998 年 4 季度 ~ 2000 年 3 季度和 2003 年 1 季度 ~ 2005 年 2 季度，最大低估幅度分别在 - 4.59% 和 - 4.96%。第一次低估时由于我国在 1999 年到 2001 年左右出现了一定程度的通货紧缩，价格水平维持在较低的程度，实际汇率下降到均衡水平之下。第二阶段人民币汇率的低估则是由于 2003 年起，美元相对世界主要货币贬值，而人民币钉住美元的汇率政策未变，导致汇率错位水平在 2005 年达到 -6% 左右。

　　本章的结果表明，2005 年 7 月实施人民币汇率形成机制改革成效是显著的，人民币实际汇率在 2006 年年初就基本回归到均衡水平。2007 年 1 季度人民币实际汇率出现了小幅度（5% 左右）的高估。考虑到我们判断汇率错位方法的特点（即采用 H - P 滤波去掉变量的短期波动因素），这表明人民币在目前的升值压力并非来源于经济基本面各变量的长期变动趋势，而是来源于经济基本面各变量的短期扰动因素。

本章小结

本章从国内外产品市场和资本市场均衡的角度出发，通过建立基于非抵补利率平价的人民币行为均衡汇率模型，测算了人民币汇率的均衡水平和错位程度，并在人民币均衡汇率方程的基础上利用误差修正模型分析了各宏观经济基本面因素对人民币实际有效汇率的长短期影响。本章的分析表明：从 1997 年 1 季度到 2007 年 1 季度，人民币实际有效汇率在其均衡水平附近波动，最大错位水平在 6% 左右，并未有严重高估或低估的局面出现。2005 年 7 月人民币汇率形成机制改革后，人民币实际有效汇率迅速向其均衡水平回归，并在 2006 年年初开始出现小幅度的高估。

在影响人民币汇率的宏观经济基本面变量中，工业增加值、贸易条件、国有企业产值比重、FDI 在长期和短期内都导致人民币升值，而开放度在长短期内导致汇率贬值。政府支出在长期内导致人民币升值，短期内导致汇率贬值。本章的结论还表明，非抵补利率平价对人民币汇率的波动具备一定的解释效力，中美利差在长期内将导致人民币汇率贬值。但在短期内，中美利差对人民币汇率产生显著的升值压力。这意味着在金融全球化和国际资本大规模跨境流动的背景下，FDI 和利差因素导致的套利资本对人民币汇率的长期变动趋势都产生了显著影响。

本章主要的政策建议如下：

(1) 由于国际资本流动对人民币汇率的影响日益增强，货币当局应综合考察国际资本市场均衡的内在要求对人民币汇率的影响，继续按照主动性、可控性和渐进性原则，来完善人民币汇率形成机制。考虑到目前人民币汇率已经在均衡水平附近，我国货币当局对人民币汇率的升值幅度和速度应持审慎态度，避免人民币汇率在短期内的大幅度升值，保持人民币汇率在均衡水平附近的基本稳定。

(2) 鉴于 FDI 和资产价格引致的套利资本对人民币汇率在短期内累积了巨大的升值压力，我国政府当局一方面应调整我国的引资政策，从重视外资的引进数量转向引进质量，同时应加强对非法跨境资本的打击力度，稳步推进资本账户的开放进程；另一方面也应高度关注资产价格，综合运用利率、存款准备金率、公开市场操作等多种货币政策工具收紧流动性，避免资产价格的过度膨胀吸引更多的套利资本入境。

（3）尽管利差因素在短期内导致汇率升值，但由于中美利差从长期来看对人民币汇率形成的是贬值压力。因此我国货币当局在强调保持货币政策独立性的同时，应避免采取一次性大幅度升值的措施来调整汇率水平。一次性大幅度升值可能导致套利资本大规模流出，从而使人民币面临的升值压力迅速逆转为贬值压力，严重的甚至会引发金融危机。因此，加强资本流出的监管也应当成为我国政府的当务之急。

第 4 章

人民币汇率波动与外部冲击

在有关汇率制度选择的相关文献中，浮动汇率体制相对固定汇率体制是否能够更好地应对各种外部冲击一直是评价汇率制度绩效的一个关键议题。支持浮动汇率体制的经济学家指出，实施浮动汇率制度的国家，其实际汇率的波动性要显著高于实施固定汇率制度的国家，而实际汇率的这种灵活性有助于经济应对外部的非对称冲击（即相对主要贸易、投资伙伴国的国家特定冲击，country - specific shock），包括实际冲击、名义冲击以及货币投机等，起到减振器（shock absorber）的作用。而另外一些学者则强调浮动汇率自身就是经济不稳定的来源，它不但无助于稳定经济，还可能通过把外部金融市场的扰动引入经济体，从而导致产出和价格水平的波动更加剧烈。因此，后一种观点支持开放经济体，特别是小型的经济体实施相对固定的汇率体制，或者加入货币联盟。

进入 21 世纪以来，外向型的增长模式使得我国的开放度持续上升，对国际市场的依赖程度也不断地增长。在我国融入全球经济的同时，外部冲击通过贸易、投资及金融市场等渠道对我国内部经济的影响日益增强。例如，在贸易方面，近年来国际市场上的原油、粮食等初级产品的价格不断上涨，对我国企业造成了巨大的冲击，也一定程度上导致了输入型通胀局面的出现。在金融市场方面，随着我国金融体系和资本账户的逐步开放，国外资本和金融市场的扰动对我国的实体经济和虚拟经济的冲击力度也逐步增强。特别是 2007 年美国次级贷危机爆发以来，世界经济紧缩导致的负向需求冲击和国际金融市场的剧烈动荡导致的货币冲击等使得我国宏观调控难度大大增加。并且，我国作为世界上最大的发展中国家，仍然处于向市场经济转轨时期，经济周期的变动主要受投资和出口推动，同美、欧等世界主要经济体的经济周期运行特征存在显著差异。一些基于世界经济周期理论的研究，如秦宛顺等（2002）都认为我国和美国、欧盟等国家或组织的经济周期只存在弱相关关系或者负向相关关系。这意味着我国受到的外部冲击，实质上都是非对称的，我国的宏观调控工具应当保持自身的灵活性。但在固定汇率制度下，根据"不可能三角"理论，我国的利率政策因人民币钉住美元而受制于美联储制定的利率政策，无法灵活调控国内的投资和消费，这也是很多学者强调人民币汇率应增强灵活性的原因之一。

在这一背景下，一些学者从缓解外部冲击对我国经济体影响的角度，建议通过实施更灵活的汇率制度，来缓解外部冲击的影响。事实上，我国自 2005 年 7 月实施人民币汇率形成机制改革以来，特别是在人民币汇率单日波幅由 0.3% 扩大到 0.5% 后，我国汇率开始表现出双向波动的特点。但更灵活的汇率制度是否起到了缓解外部冲击的作用，还是导致了新的不稳定，还需要进一步探讨。

本章首先介绍汇率体制与外部冲击关系的相关理论及研究文献。在第 4.2 节中，对经济冲击的类型及定义进行简要的介绍，并描述近年来我国面临的供给冲击、贸易条件冲击、货币政策冲击和投机冲击；在第 4.3 节中，介绍蒙代尔－弗莱明－多恩布什（Mundell – Fleming – Dornbusch）模型及结构向量自回归（Structural Vector Autoregressive，SVAR）方法，随后构建本书的分析框架——由我国同美国的相对产出、相对价格和实际汇率构成的三变量 VAR 模型及扩展的包含货币政策冲击（相对利差和相对信贷）的四变量 VAR 模型。在第 4.4 节中，基于上面的三变量和四变量模型，应用 SVAR 方法识别人民币对美元实际汇率波动性的主要来源，并进一步分析人民币汇率缓解外部冲击的反应机制。最后是结论。

4.1 汇率体制与外部冲击关系的理论分析及文献综述

在短期内，如果给定价格粘性的假设，名义汇率就是导致实际汇率变动的决定因素，因此，如果对名义汇率进行固定，就降低了实际汇率的灵活性。因此，国际经济学界存在的一个典型化事实就是，实施浮动汇率制度国家的实际汇率的波动性要显著高于实施固定汇率制度国家的汇率波动性。这一事实意味着可以通过汇率体制的选择，来利用实际汇率的灵活性来应对外部冲击。本节首先介绍相关理论，并给出蒙代尔－弗莱明－多恩布什模型的分析框架，随后对相关研究进行简要的述评。

4.1.1　浮动汇率缓解外部冲击的理论基础

浮动的汇率体制究竟对一国而言是减振器，还是冲击的来源和传播器，同汇率波动性的来源这一问题是直接联系的。如果汇率波动的主要来源是经济中的实际冲击，则浮动汇率就可以通过相对价格的调整，从而避免产出的损失或者通货膨胀局面的出现。例如，当一国经济受到正向的需求冲击时，其名义汇率将升值，从而导致外部需求的下降，因此需求冲击就通过需求转移（expenditure switching）效应被有效地缓解了。相反的，如果汇率波动的主要来源是名义冲击，特别是产生于货币市场非均衡的扰动，浮动汇率不能对这种冲击进行缓解，而可能将其放大并进行传播。正如布伊特（Buiter，2000）所强调的：汇率灵活性应当作为冲击和不稳定的来源，而不是有效地缓冲经济基本面冲击的反应机制。奥伯斯特弗尔德（1985）基于蒙代尔－弗莱明－多恩布什的粘性价格模型，给出了汇率是减振器还是冲击来源的理论分析基础。在模型中，供给冲击、需求冲击和名义冲击会对一国的宏观经济产生影响。为应对这些冲击，汇率产生变动以便使得经济达到均衡值。但在多恩布什（1976）提出的汇率超调（overshooting）效应之外，汇率仍然在很大程度上偏离其均衡水平，并且这种偏离可能持续很长时间，这种偏离可以归结到外汇市场的扰动，这些扰动将导致实际经济产生调整，即导致将潜在的不稳定因素导入经济中，成为冲击的来源。

因此，学者们往往通过判断汇率波动性的来源来研究浮动汇率是否能够缓解外部冲击的问题。概括而言，汇率经济学对实际汇率的变动来源给出了两种不同的解释：第一种是非均衡的观点，即认为汇率波动的最大部分应归结于金融市场的扰动，或名义变量的扰动，同经济中的非基本面联系并不紧密（Mussa，1986）。第二种观点称为实际观点，或均衡观点,这种观点认为汇率变动主要来源于经济基本面的变动(Stock-man,1983,1988)。

进一步的,随着奥伯斯特弗尔德和罗格夫(1995)提出的"新开放宏观经济学"理论的发展,浮动汇率是否能够缓解外部冲击的问题同一国商品的微观定价行为紧密的联系起来。Mundell - Fleming - Dornbusch 模型虽然假定了价格刚性,但是也假定了汇率对进出口价格的传递效应(pass - through effect)是完全的,但在实际中,汇率传递效应往往是不完全的。德弗罗克斯和恩格尔(Devereux and Engel,1998)在新开放宏观经济学的基础上,构建了本地定价模型。假如一国进口商品的名义价格是由生产商根据其所在国的货币进行定价的,即生产商货币定价(producer - currency pricing,PCP),则浮动汇率的变动将能够使得价格变动完全传导到消费者,即汇率传递效应显著,这将实现消费的转移和产出的方差最小化,从而浮动汇率可以起到冲击减振器的作用。相对地,如果因垄断竞争、市场细分、差异化定价等原因,一国进口商品的主导定价是由出口市场所在国的货币主导的,即本地定价(local - currency pricing,LCP),浮动汇率的变动将不会产生相应的相对价格变动,即使是实际冲击影响经济体,浮动汇率也无法起到减振器的作用。

4.1.2 相关文献综述

基于汇率波动来源不同的观点,不同学者对发达国家、新兴经济体及发展中国家的汇率波动来源进行了分析,他们多采取结构 VAR 的方法,通过施加长期约束、短期约束或者两种约束方法相结合来识别不同的结构性冲击对实际汇率波动的解释效力,并据此给出如何调整汇率体制的经验结论。各学者的经验研究结果存在较大的差异,一些人认为汇率波动性主要来自于实际供给和需求冲击,即支持汇率波动的实际经济(real economy)观点,认为浮动汇率有助于缓解外部的非对称冲击,如克拉里达和加利(1994),查达哈和帕拉萨德(Chadha and Prasad,1997),冯克(Funke,2000)等人都发现了汇率作为重要的稳定机制的作用,而另外一些研究,认为汇率波动的来源主要是名义冲击及金融体系的扰动,因此他们支持汇率波动来源的非均衡观点,认为浮动汇率制度自身是冲击的传播机制(propagator)(Artis and Ehrmann,2000;

Canzoneri et al. , Javier and Jose, 1996；Farrant and Peersman et al. , 2005）。还有一些研究认为汇率制度既不能稳定经济，也不会导致经济更不稳定，汇率制度同经济的联系是松散的，不相互联系的（Alexius and Post，2005）。

4.1.2.1　认为浮动汇率能够缓解外部冲击的经验研究

拉斯特拉普斯（Lastrapes，1992）是第一个应用布兰查德和奎阿（1989）提出的长期约束方法，对由实际汇率变动和名义汇率变动构建的二变量 VAR 模型进行识别的学者。拉斯特拉普斯识别了两种结构性冲击，他设定名义冲击对实际汇率没有影响，只对名义汇率有影响；而实际冲击对名义汇率和实际汇率在长期内都存在影响。他研究了六个发达经济国家：美国、德国、英国、日本、意大利和加拿大，应用1973~1989 年的月度数据进行了研究，他的结论表明实际冲击解释了实际和名义汇率变动的大部分，这同实际经济观点是一致的，这表明浮动汇率能够缓解外部冲击。

克拉里达和加利（1994）构建了一个包含三个方程的两国随机、理性预期开放宏观经济模型，该模型在短期内表现出蒙代尔－弗莱明－多恩布什模型的粘性价格特征。基于这一模型，他们构建了包含三个变量——相对产出的变动、实际汇率的变动和价格变动的 VAR 模型。他们将初始变量转变成相对变量，因此任一冲击并不是完全对称的作用于两个国家，而是非对称（asymmetric）冲击。只有经济体受到非对称冲击时，探讨汇率是否能够起到减振器的作用才有意义。他们也应用布兰查德和奎阿（1989）提出的长期约束方法，识别了三种结构性扰动（总供给、总需求和名义扰动）的冲击影响。他们设定的长期约束是：供给冲击能够在长期内影响相对产出、相对需求和相对价格，需求冲击在长期内对相对产出没有影响，名义冲击在长期内对相对产出和相对需求都没有影响，只对相对价格产生影响。他们的分析是分别应用日本、德国、英国和加拿大四个国家相对美国经济体的经济变量来进行的，结果表明对日本和德国，名义冲击解释了实际汇率的大部分，而对英国和加拿大，需求冲击解释了实际汇率的大部分，而供给冲击对上述四个国家的汇率变动没有起到解释作用。这意味着日本和德国符合非均衡的经济观点，而英国和加拿大符合实际经济的观点。

查德哈和帕拉萨德（1997）对日本进行了同样的三变量分析，他们应用1975～1996年的季度数据进行了研究。他们的研究同克拉里达和加利（1994）的主要不同在于，日元汇率变动的大部分是由供给冲击来解释的。冯克（2000）也应用同样的方法估计了英国相对欧洲地区的模型，他应用1980～1997年的季度数据，发现英国相对欧洲的汇率变动的大部分是由实际需求扰动所决定的。

一些研究对三变量的模型进行了扩展，科特勒米斯和罗斯（Kontolemis and Ross，2005）考虑到名义冲击来源的另一个主要渠道，货币政策或者金融市场的扰动，将上面的三变量模型扩展为四变量模型，他们的研究加入一个货币政策扰动，分别用本国和外国的相对利差和信贷规模来衡量。他们的结论表明实际汇率的变动主要归因于实际需求冲击，在短期内，名义冲击特别是信贷冲击在短期内对汇率的影响也是非常显著的。而利率冲击对实际汇率没有影响。

韦伯（Weber，1997）构建了五维的 VAR 模型，主要是劳动投入、实际产出、实际汇率、实际货币供给和价格水平，他识别了五个扰动类型，即劳动供给、供给、需求、货币需求和货币供给扰动。他应用这个模型，研究了美国、德国和日本之间1971～1994年的汇率波动来源。韦伯发现实际汇率波动的主要部分应归结到需求冲击，很小一部分归结到货币冲击，而供给冲击没有起到作用。

4.1.2.2 认为浮动汇率导致冲击进一步传播的经验研究

阿提斯和埃赫曼（2006）应用短期零约束条件来识别货币政策扰动和汇率扰动。他们假定所有的名义冲击对产出没有即时的冲击效应。他们的分析发现汇率主要反映了源自外汇市场自身的扰动，这意味着汇率更相当于是波动的来源，而不是减振器。他们针对的研究样本是四个小型的开放经济体：英国、加拿大、瑞典和丹麦这四个国家，而这四个国家的货币政策主要是锚定通货膨胀水平的。他们的结论表明，对瑞典和丹麦，建议加入货币联盟，而英国和加拿大则不适宜进入货币联盟。

法兰特和皮尔斯曼（Farrant and Peersman，2005）建立了英国、欧洲、日本和加拿大相对美国的结构 VAR 模型，应用方向约束而不是长期的零约束，来识别不同的冲击。他们的方向约束的理论基础同克拉里达和加利（1994）的模型是一致的，但得出的结论却显著不同。他们认为名义冲击解释了汇率波动的大部分，因此浮动汇率相当于冲击的来源。

4.1.2.3　汇率制度同经济联系不紧密的观点

亚历克修斯和珀斯特（Alexius and Post，2005）研究了五个小型的开放经济体，他们也是采用 SVAR 模型来分析相对变量的一阶差分构成的模型，他们采取长期和短期约束条件结合在一起的方法对模型进行识别。他们的研究发现，只有在瑞典和加拿大，名义汇率在面对非对称的需求冲击时显著升值，面临非对称的供给冲击显著贬值。在其余的国家，汇率变动的绝大部分是由投机冲击所引起的，而不是对宏观经济基本面变动的反应。然而，这些汇率冲击对产出和通货膨胀的影响也可以忽略不计。他们的研究表明汇率同实际经济的联系可能是松散的，非联结性的（disconnect）。

4.1.2.4　对发展中国家和转型经济体的研究

前面的研究主要是对发达国家进行的，一些学者也关注了发展中国家和转型经济体，并且这些研究认为在发展中国家和转型经济体中，实际汇率的波动性大部分来自于名义冲击（暂时性冲击），这同发达国家汇率主要受实际冲击（永久性冲击）影响的情况显著不同。

乔伊斯和卡马斯（Joyce and Kamas，2003）分析了阿根廷、哥伦比亚和墨西哥的实际汇率的长期决定因素。他们首先应用协整分析建立了实际汇率同实际变量（包括贸易条件、资本流动、生产率和政府支出）间的关系，在实际分析中未包含名义变量。方差分解表明，贸易条件和生产率解释了实际汇率变动的大部分。当他们在模型中包含名义变量后，三个国家实际汇率变动的大部分是由名义汇率来解释的。脉冲响应函数的分析表明名义变量的冲击对实际汇率只有暂时性的影响。

伯吉斯和库易斯（Borghijs and Kuijs，2004）关注五个中东欧国家：捷克、匈牙利、波兰、斯洛伐克和斯洛文尼亚。他们研究了 1993～2003 年，这五个转型经济体汇率波动的来源。他们分别对双变量和三变量的 VAR 模型进行了分析，三变量模型同克拉里达和加利（1994）提出的模型是类似的。他们的研究表明，这些中东欧国家的实际汇率的变动主要是受名义变量影响的，因此他们认为对转型经济国家而言，浮动汇率体制对缓解外部冲击没有什么作用。

　　王（Wang, 2004）也借鉴了克拉里达和加利（1994）的方法对人民币汇率的波动来源进行了分析。他使用的数据区间是 1980~2002 年，因此他强调由于中国一直处于转轨经济的进程之中，特别在改革开放之初，经济开放度还不高，同小型开放经济体的理论假设前提并不相符。他的结论同其他对转轨经济体的研究结果不同，他的研究表明，需求和供给冲击能够解释人民币实际汇率变动的大部分，特别是供给冲击同名义冲击一样，对汇率变动的影响是很重要的。

4.2　我国面临的外部冲击分析

　　在本节中，我们首先对相关的概念进行说明，随后对我国从 20 世纪 90 年代中后期到 2007 年所面临的主要的外部冲击进行分析，以进一步构建本章的分析框架。

4.2.1　不同冲击的定义

　　在有关经济冲击的研究文献中，各种冲击概念很多，因此我们在这里首先对这些常见概念进行简单的区分。

4.2.1.1　实际冲击和名义冲击

　　实际冲击（real shock）一般对经济的供给、需求、资源约束和各种技术条件等产生影响，常见的实际冲击有：导致生产率变化的技术冲击、政府支出和投资冲击以及各种税收冲击等。在开放经济中，来自外部的实际冲击主要通过贸易渠道传导，因此经常表现为贸易条件冲击。而某一特定产业出现重大的技术变革时，不仅会通过贸易渠道，也会通过投资渠道对别国产生冲击。名义冲击（nominal shock）是对经济系统中名义变量产生的冲击，也是那些用货币等名义单位表示的冲击。货币冲击就是典型的名义冲击。货币冲击在完全竞争和价格完全弹性下呈现中性，即名义变量以等比例变动，而对实际变量不产生任何影响。但是，由于实际经济中存在价格粘性、价格管制等，虽然名义冲击至少在短期内并不表现为中性，但对实体经济也会产生影响。

4.2.1.2 供给冲击和需求冲击

根据凯恩斯经济学的观点,影响需求的因素主要为消费、投资、政府支出和外国需求,上述四部分中任何一部分发生变动时,就会对经济系统造成需求冲击(demand shock)。供给冲击(supply shock)的产生主要源于技术创新和体制变革。技术冲击所造成的供需缺口,不仅会产生供给调整,而且还会通过名义变量的变动同时引起需求的调整,供给冲击也同时是典型的实际冲击。

4.2.1.3 持久性冲击和暂时性冲击

根据冲击所产生影响和发挥作用的时间长短,可分为持久冲击与暂时冲击。持久冲击(permanent shock)是指冲击在较长的时期内持续发生作用,产生的效应具有累积性和递延性。例如,某一项技术革新导致的经济中的生产率的提高形成的供给冲击,对整个经济的影响就是持久性的。暂时冲击(transitory shock)是指冲击效果只存在较短时间,并对短期波动产生影响,形成的冲击效果仅维持很短的一段时间,冲击效果在短时间内消失。暂时冲击使得冲击反应函数在时点上产生跳跃。

4.2.1.4 内生冲击和外生冲击

经济变量主要分为内生经济变量和外生经济变量,作用在这两种经济变量上的经济冲击是主要的经济冲击形式。内生冲击(endogenous shock)是指发生在内生变量上的经济冲击,外生冲击(exogenous shock)是指发生在外生变量上的经济冲击。内生经济冲击理论认为经济冲击通过经济系统内部的作用机制导致经济波动,因此经济运行的非稳定性是经济系统的本质属性。而外生经济冲击理论认为经济系统本身具有稳定的属性,具有缓冲或者吸收外来冲击的功能。外生经济冲击虽然能够导致经济的短期波动,但在长时间内经济波动会慢慢消失。

4.2.1.5 投机性冲击

投机冲击(speculative attack)主要源自金融市场的扰动,是货币冲击中特殊的一种类型。是指利用国际金融市场利率、汇率、金价、证券和金融商品价格的变动和差异,进行各种投机活动而引起的国际间资本转移。投机冲击虽然是货币冲击的一种，但其通过对居民财富、消费预期、金融机构的运营等造成的冲击，往往造成实体经济的剧烈振荡。并且，由于各国金融市场开放程度的提高和金融衍生品工具的创设，投机冲击具有极强的传染性，一旦发生，就会通过全球金融市场迅速传导到世界各国。

4.2.2　我国面临的外部冲击分析

我国自 20 世纪 90 年代至今，特别是在 2001 年加入 WTO 后，贸易和金融的开放度不断提高，新技术变革导致的供给冲击、贸易条件冲击，以及货币投机对我国经济发展都产生了深刻影响，这里我们着重分析我国近年来所受到的冲击。

4.2.2.1　供给冲击

我国经济经过多年的改革开放，受体制和政策因素约束的生产潜力得到释放，经济历经了多年的高速增长。这使得我国的生产力水平相对外国也出现了持续性的增长，对我国经济形成了供给冲击。供给冲击对经济的影响表现在汇率方面，就是人民币汇率在放松钉住美元后，表现为持续升值。另一方面，源自美国的新技术变革也迅速传播到我国，促进了我国高技术产业的发展，形成了技术冲击下的供给冲击。宋玉华、徐前春（2004）在对世界经济周期理论的一篇综述文章中指出：共同的世界性冲击和特定产业冲击所生成的经济周期，是一种由周期源传导而最终衍生的世界经济周期。也和技术及知识在现代经济条件下的强大溢出效应有关。新技术革命带来的全球新产业兴起导致世界经济周期的微波化。

4.2.2.2　贸易条件冲击

贸易条件冲击是实际冲击中的重要因素。Dellas（1986）的研究就指出，经济扰动的跨国传导中，贸易条件发挥着重要作用。并且，很多学者都认为对发展中国家和资源型国家而言，贸易条件冲击是影响其经常账户的最重要因素。

我国近年来的贸易条件（出口价格与进口价格之比）表现为持续

恶化（如图4－1①），这一方面是我国以加工贸易为主的贸易方式所导致的。在世界产业转移趋势下，我国已经成为世界加工基地，每年需要进口大量的能源、原材料等初级产品，而近年来，世界大宗商品的价格飞速上涨，特别是石油、重金属、粮食等商品的价格上涨，直接导致了我国贸易条件的恶化。另一方面，发达国家近年来在信息、通信、基因技术等方面的技术变革等形成的技术冲击也一定程度上导致了我国贸易条件的恶化。作为发展中国家，我国的科研创新能力还比不上发达国家，每年需要进口大量的先进设备和专利技术等，而具有自我专利技术的高技术产品的出口数量在出口总量中比重较小，这表现在进出口价格上，就是高进口价格和低出口价格，即贸易条件恶化。

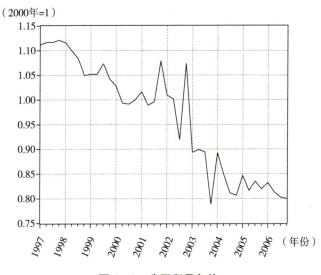

（2000年=1）

图4－1　我国贸易条件

4.2.2.3　货币政策冲击

我国自1998年为应对亚洲金融危机而实施盯住美元的汇率制度至2005年汇率制度改革，实际上等于输入了美国的货币政策。在盯住美元汇率期间，为了缓解人民币的升值压力，我国近年来一直维持低利率

① 资料来源：海关统计。

的货币政策，避免利差导致短期资本的内流，但实际上，我国近年来经济高速增长，一直保持在 10% 左右，低利率政策也使得我国逐步累积了过度投资、产能过剩的风险。2007 年美国次级债爆发以来，美联储数次下调了联邦基准利率，而我国面对国内流动性过剩和物价上涨的问题，数次上调了准备金率和银行存贷款利率，两国货币政策安排的方向背离使得我国同美国之间的利差开始缩小（如图 4 - 2①）。欧洲央行也由于次级贷危机的蔓延，下调了利率，并联合美国央行向市场注资。美国、欧元区的低利率政策使得我国对国际资本的吸引力更大，利率成为传导美国货币政策冲击的渠道，我国央行的货币政策也进一步陷入两难境地，提高利率会导致更多的套利资本流入，而保持利率不变则无助于通胀局面的缓解。

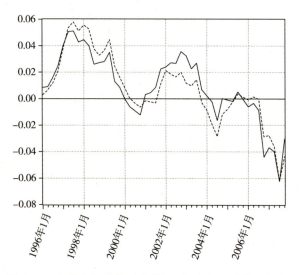

图 4 - 2　中美实际利差（实线）、中欧实际利差（虚线）

4.2.2.4　投机冲击

我国在改革开放的历程中，对资本账户和国内金融市场的开放一直

---

① 资料来源：中国经济统计数据库，我国的基准利率选取的是银行间 60～90 天的同业拆借利率，美国的基准利率选取的是美国 3 个月存款单的利率，欧盟的基准利率选取的是 3 个月银行间利率。各利率剔除了价格因素后，得到实际利率，再进一步求得中美和中欧实际利差。

持谨慎态度，特别是在亚洲金融危机爆发后，我国对资本流出实施严格的管制，同时钉住美元的汇率制度也使得名义汇率基本稳定，国内金融市场受到的国际金融体系的扰动较小。

但我国加入 WTO 后，逐步放松了对资本账户的管制，同时自 2003 人民币汇率升值预期形成后，大量的资本开始以各种形式进入我国资本市场进行套利，国内金融市场也开始同国际金融市场表现出较强的相关性。人民币汇率走势、中外资本市场及我国流入流出的资本开始相互作用、互为因果（王世华、何帆，2007；吕江林等，2007；王爱俭、沈庆劼，2007）。在这一背景下，2007 年美国次贷危机爆发后，我国经济迅速受到影响，资本市场受到大幅冲击，实体经济也受到了影响。一些研究机构也指出在国际金融市场损失不断扩大和国际资本可能逃离新兴经济市场的背景下，人民币汇率的升值趋势可能迅速发生逆转，甚至导致金融危机。

4.3　人民币汇率应对外部冲击的模型构建

根据前面的分析，大多数文献的理论基础都是克拉里达和加利（1994）提出的蒙代尔 - 弗莱明 - 多恩布什的两国开放经济粘性价格模型，巴克斯特和斯特克曼（Baxter and Stockman，1989）也指出扩展的蒙代尔 - 弗莱明模型包含经济周期和汇率制度之间的理论联系。因此本书首先对蒙代尔 - 弗莱明 - 多恩布什模型进行介绍，随后介绍 SVAR 方法，以便构建人民币汇率应对外部冲击的模型。

4.3.1　蒙代尔—弗莱明—多恩布什模型

模型是开放经济的蒙代尔 - 弗莱明 - 多恩布什模型的随机形式，关注的是短期和中期内的价格产出动态性。模型假定短期内价格是粘性的，而长期内是货币中性的。

IS 方程的定义如下：

$$y_t^d = d_t + \eta q_t - \sigma(i_t - E_t(p_{t+1} - p_t)) \tag{4.1}$$

其中，y_t^d 是相对总需求，$y_t^d = \log(Y_t) - \log(Y_t^f)$，即为本国总需求

Y 的对数形式与外国总需求 Y^f 的对数形式之差。d_t 是相对需求冲击，i_t 是本国名义利率 R_t 同外国名义利率 R_t^f 之差，即 $i_t = R_t - R_t^f$，p_t 是 t 时刻的两国产出的相对价格，即 $p_t = \log(P_t) - \log(P_t^f)$，其中 P^t 为本国 t 时刻价格水平，P_t^f 表示外国 t 时刻价格水平。实际汇率被定义为 $q_t = \log(E_t) - p_t$，其中 E_t 为以外国货币标价的名义汇率。$E_t(p_{t+1} - p_t)$ 是在 t 期预计的 $t+1$ 期的相对通货膨胀水平。

方程（4.2）是标准的 LM 方程：

$$m_t - p_t = y_t - \lambda i_t \qquad (4.2)$$

相对利率是根据利率平价理论来决定的：

$$i_t - p_t = E_t(q_{t+1} - q_t) \qquad (4.3)$$

最后，在 t 期的相对价格水平是预期到的市场出清价格和实际上在时刻 t 使得产出市场出清的加权平均值。

$$p_t = (1 - \theta)E_{t-1}p_t^e + \theta p_t^e \qquad (4.4)$$

在对模型求解之前，我们需要对相对供给冲击（y_t^s）、相对需求冲击（d_t）和相对货币冲击（m_t）的随机过程进行设定。克拉里达和加利（1994）提出的两国模型是受到三个结构性冲击的影响的，即供给冲击（ε^s），非货币需求冲击（ε^d）和名义冲击（即货币冲击 ε^n）。我们假定 y_t^s 和 m_t 遵循随机游走的过程，而非货币需求冲击 d_t 是由一个永久性的成分和一个暂时性的成分构成的。特别的，假定任何在 $t-1$ 期限的需求扰动的一部分（比例为 γ），都将在 t 期向原水平回归。

因此，我们得到：

$$y_t^s = y_{t-1}^s + \varepsilon_t^s \qquad (4.5)$$

$$m_t = m_{t-1} + \varepsilon_t^n \qquad (4.6)$$

$$d_t = d_{t-1} + \varepsilon_t^d - \gamma \varepsilon_{t-1}^d \qquad (4.7)$$

其中，ε_t^s，ε_t^d 和 ε_t^n 是正交的服从 iid 分布的零均值的冲击。

模型的长期浮动价格均衡（$\theta = 1$）可以由下面的方程表示：

$$y_t^e = y_t^s \qquad (4.8)$$

$$q_t^e = \frac{(y_t^s - d_t)}{\eta} + \frac{\sigma \gamma \varepsilon_t^d}{\eta(\eta + \sigma)} \qquad (4.9)$$

$$p_t^e = m_t - y_t^s + \frac{\lambda \gamma \varepsilon_t^d}{(1 + \lambda)(\eta + \sigma)} \qquad (4.10)$$

在长期均衡时，相对产出水平 y^e、实际汇率 q^e 和相对价格水平 p^e

是由潜在的三个扰动项 ε^s, ε^d 和 ε^n 所决定的。克拉里达和加利（1994）是通过粘性价格调整的短期均衡来对模型进行求解，价格刚性的程度是 $(1-\theta)$。短期的价格设定规则见方程（4.11）：

$$p_t = p_t^e - (1-\theta)(\varepsilon_t^n - \varepsilon_t^s + \alpha\gamma\varepsilon_t^d) \qquad (4.11)$$

其中 $\alpha \equiv \lambda(1-\lambda)^{-1}(\eta+\sigma)^{-1}$。为应对正向的需求和名义冲击，价格水平将上升，但小于浮动价格 p_t^e。正的供给冲击将降低价格水平，但是也少于浮动价格 p_t^e。在粘性价格调整下的实际汇率可以表示成下式：

$$q_t = q_t^e + v(1-\theta) + (\varepsilon_t^n - \varepsilon_t^s + \alpha\gamma\varepsilon_t^d) \qquad (4.12)$$

其中 $v \equiv (1+\lambda)(\lambda+\eta+\sigma)^{-1}$。名义冲击对实际汇率只有暂时冲击，最后，短期的 IS 曲线由下式给出：

$$y_t = y_t^e + (\eta+\sigma)v(1-\theta) + (\varepsilon_t^n - \varepsilon_t^s + \alpha\gamma\varepsilon_t^d) \qquad (4.13)$$

同浮动价格导致的均衡不同，供给冲击、需求冲击和名义冲击都在短期内导致相对产出的增加。

模型中三个变量对结构性冲击的总体反应可概括如下：正向的供给冲击 ε^s 在长期内增加产出，降低价格水平，并且，国内供给的增加将导致实际汇率的贬值。正的需求冲击 ε^d 导致产出的暂时性的增长和价格水平的永久性增长，以及实际汇率的升值。最后，正的名义冲击 ε^n 降低国内的利率水平，导致产出的暂时性的增长和实际汇率的暂时性的贬值。在一段时间后，产出和实际汇率都会回归到冲击发生前的水平。相反的，在需求冲击发生后，国内的价格水平将永久性的增加。

4.3.2　SVAR 模型的介绍[①]

4.3.2.1　VAR 模型

向量自回归（VAR）模型是基于数据的统计性质而建立的，它把系统中的每一个内生变量作为系统中所有内生变量的滞后值的函数来构造模型，因而将单变量自回归模型推广到由多元时间序列变量组成的

---

① 高铁梅等：《计量经济分析方法与建模》，清华大学出版社 2006 年版，第 249 ~ 259 页。

"向量"自回归模型。

VAR（p）模型的数学表达式是：

$$y_t = A_1 y_{t-1} + \cdots + A_p y_{t-p} + \varepsilon_t \qquad t = 1, 2, \cdots, T \qquad (4.14)$$

其中，y_t 是 k 维内生变量向量，p 是滞后阶数，T 是样本个数。$k \times k$ 维矩阵 A_1，$\cdots$，A_p 为待估计的系数矩阵。ε_t 为 k 维扰动向量，它们相互之间可以同期相关，但与自己的滞后值以及等式右边的变量不相关，同时假定 ε_t 的协方差矩阵 $\sum$ 为一个 $k \times k$ 的正定矩阵。

利用滞后算子，可以将（4.14）式可以简写为：

$$A(L)y_t = \varepsilon_t, \qquad t = 1, 2, \cdots, T \qquad (4.15)$$

其中 $A(L) = I_k - A_1 L - A_2 L^2 - \cdots - A_p L^p$。一般称（4.15）式为无约束的向量自回归模型（unrestricted VAR）。其中的冲击向量 ε_t 为白噪声向量，由于 ε_t 没有结构性的含义，因而又被称为简化形式的冲击向量。

如果行列式 $\det [A(L)]$ 的根都在单位圆外，则（4.15）式满足可逆性条件，可以将其表示为无穷阶的向量动平均（VMA（∞））形式：

$$y_t = C(L)\varepsilon_t \qquad (4.16)$$

其中：$C(L) = A(L)^{-1}$，$C(L) = C_0 + C_1 L + C_2 L^2 + \cdots$，$C_0 = I_k$

由于仅仅有内生变量的滞后值出现在等式的右边，所以不存在同期相关性问题，用普通最小二乘法（OLS）能得到 VAR 简化式模型的一致且有效的估计量。即使扰动向量 ε_t 有同期相关，OLS 仍然是有效的，因为所有的方程有相同的回归量，其与广义最小二乘法（GLS）是等价的。注意，由于任何序列相关都可以通过增加更多的 y_t 的滞后而被消除（absorbed），所以扰动项序列不相关的假设并不要求非常严格。

4.3.2.2 SVAR 模型

在（4.14）式中，可以看出，VAR 模型并没有给出变量之间当期相关关系的确切形式，即在模型的右端不含有内生变量，而这些当期相关关系隐藏在误差项的相关结构之中，是无法解释的，所以将（4.14）式称为 VAR 模型的简化形式。模型中的误差项 ε_t 是不可观测的，通常被称为新息（innovations）向量，可以被看作是不可解释的随机扰动。本节要介绍的结构 VAR 模型（Structural VAR，SVAR），实际是指 VAR 模型的结构式，即在模型中包含变量之间的当期关系。

一个含有 k 个变量的 p 阶结构向量自回归模型 SVAR（p）可以表示为：

$$B_0 y_t = \Gamma_1 y_{t-1} + \Gamma_2 y_{t-2} + \cdots + \Gamma_p y_{t-p} + u_t \qquad t = 1,2,\cdots,T$$

（4.17）

其中：

$$\Gamma_i = \begin{bmatrix} \gamma_{11}^{(i)} & \gamma_{12}^{(i)} & \cdots & \gamma_{1k}^{(i)} \\ \gamma_{21}^{(i)} & \gamma_{22}^{(i)} & \cdots & \gamma_{2k}^{(i)} \\ & & & \\ \gamma_{k1}^{(i)} & \gamma_{k2}^{(i)} & \cdots & \gamma_{kk}^{(i)} \end{bmatrix} i = 1,2,\cdots,p ,$$

$$B_0 = \begin{bmatrix} 1 & -b_{12} & \cdots & -b_{1k} \\ -b_{21} & 1 & \cdots & -b_{2k} \\ & & & \\ -b_{k1} & -b_{k2} & \cdots & 1 \end{bmatrix} , \quad u_t = \begin{bmatrix} u_{1t} \\ u_{2t} \\ \\ u_{kt} \end{bmatrix}$$

同样可以将（4.17）式写成滞后算子形式：

$$B(L)y_t = u_t, \qquad E(u_t u'_t) = I_k \qquad (4.18)$$

其中，$B(L) = B_0 - \Gamma_1 L - \Gamma_2 L^2 - \cdots - \Gamma_p L^p$，$B(L)$ 是滞后算子 L 的 $k \times k$ 的参数矩阵，$B_0 \neq I_k$。

不失一般性，在（4.18）式假定结构式误差项（结构冲击）u_t 的方差 - 协方差矩阵标准化为单位矩阵 I_k。同样，如果矩阵多项式 $B(L)$ 可逆，可以表示出 SVAR 的无穷阶的 VMA（∞）形式：

$$y_t = D(L)u_t \qquad (4.19)$$

其中：$D(L) = B(L)^{-1}$，$D(L) = D_0 + D_1 L + D_2 L^2 + \cdots$，$D_0 = B_0^{-1}$，（4.19）式中所有内生变量都表示为外生变量的分布滞后形式。而且外生变量的结构冲击 u_t 不可以直接观测到，需要通过 y_t 各元素的响应才可观测到。可以通过估计（4.14）式，转变简化式的误差项得到结构冲击 u_t。由（4.16）式和（4.19）式，可以得到：

$$C(L)\varepsilon_t = D(L)u_t \qquad (4.20)$$

上式对于任意的 t 都是成立的，称为典型的 SVAR 模型。由于 $C_0 = I_k$，可得：

$$D_0 u_t = \varepsilon_t \qquad (4.21)$$

（4.21）式两端平方取期望值，可得：

$$D_0 D_0' = \sum \qquad (4.22)$$

所以我们可以通过对 D_0 施加约束来识别 SVAR 模型。

4.3.3 采用 Blanchard – Quah 方法识别模型

布兰查德和奎阿（1989）提出了通过施加长期约束，识别 SVAR 模型的方法。施加在结构 VMA（∞）模型的系数矩阵 D 约束通常称为长期约束。施加长期约束一般是基于经济理论来进行的。

下面以中美相对变量构成的 VAR 模型为例，来说明模型是如何识别的。

在本书中，我们首先建立中美相对产出 y、人民币对美元汇率 q、相对价格 p 构成的 VAR 模型，并进一步表示成 SVAR 的形式，如下式：

$$\begin{bmatrix} \Delta y_t \\ \Delta q_t \\ \Delta p_t \end{bmatrix} = \sum_{i=0}^{\infty} L^i \begin{bmatrix} c_{11i} & c_{12i} & c_{13i} \\ c_{21i} & c_{22i} & c_{23i} \\ c_{31i} & c_{32i} & c_{33i} \end{bmatrix} \begin{bmatrix} \varepsilon_t^s \\ \varepsilon_t^d \\ \varepsilon_t^n \end{bmatrix} \qquad (4.23)$$

其中，三个结构性冲击是供给冲击（ε^s），需求冲击（ε^d）和名义冲击（ε^n）。根据前面的理论分析，我们假定需求冲击在长期内对产出水平没有影响，名义冲击在长期内对产出水平和实际汇率都没有影响。因此，施加三个长期 0 约束条件后，得到（4.24）式，模型就可以识别了：

$$\begin{bmatrix} \Delta y_t \\ \Delta q_t \\ \Delta p_t \end{bmatrix} = \sum_{i=0}^{\infty} L^i \begin{bmatrix} c_{11i} & 0 & 0 \\ c_{21i} & c_{22i} & 0 \\ c_{31i} & c_{32i} & c_{33i} \end{bmatrix} \begin{bmatrix} \varepsilon_t^s \\ \varepsilon_t^d \\ \varepsilon_t^n \end{bmatrix} \qquad (4.24)$$

进一步的，考虑到名义冲击来源的另一个主要渠道，货币政策或者金融市场的扰动，我们还将把上面的三变量模型扩展为四变量模型，加入一个货币政策扰动，分别用我国同外国的相对利差和信贷规模来衡量。这种做法也是借鉴科特勒米斯和罗斯（2005）的研究。

因此，我们得到四变量模型 $Y = [y,q,p,r]'$ 和 $Y = [y,q,p,l]'$。其中 r 是表示我国同外国的相对利差，l 表示外国同外国的相对信贷额。我们采用同上面类似的方法，并进一步假定货币政策扰动在长期内对产出、汇率和价格都没有影响，得到可识别的模型（4.25）和（4.26）。

$$
\begin{bmatrix} \Delta y_t \\ \Delta q_t \\ \Delta p_t \\ \Delta r_t \end{bmatrix} = \sum_{i=0}^{\infty} L^i \begin{bmatrix} c_{11i} & 0 & 0 & 0 \\ c_{21i} & c_{22i} & 0 & 0 \\ c_{31i} & c_{32i} & c_{33i} & 0 \\ c_{41i} & c_{42i} & c_{43i} & c_{44i} \end{bmatrix} \begin{bmatrix} \varepsilon_t^s \\ \varepsilon_t^d \\ \varepsilon_t^n \\ \varepsilon_t^r \end{bmatrix}
\tag{4.25}
$$

$$
\begin{bmatrix} \Delta y_t \\ \Delta q_t \\ \Delta p_t \\ \Delta l_t \end{bmatrix} = \sum_{i=0}^{\infty} L^i \begin{bmatrix} c_{11i} & 0 & 0 & 0 \\ c_{21i} & c_{22i} & 0 & 0 \\ c_{31i} & c_{32i} & c_{33i} & 0 \\ c_{41i} & c_{42i} & c_{43i} & a_{44i} \end{bmatrix} \begin{bmatrix} \varepsilon_t^s \\ \varepsilon_t^d \\ \varepsilon_t^n \\ \varepsilon_t^l \end{bmatrix}
\tag{4.26}
$$

4.4　人民币汇率应对美国非对称冲击的机制分析

本节将考察人民币汇率应对源自美国的非对称冲击方面的反应机制。美国作为世界上最大的经济体，我国作为最大的发展中国家，中美两国的经济周期的运行特点存在显著差异，这使得我国经济受到典型的源自美国的非对称冲击。

4.4.1　数据来源和处理

我们采取的数据区间是从 1996 年 1 季度到 2008 年 3 季度，并对数据采用 X - 12 的方法进行了季节调整[①]。

在三变量模型中，中美之间的相对产出 $y_t = \log(y_t) - \log(y_t^{US})$，其中的 y_t 和 y_t^{US} 是选取中美两国的 GDP 并除以 GDP 平减指数（2000 = 1）来得到实际 GDP 水平来衡量的。相对汇率 e 是人民币对美元名义汇率 E（以人民币标价）的对数值再减去两国的价格水平之差的对数值，

---

① 资料来源：中国经济信息网统计数据库，http：//db. cei. gov. cn/。由于进行经济普查，2005 年的 GDP 数据与以前年度数据不可比，本书利用国家统计局修正后的 2000 ~ 2004 年的年度 GDP 数据与原来的年度 GDP 相比，将得到的比率对原来的季度 GDP 的数据进行等比扩大，得到了估算的季度 GDP 数据。

即 $e_t = \log(E_t) - \log(cpi_t - cpi_t^{US})$。其中，$cpi_t$ 表示我国的消费者价格指数（2000 = 1），cpi_t^{US} 表示美国的消费者价格指数（2000 = 1）。相对价格 $p_t = \log(cpi_t) - \log(cpi_t^{US})$。

在扩展的 4 变量模型中，分别加入了反映中美货币政策扰动的相对变量，即中美相对利率和相对信贷额。中美相对利率 $r_t = R_t - R_t^{US}$，其中我国的名义利率 R 选取的是银行间 60 ~ 90 天的同业拆借利率，美国的名义利率 R^{US} 选取的是美国 3 个月存款单的利率，以便反映货币政策的即时变动和金融市场的扰动情况。中美相对信贷 $l_t = \log(L_t) - \log(L_t^{US})$，其中 L 和 L^{US} 分别表示我国和美国的银行期末贷款总额。美国的 GDP 和信贷额应用当期的人民币对美元的平均汇率转化成了人民币标价的形式。下面，我们对各变量的平稳性进行检验，结果如表4 – 1 所示。

表 4 – 1   变量的 ADF 检验结果

变量	检验形式	T 统计量	单整阶数	变量	检验形式	T 统计量	单整阶数
y	$(6, t, c)$	0.76	$I(1)$	Δy	$(4, nt, c)$	– 3.61 *	$I(0)$
p	$(3, nt, c)$	– 2.25	$I(1)$	Δp	$(2, nt, nc)$	– 5.38 *	$I(0)$
q	$(3, nt, c)$	– 2.30	$I(1)$	Δq	$(2, nt, nc)$	– 4.59 *	$I(0)$
r	$(0, nt, c)$	– 2.17	$I(1)$	Δr	$(0, nt, nc)$	– 7.47 *	$I(0)$
l	$(1, nt, c)$	– 2.75	$I(1)$	Δl	$(0, nt, nc)$	– 2.72 *	$I(0)$

注：Δ 是差分算子，表中的 ADF 检验的最大滞后阶数为 10，检验形式（n，nt，c）或（n，nt，nc）中 n 表示滞后阶数，nt 表示无趋势项，c 或 nc 表示有截距项或无截距项。滞后阶数是根据 SIC 准则所确定的。* 号表示5% 的置信度下拒绝原假设。

根据表 4 – 1 的检验结果，各相对变量都是 $I(1)$ 过程，因此可以采用 Johansen（1991）提出的方法判断变量间是否存在协整关系，结果如表 4 – 2 所示。结果表明变量间不存在协整关系。这样我们就可以采用 SVAR 方法，对模型施加长期约束，来识别各种冲击变量，并应用方差分解的方法来判断人民币汇率变动的主要来源。

表 4 - 2   协整检验结果

模型	原假设:至少存在 n 个协整关系	滞后阶数	迹检验		特征根检验	
			统计量	5% 关键值	统计量	5% 关键值
$Y = [y, q, p]'$	N = 0	1	31.74	35.19	16.75	22.30
	N = 1	1	14.99	20.26	13.28	15.89
	N = 2	1	1.714	9.16	1.71	9.16
$Y = [y, q, p, r]'$	N = 0	5	50.28	54.07	30.28	28.58
	N = 1	5	20.00	35.19	10.94	22.29
	N = 2	5	9.05	20.26	5.41	15.89
	N = 3	5	3.64	9.16	3.64	9.16
$Y = [y, q, p, l]'$	N = 0	6	36.14	40.17	19.14	24.15
	N = 1	6	16.99	24.27	9.61	17.79
	N = 2	6	7.38	12.32	5.06	11.22
	N = 3	6	2.32	4.12	2.32	4.12

注：*Johansnen* 协整检验形式选取的是有截距、无趋势的检验形式，最大滞后阶数为 6，滞后阶数的选择是综合了 *AIC*、*SC* 和 *HQ* 等多种准则并考虑样本数所确定的。

4.4.2 三变量模型的估计结果

我们应用前述的施加长期约束的方法对模型（4.24）进行识别，得到模型的估计结果（4.27）[1]，如下：

$$\Delta y_t = 0.033\Delta y_{t-1} + \varepsilon_t^s \qquad\qquad (4.27)$$
$$(9.70)^{**}$$

$$\Delta q_t = 0.008\Delta y_{t-1} + 0.01\Delta q_{t-1} + \varepsilon_t^d$$
$$(4.48)^{**} \qquad (5.15)^{**}$$

$$\Delta p_t = 0.011\Delta y_{t-1} - 0.010\Delta q_{t-1} + 0.006\Delta p_{t-1} + \varepsilon_t^n$$
$$(9.70)^{**} \qquad (-7.34)^{**} \quad (9.70)^{**}$$

由于我们主要关注的是汇率变动的来源，因此我们首先应用前述的 SVAR 方法识别供给冲击、需求冲击和名义冲击，并进行方差分解判断

---

① 括号中是 z 统计量。** 表示以 1% 的置信度拒绝原假设。

各扰动项对相对产出、汇率和相对价格的方差的解释效力，结果如表
4 - 3 所示。

结果表明，人民币对美元实际汇率的变动主要受需求冲击扰动的影响，
供给冲击和名义冲击的解释效力有限。我们的分析同王（2004）对人民币
汇率波动性的方差分解结果是类似的，在他的分析中，人民币实际有效汇
率波动性的50%左右是由实际需求冲击来解释的，30%左右的部分是由供
给冲击所解释的，而名义冲击解释了20%左右。我们的结论表明实际冲击
导致了人民币对美元实际汇率变动的大部分，这同对发展中国家的多数研
究结论是一致的，同某些对中东欧转型经济体的研究结论也是类似的
（Kontolemis and Ross，2005）。我国自20世纪90年代末至今，经济内部的
运行规律越来越符合市场经济的特征，但内外经济不均衡的特点也日渐显
现，表现为内部产能过剩、需求不足，深度依赖国际市场，外部需求的变
动深刻地影响着我国经济。而我国为应对亚洲金融危机而实施的钉住美元
的汇率制度和对资本账户相对严格的管制，也限制了名义冲击通过金融市
场的扰动和大规模资本流动对实际汇率产生冲击。

表 4 - 3　　　　　　三变量模型方差分解结果

变量	期限	供给冲击（ε^s）	需求冲击（ε^d）	名义冲击（ε^n）
Δy	1	100.00	0.00	0.00
	5	77.19	0.23	22.58
	10	73.41	0.33	26.26
	15	72.76	0.35	26.89
	20	72.64	0.35	26.99
Δq	1	6.28	93.71	0.00
	5	6.66	87.68	5.66
	10	6.80	86.32	6.88
	15	6.82	86.08	7.10
	20	6.83	86.03	7.14
Δp	1	4.63	82.61	12.77
	5	8.31	77.68	14.01
	10	8.41	76.73	14.87
	15	8.42	76.56	15.02
	20	8.42	76.52	15.05

中美之间相对产出变动的方差主要是供给冲击所导致的，需求冲击只解释了一小部分，而名义冲击则解释了 20% 以上的方差。供给扰动对中美相对产出的解释效力较高，是由于我国还处于经济转型阶段，因此供给冲击对产出的影响明显。

4.4.3　加入相对利差的四变量模型估计结果

加入中美利差这一反映国际货币政策冲击的名义变量后，需求冲击对相对产出、相对需求、相对价格的解释效力都出现了一定程度的下降（如表 4-4 所示）。而名义冲击变量对相对产出、相对需求和相对价格的解释效力上升。但在对中美实际汇率的预测方差的解释效力方面，实际冲击还是起到了主导作用，超过了 60%。

表 4-4　　　　加入相对利差的四变量模型方差分解结果

变量	季度	供给冲击（ε^s）	需求冲击（ε^d）	名义冲击（ε^n）	利率冲击（ε^r）
Δy	1	100.00	0.00	0.00	0.00
	5	69.59	2.96	25.58	1.87
	10	51.56	12.76	31.63	4.05
	15	45.16	15.70	33.45	5.68
	20	42.72	16.16	33.83	7.29
Δq	1	2.69	97.30	0.00	0.00
	5	8.14	78.37	10.21	3.27
	10	10.80	53.72	30.54	4.94
	15	14.68	50.46	30.02	4.83
	20	14.98	47.95	29.86	7.20
Δp	1	4.31	72.76	22.93	0.00
	5	11.79	60.68	25.06	2.46
	10	16.77	34.24	46.76	2.23
	15	19.29	33.69	41.94	5.08
	20	20.46	31.27	39.09	9.17
Δr	1	0.30	20.28	0.00	79.41
	5	15.54	13.23	6.38	64.85
	10	13.28	23.80	13.42	49.50
	15	14.62	25.41	17.43	42.54
	20	15.25	25.32	19.33	40.10

将模型进行扩展后,我们可以看到中美利差对我国的相对供给、相对需求和相对价格的解释效力都小于10%。我国虽然从1996年就开始实施人民币利率市场化改革,但是利率的市场化进程也是一个逐步推进的过程。直到2004年,才再次扩大了金融机构贷款利率浮动区间,实行再贷款浮息制度,还放开了商业银行贷款利率上限。2007年1月中国货币市场基准利率Shibor(上海银行业间同业拆放利率)开始正式投入运行。因此,我国利率在直接反映货币政策对金融市场的调控效果方面还存在着一定的偏差,并不能准确反映市场主体对资金的需求状况,这导致了中美利差的解释效力较小。

另一方面,由于我们考察的样本区间是1996~2008年,这期间人民币汇率在大部分时期都是盯住美元,而我国央行为了维持这一盯住汇率,有意地保持中美之间利差的稳定,这意味着利率渠道输入的冲击程度在相当长的时期内是稳定的。但可以想见,随着汇率、利率市场化进程的进一步推进,利率渠道导致的外部货币政策冲击的程度将进一步扩大,利率冲击对相对产出、需求和价格的影响也将增强。

4.4.4 加入相对信贷的四变量模型估计结果

我们将中美利差变量改为中美相对信贷变量后,重新对四变量的SVAR模型进行了估计,方差分解的结果如表4-5所示。

表4-5　　　　　　加入信贷变量的四变量模型方差分解结果

变量	季度	供给冲击(ε^s)	需求冲击(ε^d)	名义冲击(ε^n)	信贷冲击(ε^l)
	1	100.00	0.00	0.00	0.00
	5	80.49	0.63	7.56	11.32
Δy	10	61.65	5.16	18.43	14.76
	15	48.26	6.07	29.21	16.46
	20	39.25	7.30	35.48	17.97
	1	0.95	99.05	0.00	0.00
	5	6.65	61.67	11.67	20.01
Δq	10	12.78	58.47	15.68	13.07
	15	12.94	52.78	21.87	12.41
	20	16.21	45.04	25.88	12.86

续表

变量	季度	供给冲击（ε^s）	需求冲击（ε^d）	名义冲击（ε^n）	信贷冲击（ε^l）
	1	0.00	82.27	17.71	0.00
	5	7.69	56.22	18.11	17.95
Δp	10	8.07	54.65	19.66	17.60
	15	8.11	54.53	19.78	17.56
	20	8.12	54.52	19.79	17.55
	1	0.66	1.26	1.04	97.02
	5	2.62	1.75	11.88	83.73
Δl	10	3.51	1.73	15.15	79.60
	15	3.59	1.73	15.39	79.2
	20	3.60	1.72	15.40	79.26

同中美利差相比，信贷冲击对相对产出、相对需求和相对价格的解释效力要更强。对我国而言，我国货币当局不仅采用准备金率等市场化角度对银行的信贷进行调控，还在一定程度上采取"窗口指导"、限制贷款行业等手段对信贷总量进行干预，因此信贷冲击比利率冲击对企业的投资行为影响更明显。我国的私人贷款（房贷、车贷和消费贷款）等还在发展之中，虽然私人信贷受利率直接影响，但整体规模还较小。就美国而言，宽松的信贷环境支持了美国庞大的私人消费，造成美国人均负债水平居高不下，并导致了世界范围内的流动性过剩和美元贬值。美国信贷规模的收缩将显著影响全球的流动性规模，近期爆发的次级债危机就是居民信用状况恶化所引发的，并导致了全球性的金融市场动荡。

人民币实际汇率的变动主要还是通过相对供给和相对需求来解释的，也进一步表明了实际冲击对人民币汇率变动影响更大的均衡观点。

综合本节我们对三变量 SVAR 和四变量 SVAR 的模型的估计结果，可以得出人民币相对美元变动的来源主要为实际冲击，特别是需求冲击，这意味着扩大人民币汇率的波动幅度，将有助于我国缓解来源于外部的非对称冲击，人民币汇率将起到经济稳定器的作用。但注意到名义冲击也解释了人民币汇率变动 40% 左右的部分，金融市场扰动导致的名义冲击也将通过信贷和利率等渠道对我国经济产生影响。因此，我国应稳步推进汇率市场化进程，在国内金融体系发育程度还不高的时候，对资本账户的开放应持审慎的态度。

本章小结

本章通过人民币对美元实际汇率波动来源的分析，基于蒙代尔－弗莱明－多恩布什模型和 SVAR 方法，分析了人民币汇率在缓冲外部冲击方面的作用机制。

本章首先对中美相对产出、汇率变动和相对价格这三个变量构成的模型进行了分析，结果表明实际冲击解释了人民币对美元实际汇率的大部分，人民币汇率变动符合汇率变动来源的均衡观点，即人民币汇率波动性的扩大，有助于缓解外部的冲击。进一步的，本章通过将中美利差和相对信贷变量引入模型中，以便进一步考察货币政策冲击和金融市场扰动对我国宏观经济的影响。在加入中美利差或相对信贷变量后，名义冲击对中美相对产出、需求和价格的解释效力都进一步增加。特别是人民币相对美元汇率的变动，实际冲击的解释效力下降到 60% 左右。这意味着随着我国金融体系和资本账户对外开放的程度加大，国际金融市场的扰动对我国的冲击影响将逐步增加，汇率也将成为经济不稳定的来源之一。

基于上述分析，本章建议我国央行可以进一步扩大人民币汇率的灵活性，但对人民币汇率单日波幅的放宽幅度不宜过大。如果汇率单日波幅放宽的程度较大，一方面是导致人民币升值速度加快，另一方面是金融市场扰动导致的汇率自身的不稳定性也会加大。在目前美国次级债危机还在发展之中的时刻，我国货币当局应当首先致力于提高利率和汇率的市场化水平，资本账户的开放应当谨慎，避免全球金融市场的扰动和银行业危机向我国经济的传染。

第5章

人民币外汇市场压力测算与分析

2010 年 6 月 19 日，在金融危机对我国的影响逐步消退之际，中国人民银行发言人对外宣布重启人民币汇率形成机制改革[1]。在此之前，由于美国次贷危机引发的全球金融危机造成世界范围内货币金融体系大幅动荡，我国在 2008 年至 2010 年 6 月期间实质上回归了盯住美元的汇率制度，保持人民币对美元汇率水平稳定在 1 美元兑 6.8 元人民币左右。在"汇改"重启后，市场迅速做出了反应，人民币汇率随后表现出明显的双向波动的特点，并在弱势美元、欧元的背景下，升值明显。截至 2010 年 10 月末，1 美元兑 6.69 元人民币，距离 2010 年汇改重启的升值幅度达到 1.9%[2]。尽管人民币汇率出现了一定程度的升幅，但汇率升值压力并未消除，升值预期还有加强的趋势。

外汇市场中投资者对人民币升值预期的强化存在多重原因，但主要可以归结为以下两点：一方面，在后金融危机时期，美国、欧盟等国家为重振国内经济、促进出口和就业，纷纷推行宽松的货币政策和弱势的汇率政策，并对人民币汇率施压、迫使其升值；另一方面，我国在政府四万亿投资计划实施的背景下，宏观经济增长速度在高位运行，预计 2010 年实际 GDP 增速超过 10%[3]，外贸状况也明显改善，而外汇储备更是在 3 季度迅猛增加，达到 2.6 万亿美元，来源于我国宏观经济基本

---

[1] 资料来源：中国人民银行网站，www.pbc.gov.cn，2010 年 6 月 19 日。

[2] 资料来源：中国经济信息网宏观月度数据库，www.db.cei.gov.cn；国家外汇管理局网站，www.safe.gov.cn。

[3] 据国际货币基金组织 2010 年 10 月发布的《世界经济展望》报告，中国 2010 年实际 GDP 增长预计达到 10.3%。资料来源：国际货币基金组织网站，www.imf.org。

面的升值压力也不容小觑（见图5-1）。

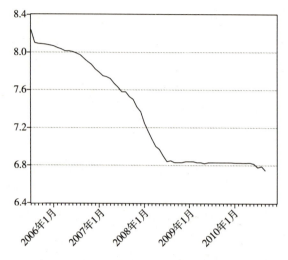

图5-1 人民币对美元汇率中间价

资料来源：中国经济信息网。

2010年以来，我国宏观经济逐步摆脱了美国次贷危机引发的全球金融危机的影响，整体表现出强劲的增长势头，同时也出现了一定的通货膨胀的势头。为预防经济过热、遏制通货膨胀，我国央行自2010年下半年期，数次上调了存款准备金率和存贷款基准利率，货币政策由"适度宽松"转向"中性"。而另一方面，美国、欧盟则由于经济景气的低迷，继续实施宽松的货币政策。美国于2010年11月启动了第二轮量化宽松货币政策，并采用数量型工具向金融市场注入大量的流动性，同时将市场利率维持在较低水平。欧元区国家也深受欧洲债务危机的影响，采取了宽松的货币政策。我国货币政策与美、欧等国家或地区货币政策走向的背离，使得人民币汇率自2010年6月汇改重启以来再次呈现出逐步升值的态势，同时外汇市场上也形成了人民币汇率将持续升值的预期。考虑到人民币汇率升值对我国及世界经济的潜在影响，准确测算人民币外汇市场压力，并考察紧缩性货币政策对人民币升值压力的影响，就成为我国货币当局的核心议题之一。

本章首先概述了外汇市场压力的文献综述；第5.2节介绍了外汇市场压力的不同方法，随后测算了非模型依赖的人民币外汇市场压力并进一步分析了人民币汇率升值趋势的成因；第5.3节基于央行采取冲销措施应对资本内流的理论框架，构建了包含人民币外汇市场压力、外汇储备和货币政策变量的受限向量误差修正模型，着重分析了我国在后危机时期，中美货币政策变动对人民币外汇市场压力的作用机制及效果；第5.4节应用联立方程模型，分析了变量间的短期动态关系。本章从测算人民币外汇市场压力并分析其长短期影响因素出发，考察了中美货币政策的变动对人民币汇率升值趋势的影响。

5.1 外汇市场压力文献综述

我国央行在2010年6月份重启了"人民币汇率形成机制改革"，汇率灵活性有所增强，但由于之前人民币与美元之间一直保持了相对稳定，因此直接应用汇率自身的波动可能难以准确反映汇率所承受的升值或贬值压力。在此情况下，可应用外汇市场压力（Exchange Market Pressure，EMP）来度量人民币汇率所承受的升值或贬值压力。EMP的概念是由格顿和罗珀（Girton and Roper，1977）首先提出的，根据他们的定义，EMP指的是国内货币市场的非均衡，这种非均衡需要通过官方的外汇储备和汇率自身的调整来进行纠正，因此EMP就等于汇率和外汇储备变动的百分比加总。魏马科（Weymark，1995，1998）则给出了更一般的定义，认为外汇市场压力指数是指国际市场上对本国货币的过度需求。在20世纪90年代货币危机频发的背景下，很多研究都应用EMP研究一国货币是否承受投机攻击（speculative attack）而面临贬值压力（Eichengreen et al.，1994，1995；Sachs et al.，1996；Kaminsky and Reinhart，1999）。上述学者认为外汇市场压力也会反映到一国利率相对国外利率的变动上，因此后期的EMP测算中也包含了国内外利差因素。

由于EMP真实反映了汇率的升值或贬值压力，因此很多学者应用EMP，而不是汇率本身，来研究开放经济框架下的货币政策问题。坦纳尔（Tanner，2001）通过构建包含EMP、利率和信贷增量的向量自回归（VAR）模型，指出紧缩性的货币政策能够降低EMP，即收缩信贷、提高利率对抗货币的贬值压力。格措科·鲍蒂斯塔和鲍蒂斯塔（Gochoco

– Bautista and Bautista，2005）也构建了 VAR 模型研究菲律宾的 EMP 和货币政策变量之间的关系，得出了同坦纳尔（2001）类似的结论。范珀伊克等（Van Poeck et al.，2007）对新兴经济体的研究表明，信贷增长和经常账户赤字是 EMP 变动的先行指标，信贷增长导致 EMP 上升，而经常账户赤字导致 EMP 下降。国内基于 EMP 角度判断人民币升值压力、货币政策和资本流动之间关系的文章较少。朱杰（2003）利用两阶段最小二乘法，计算了中国的外汇市场压力和央行在外汇市场的干预指数。卜永祥（2008，2009）借鉴了坦纳尔（2001）的研究范式，利用 VAR 模型主要讨论了人民币升值压力、中央银行国内信贷、中美相对经济增长率、中国利率水平之间的关系，并指出央行主要是通过调控国内信贷规模来降低人民币的升值压力。

目前国内研究在测算 EMP 时，采取的多是更加适用于固定汇率体制的魏马科（1995）提出的方法，即 EMP 测算中未包含利差因素。而人民币汇率体制经过 2005 年的"汇改"，由盯住美元的汇率制度转向了有管理的浮动汇率体制，采用包含利差因素的 EMP 测算方法较为适宜。因此，本书认为有必要重新度量 EMP，并进一步考察 EMP、外汇储备和货币政策之变量间的关系，以辨识开放经济框架下央行的货币政策取向与汇率升值压力的相互作用关系。本章结构如下：首先测算人民币的 EMP 并分析人民币汇率升值动因；其次通过构建 EMP、外汇储备、货币政策变量（信贷量和 M2）等构成的向量误差修正模型（VECM），进一步施加约束条件来判断变量间的长期均衡关系；再者基于前面得出的误差修正模型，构建联立方程系统，得出变量间的短期动态关系；最后是结论和政策建议。

5.2　人民币外汇市场压力测算及波动原因分析

5.2.1　人民币外汇市场压力测算

文献中主要有两类测算 EMP 的方法。一类主要沿袭了格顿和罗珀（1977），魏马科（1995）的做法，通过构建宏观经济模型测算 EMP，认为 EMP 包含汇率及外汇储备的变动信息，即央行通过变动汇率及外汇储备来释放升值或贬值压力。另一类是艾肯格林等（1994，1995），卡明斯基和莱因哈特（Kaminsky and Reinhart，1999）等人提出的不依赖模型的测算方式。这些学者认为央行在本币面临贬值（升值）压力时，会提高（降低）利率吸引资本流入（流出），因此一部分外汇市场压力会通过央行对利率的调控来释放，因此他们提出的 EMP 测算方法基本都包含了本国和外国之间的利差因素。并且，由于后一种测算方法更适用于实行中间汇率制度的国家，因此得到了广泛的应用。本书的 EMP 测算方法也采取了包含利差的形式，具体如下：

$$EMP_t = \Delta E_t / E_t + \eta_r \Delta RES_t / RES_t + \eta_i \Delta (r_t - r_t^*) \qquad (5.1)$$

其中，ΔE_t 表示一国汇率 E_t（直接标价法）的差分值，ΔRES_t 表示一国外汇储备的差分值，$\Delta (r_t - r_t^*)$ 表示本国与外国利差的差分值。$\eta_r = -sd(\Delta E_t / E_t)/sd(\Delta RES_t / RES_t)$ 是汇率变动的标准差与外汇储备变动的标准差之比，$\eta_i = sd(\Delta E_t / E_t)/sd[\Delta (r_t - r_t^*)]$ 是汇率变动的标准差与国内外利率变动的标准差之比。

结合我国从 2005 年 7 月到 2010 年 9 月的月度数据，根据式（5.1）计算 EMP。E 选取人民币对美元的名义汇率（直接标价法），RES 为中国外汇储备余额；r_t 为中国的基准利率，选取银行间 60 ~ 90 天的同业拆借利率表示；r_t^* 为美国的基准利率，选取美国 3 个月存款单利率来表示。最终计算得出人民币外汇市场的压力指数，如图 5 - 2 所示[①]。

从图 5 - 2 中可以看出，人民币外汇市场压力指数波动得较为剧烈，并且自 2005 年 7 月到 2010 年 9 月，EMP 在大部分时间都为负值，即人民币汇率在此阶段主要承受的是升值压力。在 2005 年 7 月，人民币汇率形成机制改革刚刚推出之际，由于我国央行坚持"汇改"的渐进性，国际市场预期人民币会有更大升幅，国际资本持续流入，导致升值压力持续到 2008 年年初，并达到峰值。但随后，随着美国次级债危机引发的金融危机在全球的蔓延，我国实体经济在 2008 年中期开始受到影响，出口下降，同时出现了资本外流，这导致 EMP 开始向 0 趋近、人民币升值压力下降。EMP 指数在 2008 年年末及 2009 年年初转为正值，体现出金融危机对我国这一新兴经济体货币稳定性的冲击效应。然而，伴随

---

① 本书数据来自中国经济信息网、中国统计年鉴和 IMF 的国际金融统计（IFS）。

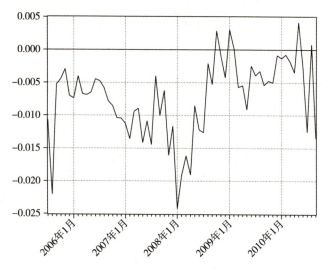

图 5 - 2　人民币外汇市场压力指数 EMP

着我国四万亿投资计划的实施和实体经济相对强劲的增长势头，外汇市场上的人民币升值预期开始抬头，进入 2010 年后，EMP 又表现出下降的趋势，表明人民币汇率的升值压力在也重新转为负值。

5.2.2　人民币外汇市场压力波动分析

我国作为最大的发展中国家，其汇率波动受经济内外部多重因素影响。根据汇率决定理论，如果一国相对其他国家，经济增速更高、国际收支状况良好、拥有较高的外汇储备和较低的债务水平、物价及工资水平上涨更快的话，其货币就将在长期内表现出升值趋势。但短期内，一国汇率水平则会受货币当局汇率制度安排、货币政策导向以及外汇市场预期的影响，同时也受到国际政治因素的影响。

5.2.2.1　我国宏观经济运行状况

根据国际经济学中的巴拉萨 - 萨缪尔森效应，新兴经济体或发展中国家，由于其可贸易品部门劳动生产率的显著提高，将带动全社会工资水平的上涨，从而在长期内导致汇率升值。因此，作为转型当中的发展中国家，人民币汇率对美元、欧元等世界主要货币升值的根本动因还是在于其强劲的经济增长势头。

我国近年来经济增长水平一直在 10% 左右，在 2008 年进出口受到全球金融危机影响后，我国政府实施了"四万亿"的巨额投资计划，并配以适度宽松的货币政策，有效地拉动了基础建设投资，并一定程度上带动了居民消费。在 2010 年 1 季度，零售业和工业增加值都保持了高速增长的势头，同时进出口恢复到金融危机前的水平，实际 GDP 增速达到 11.9%，2 季度达到 10.3%。根据国际货币基金组织（IMF）2010 年 10 月发布的《世界经济展望》①，预计我国 2010 年实际 GDP 增速在 10.3%。另一方面，较宽松的货币政策和旺盛的内需也导致了我国经济中出现了通货膨胀的势头，特别是农产品及一些投资品价格大幅上涨。全社会的工资水平同物价水平一样也有所上涨，制造业部门的工资水平上涨较快。而同期，美国、欧盟和日本等国家及地区的经济增长水平都较为疲弱，还未从全球经济危机的影响中完全复苏。同样根据 2010 年 10 月的《世界经济展望》，美国 2010 年实际 GDP 增速预计为 2.6%，而欧元区实际 GDP 增速预计为 1.7%，日本实际 GDP 增速预计为 1.7%。同时，上述国家和地区的失业率居高不下，美国 2010 年失业率预计为 9.7%，而欧元区 2010 年失业率预计为 10.1%，日本 2010 年失业率预计为 5.1%。

目前，我国政府已经将经济发展的重心由经济增长速度转向经济增长结构。特别是我国为了预防经济过热，将适度下调 GDP 增长目标，但预计我国经济增长速度仍远高于美国、欧盟和日本的经济增速，人民币汇率在长期内仍将保持升值动力。

5.2.2.2　我国与主要贸易伙伴国的进出口状况及贸易摩擦

持续的贸易顺差是人民币汇率升值压力形成的直接原因之一。中国的贸易顺差在 2008 年达到 2970 亿美元的峰值，2009 年贸易顺差尽管受外需下降的影响，仍达到 1981 亿美元。2010 年，中国前三季度进出口总额达到 21487 亿美元，同比增长 37.9%，顺差 1206 亿美元，同比减少 149 亿美元。虽然贸易顺差同比有所下降，但考虑到我国进口同比的大幅增加，贸易顺差仍有可能在 2011 年进一步增加。

---

① 国际货币基金组织在 2010 年 10 月发布的《世界经济展望》，资料来源：国际货币基金组织网站，www.imf.org。

在对美国、欧盟、日本等国家或组织呈现出贸易顺差的情况下，我国在2010年不断面临贸易争端的局面，涉及产品从技术含量较低的劳动密集型产品逐步蔓延到技术含量较高的高科技产品，反映出各国在"后危机时期"为促进本国出口、减少进口而采取贸易措施的态势。因此，有专家指出，在后危机时期，各国或者竞争贬值展开"汇率战"，或者通过设置贸易壁垒、提高关税等来展开"贸易战"。

对我国来说，美国等国家的行为也可视为通过"贸易战"的形式倒逼人民币汇率的升值。虽然我国由于其特殊的贸易结构、产业结构等原因，人民币升值并不会显著改变贸易失衡的局面，但可以想见，只要我国一直维持贸易顺差的局面，美欧等国就会以此为借口，对人民币汇率施压。在此背景下，为缓解贸易摩擦升级的状况，我国政府可能会在可控的范围内，适度地增加人民币汇率的升值幅度，从而降低贸易顺差并调整贸易结构。

5.2.2.3 外汇储备增长状况

我国巨额外汇储备一直是世界各国指责我国汇率低估的依据。我国外汇储备规模在后金融危机时期，仍然表现出强劲的增长势头，截至2010年3季度末已经达到约2.6万亿美元。巨额外汇储备既是经常账户继续表现出贸易顺差的结果，也是国际资本大规模进入我国套利的结果。另一方面，我国外汇储备的增加还来源于货币当局在外汇市场上对人民币汇率升值的干预，即通过购进大量美元抑制人民币汇率的升值。在流入的大量资本中，除去外商直接投资之外，其余相当规模为短期资本，即所谓"热钱"。由于我国近年来资本市场的蓬勃发展，特别是房地产市场的超常规发展，吸引了相当规模的国际资本进入套利。在2010年3季度，外汇储备新增规模达到1000多亿美元，扣除其中经常项目顺差和FDI之外，短期流动资本的规模不可小觑。

由于我国相对强劲的经济基本面，预计国际资本流入趋势还将持续下去，而考虑到贸易顺差规模难以下降，我国外汇储备仍将持续增长。由于我国外汇储备持续增长导致了大量基础货币的投放、巨额的冲销成本和通货膨胀压力，货币当局也有可能通过人民币汇率的适度升值降低外汇储备增速，降低冲销成本，并缓解国内的通货膨胀压力。

5.2.2.4 美国、欧盟、日本的货币政策走势

人民币汇率的走势还取决于其他国家实施的货币政策情况。如果一国实施宽松的货币政策，会降低国内实际利率水平，短期内导致本币贬值。美国开始在 2010 年 10 月实施第二轮的量化宽松货币政策。根据穆迪公司估计，2010 年美国国债发行量将达 2.5 万亿美元。除美国外，欧洲中央银行和英格兰银行也在加快实施其量化宽松货币政策。欧洲中央银行于 11 月 4 日表示将利率维持在 1% 的水平。日本央行于 10 月 5 日也宣布了新一轮量化宽松货币政策，将隔夜利率目标降至 0 ~ 0.1%，同时成立了 5 万亿日元基金购买政府债和其他资产，扩张其资产负债表。因此，各国竞相实施宽松的货币政策，实质上等同于对本币的竞相贬值，是另一种形式的"汇率战"。

美国等国家实施宽松货币政策的另一结果是世界通货膨胀水平抬头，以美元计价的国际大宗商品价格迅猛上升，一定程度上会造成我国出现输入型的通货膨胀。我国 2010 年 9 月份的 CPI 指数达到了 3.6%，10 月份的 CPI 指数进一步升高，达到了 4.4%。虽然央行全年预计通胀目标虽然可以控制在 3% 以内，但某些局部的市场，农产品价格等上涨非常剧烈，因此央行价格调控的任务非常艰巨。在此背景下，央行在 2010 年年底前仍存在着加息的可能。因此，中美之间的利差水平有进一步扩大的趋势，根据利率平价理论，利差的扩大会直接导致套利资金的进入，增加央行流动性控制的难度，在短期内还会导致资本项目顺差增加、强化人民币汇率的升值预期。根据"不可能三角"理论[①]，我国货币当局如果以抑制通胀为目标进行加息，同时又不能完全有效控制国际资本进入，那么人民币汇率升值就是不可避免的。

5.3 人民币外汇市场压力的决定因素分析

本节首先从理论上阐述货币政策变量同外汇市场压力指数之间的关

---

① Obstfeld（1998）提出了"不可能三角"（the impossible trinity）理论，也称为"三元悖论"假说。"三元悖论"认为，货币当局只能同时实现国际资本的完全自由流动、货币政策的完全独立和汇率的完全稳定这三个基本目标中的两个，不可能同时实现三个目标。

系，随后构建实证模型并进行经验检验。

5.3.1 货币政策变量影响 EMP 的理论模型

按照坦纳尔（2001）的理论，考虑一个简单的货币模型，一国对实际基础货币需求增长的方程如下：

$$m_t = \Delta M_t / M_{t-1} - \pi_t \qquad (5.2)$$

其中，M_t 是 t 时刻的基础货币，π_t 是 t 时刻的通货膨胀率。假定购买力平价理论成立，本国名义汇率 e_t（直接标价法）的增长率就等于本国通货膨胀率 π_t 和外国通货膨胀率 π_t^* 之差，再加上扰动项 ε_t，因此得到式（2）：

$$e_t = \pi_t - \pi_t^* + \varepsilon_t \qquad (5.3)$$

在货币的供给边，本国名义基础货币的供给则是由国际储备 R_t 和央行的信贷投放 D_t 这两部分构成的：

$$\Delta M_t / M_{t-1} = (\Delta R_t + \Delta D_t) / M_{t-1} = r_t + d_t \qquad (5.4)$$

其中，$r_t = \Delta R_t / M_{t-1}$ 并且 $d_t = \Delta D_t / M_{t-1}$。假定购买力平价成立（$\varepsilon_t = 0$），并假定外国通货膨胀水平为 0（$\pi_t^* = 0$），将方程（5.2）和（5.3）代入（5.1），重新得到 EMP 的表示形式：

$$EMP_t \equiv e_t - r_t = d_t - m_t \qquad (5.5)$$

根据上面的方程（5.5），EMP 等于本币贬值率 e_t 减去国际储备增长率 r_t，也等于央行国内信贷增长率 d_t 和国内基础货币需求的增长率 m_t。$EMP > 0$ 意味着本币存在贬值压力，$EMP < 0$ 意味着本币存在升值压力。假如货币需求是不变的，$m = 0$，则 EMP 和 d_t 是一对一变动的。即在开放经济条件下外汇市场压力与央行的其他货币政策操作是相互影响的。当货币当局在保持国际储备不变的前提下收缩其国内信贷，会降低 EMP，使本币升值；若央行要维持汇率稳定，当资本流入增加时，必须减少其国内信贷。

上述理论分析表明，央行国内信贷投放、基础货币量和利率水平直接关系到人民币外汇市场压力。而如果资本账户不是严格管制的，开放经济下的资本流动也会影响外汇市场压力，即外汇储备增量的变动也会影响外汇市场压力。并且，资本流动对 EMP 的影响关系还较为复杂。范珀伊克等（2007）指出资本流动直接作用是导致 EMP 下降，但同时资本流动又会导致金融机构信贷总量的增长，间接引起 EMP 上升。

5.3.2　人民币外汇市场压力与货币政策互动机制模型的构建

综上所述，本书拟在我国开放度不断提高、外汇储备持续增长的背景下，充分考察开放经济框架下，EMP、资本流动和货币政策变量（信贷、利率、货币量）之间错综复杂的互动影响关系。本书应用外汇储备规模的变化来反映资本流动状况，并基于向量自回归（VAR）模型来具体研究。本书具体采用 VAR 模型主要出于下述原因：首先在理论上，EMP、外汇储备、信贷、货币量和利率之间的相互作用关系较为复杂，如 EMP 可以直接影响信贷也可以通过影响利率间接影响信贷，因此不宜采取结构化模型来进行研究，其次 VAR 模型可以解决变量的内生性问题和因果关系复杂的问题，再者基于 VAR 模型可以通过约翰森协整模型来判断变量间是否存在长期均衡关系。因此，构建研究的 VAR 模型如下：

$$Y_t = \left[EMP_t, \ln RES_t, \ln LOAN_t, \ln M2_t, R_t \right]' \qquad (5.6)$$

模型（5.6）中，EMP 为测算的外汇市场压力指数，$\ln RES$ 表示外汇储备的对数形式，$\ln LOAN$ 表示金融机构信贷总量的对数形式，$\ln M2$ 表示广义货币供应量的对数形式，R 表示本国利率。

5.3.3　变量间协整关系的判断

本书关注的是上文测算的人民币外汇市场压力（emp），实际利率（r），实际外汇储备余额 RES 与实际工业增加值 IP 之比（res）、实际狭义货币供应量 $M2$ 与实际工业增加值 IP 之比（$m2$）、实际人民币信贷余额 $LOAN$ 与实际工业增加值 IP 之比（$loan$）[①]。外汇储备、信贷额和货币量除以 ip 是为了剔除一国的经济规模因素，这里用 GDP 作为规模变量剔除规模因素更为合适，但由于 GDP 月度数据不可获，因此本书用工业增加值替代。考虑到 2005 年 7 月我国央行实施了人民币汇率形成

---

① 中国实际利率（r）为名义基准利率（银行间 60～90 天同业拆借利率）减通货膨胀率得出的。除实际工业增加值外，其余变量都是应用居民消费价格指数（2000 = 1）来消除价格因素的。实际工业增加值是名义工业增加值除以工业品出厂价格指数（2000 = 1）得到的。

机制改革，汇率体制发生了结构性的转变，因此本书选取人民币"汇改"后的数据区间 2005 年 7 月份 ~ 2010 年 9 月份进行研究。采用月度数据是为了更好地反映人民币外汇市场压力和各政策变量的波动状况，并增加样本数量。我们采用 X – 12 的方法对宏观经济变量进行了季节调整。

根据模型（5.6），得到 $Y_t = [emp_t, \ln res_t, \ln loan_t, \ln m2_t, r_t]'$。

根据约翰森（1988）的分析框架，一个 VAR(p) 的模型可以表示为如下的形式：

$$Y_t = \sum_{i=1}^{p} \Phi_i Y_{t-i} + HX_t + \varepsilon_t \quad , t = 1, 2, \cdots, T \qquad (5.7)$$

其中，N 表示变量个数，Y_t 为 $N \times 1$ 阶的列向量，Φ_i（$i = 1, \cdots, p$）为 $N \times N$ 阶参数矩阵，X_t 是一个确定的 d 维的外生向量，ε_t 表示 $N \times 1$ 阶随机误差列向量；Ω 表示 $N \times N$ 阶协方差矩阵，最大滞后阶数 p 是根据 AIC 或者是 SC 准则确定的。

为确定变量间是否存在协整关系，首先需求判断各变量是否为平稳时间序列。本书对各变量进行了单位根检验，受篇幅所限，未列出检验结果，结果表明各变量都为 $I(1)$ 过程。因此，可以进一步判断变量间是否存在协整关系。根据 AIC 和 SC 准则，VAR（p）的确定滞后阶数为 3，这里采用迹检验和最大特征根检验的方法来判断存在几个协整关系，结果如表 5 – 1 所示。

表 5 – 1　　　　　　　　　　向量 Y 协整关系检验结果

原假设：协整方程个数	特征根	迹检验		最大特征根检验	
		统计量	5% 临界值	统计量	5% 临界值
不存在协整关系	0.34	119.11 **	69.82	64.83 **	33.88
至多存在一个协整关系	0.18	54.28 *	47.86	30.32 *	27.58
至多存在两个协整关系	0.10	23.96	29.80	17.10	21.13
至多存在三个协整关系	0.03	6.85	15.49	5.26	14.26
至多存在四个协整关系	0.01	1.59	3.84	1.59	3.84

注：** 号表示在 99% 的置信度水平下拒绝原假设，* 号表示在 95% 的置信度水平下拒绝原假设。

由表 5 – 1 可知，迹检验和最大特征根检验结果都表明在 5% 的显著性水平下，存在 2 个协整关系，因此认为模型中存在两个协整关系向量。根据格兰杰定理，若 VAR 模型中的变量间存在协整关系，则可以在 VAR 模型的基础上建立如下的误差修正模型：

$$\Delta Y_t = \Pi Y_{t-1} + \sum_{i=1}^{p-1} \Gamma_i \Delta Y_{t-i} + HX_t + \varepsilon_t \tag{5.8}$$

其中：$\Pi = \sum_{i=1}^{p} \Phi_i - I, \Gamma_i = -\sum_{j=i+1}^{p} \Phi_j$。

假设 Π 的秩为 r（$0 < r < N$）时，也就是当 VAR 模型存在 r 个协整向量时，Π 可以分解为：$\Pi = \alpha\beta'$，其中 α 和 β 都是 $N \times r$ 阶矩阵，系数向量 α 反映变量之间偏离长期均衡状态时，将其调整到均衡状态的速度。β' 称为协整向量矩阵，其中 r 为协整向量的个数。则误差修正模型可以表示为：

$$\Delta Y_t = \alpha\beta' Y_{t-1} + \sum_{i=1}^{p-1} \Gamma_i \Delta Y_{t-i} + HX_t + \varepsilon_t \tag{5.9}$$

其中每个方程的误差项都具有平稳性。一个协整体系有多种表示形式，用误差修正模型表示如下：

$$\Delta Y_t = \alpha ecm_{t-1} + \sum_{i=1}^{p-1} \Gamma_i \Delta Y_{t-i} + HX_t + \varepsilon_t \tag{5.10}$$

其中 $ecm = \beta' Y_{t-1}$ 是误差修正项，反映变量之间的协整关系。

5.3.4　施加约束识别变量间的长期协整关系

如果矩阵 Π 的秩为 1，则 VAR 模型只存在一个协整关系，此时不存在协整关系的识别问题，但是当协整向量的个数 $r > 1$ 时，各种长期关系将无法准确加以识别，因为任何协整向量的线性组合可以构造出另外一个平稳关系，也就是 $\Pi = \alpha W^{-1} W\beta'$，其中 W 为任意的 $N \times r$ 非奇异矩阵。为了解决多个变量之间协整关系识别问题，Johansen（1992）认为必须结合经济理论对协整向量施加 $r \times r$ 个恰好识别约束。每个协整向量至少都必须包括 r 个约束条件，其中一个为正规化约束。对正规化约束以外的约束条件的提出必须建立在相关的理论基础上，并通过统计检验加以确认。

为了使得向量误差修正模型更具有经济学意义，本书对协整方程

$ecm = \beta'Y_{t-1}$ 的系数 β 做出假设，即对协整方程施加约束，根据前面的分析，本书把第一个协整关系定义成 EMP 的长期均衡关系，第二个协整关系定义成外汇储备需求的长期均衡关系。根据前面的分析，由于 $r = 2$ 需要对 β 至少施加 4 个约束条件才可以进行识别，这里我们施加 4 个约束条件，以便恰好识别协整误差修正模型。根据经济意义，对外汇市场压力 EMP 协整方程施加 2 个约束条件：$\beta_{11} = 1$、$\beta_{14} = 0$，即对外汇市场压力（emp_t）进行正规化约束，并假定货币量（$\ln m2_t$）不进入我国的外汇市场压力指数的协整方程；对外汇储备需求方程，施加 2 个约束条件：$\beta_{22} = 1$、$\beta_{25} = 0$，即对外汇储备变量（$\ln res_t$）进行正规化约束，并假定利率（r_t）不进入我国外汇储备需求方程。施加约束后的协整向量如下[①]：

$$emp_t = -0.12 - 0.03\ln res_t + 0.041\ln loan_t - 0.74r_t + \varepsilon_{1t} \qquad (5.11)$$
$$(2.23) \qquad (-2.35) \qquad (5.91)$$

$$\ln res_t = -0.40 - 25.69emp_t + 2.80\ln loan_t + 2.98\ln m2_t + \varepsilon_{2t} \quad (5.12)$$
$$(8.99) \qquad (6.72) \qquad (-5.24)$$

本书的研究结论表明，人民币外汇市场压力指数同外汇储备、信贷规模和利率之间具备长期协整关系。外汇储备与工业增加值比重 $\ln res$ 对 emp 的影响系数为负，影响系数达到了 -0.03，这表明外汇储备规模相对经济规模的增长，在长期内将对人民币形成升值压力。而信贷规模相对工业增加值比重 $\ln loan$ 变量，同理论假设一致，对 EMP 的影响为正，并且影响系数要大于 $\ln res$ 对 emp 的比重，即信贷规模扩张将对人民币形成贬值压力。信贷规模相对工业增加值比重每上升 1%，则 emp 上升 0.04%。我国在 2009 年为应对金融危机，信贷规模大幅度扩张，这实际上抑制了 EMP 的上升，对汇率形成了贬值压力。而国内利率同 EMP 的关系，也同理论假设是一致的，利率每上升 1%，将导致 EMP 下降 -0.74%。方程（5.11）得出的结论同卜永祥（2008）是类似的，他的研究发现：中央银行国内信贷与人民币升值压力呈现负向关系，而中国经济增长和国内利率水平与人民币升值压力呈正向关系。

从上面的关系中可以看出，央行可以调控信贷规模和利率来应对人民币的升值压力或贬值压力。注意到目前的 EMP 水平虽然为负，但升

---

① 方程系数下括号中为 t 统计量。

值压力的绝对值水平并不高。因此，央行应适度收紧货币政策，避免信贷规模的过快增长、累积潜在的人民币贬值压力，造成人民币汇率水平的波动。

从方程（5.12）中可以看出，外汇储备、EMP 和信贷规模、M2 之间存在着长期协整关系。外汇市场压力指数是外汇储备变动的关键因素，当人民币面临升值压力时（EMP < 0），EMP 每下降 1%，将导致 lnres 增加 25.69%，这意味着人民币汇率升值压力是导致外汇储备规模上升的关键因素之一。而信贷规模 lnloan、国内货币供应量 lnm2 和外汇储备 lnres 之间则存在着正向的影响关系。这是由于我国外汇储备的持续增长，导致了外汇占款渠道的基础货币投放规模多年来一直居高不下，也同样刺激了信贷规模的增长。

综合方程（5.11）和方程（5.12）来看，外汇储备增长和较高的利率水平会导致 EMP 下降，而 EMP 下降又将吸引更多的资本内流，引起外汇储备增长，导致货币量的扩张，最终引发通胀局面。这也正是我国近年来一直面临的"三元悖论"式的困境。自 2003 年人民币升值预期形成到 2008 年美国次贷危机演变为全球金融危机，我国一直面临汇率升值、外汇储备持续增长和通货膨胀抬头的局面，2005 年的人民币汇率形成机制改革并未解决上述难题。格利克和赫捷逊（Glick and Hutchison，2009）对中国所面临的"三元悖论"困境进行了研究，在文章的情景分析中，他们发现美国次贷危机引发的金融危机会暂时降低中国的通货膨胀压力，但随着金融危机影响的消失，中国货币当局会重新面临外汇储备增长背景下汇率稳定和通胀稳定之间的目标抉择问题。

因此，从前述的分析可以看出，在资本管制无效或低效的情况下，利率工具并不是应对人民币升值压力的有效工具，调控信贷规模对应对升值压力可能更为有效。进一步的，央行有必要让升值压力下的汇率具备适度的灵活性，向市场均衡水平靠近可能是央行最理想的选择。

5.4　人民币外汇市场压力的短期动态性分析

为了反映各影响因素的短期波动对人民币外汇市场压力以及外汇储备规模的短期影响，本书根据格兰杰表示定理，在确立两个协整关系以后，令协整方程（5.11）和方程（5.12）的残差分别为 $ecm_{1,t} = \hat{\varepsilon}_{1,t}$，$ecm_{2,t} = \hat{\varepsilon}_{2,t}$，建立相应的向量误差修正模型来反映短期关系，模型如下：

$$\Delta \ln Y_{i,t} = \alpha_{11} ecm_{1,t-1} + \alpha_{21} ecm_{2,t-1} + \sum_{i=1}^{5} \sum_{j=0}^{p} \gamma_{ij} \Delta \ln Y_{i,t-j} + e_{1,t}$$

（5.13）

其中：Δ 代表一阶差分，$ecm_1 = \hat{u}_1$、$ecm_2 = \hat{u}_2$ 分别表示外汇市场压力指数方程（5.11）和外汇储备协整方程（5.12）的误差项。为了剔除向量误差修正模型中的不显著的影响因素，本书进一步的对向量误差模型建立联立方程模型，利用 OLS 方法对每个变量的短期模型系数进行估计，并根据"从一般到特殊"的建模方法，从滞后 3 期的模型开始逐渐删除不显著的变量，得到了拟合效果较好的误差修正模型，分别为差分变量 Δemp_t、$\Delta \ln res_t$、$\Delta \ln loan_t$、$\Delta \ln m2_t$、Δr_t 的短期动态误差修正模型[①]：

$$\Delta emp_t = -0.06 ecm_{1,t-1} - 0.04 ecm_{2,t-1} - 0.61 \Delta res_{t-1} + 0.53 \Delta loan_{t-1}$$
$$\quad (2.32) \qquad (-5.97) \qquad (-3.57) \qquad (3.01)$$
$$-0.85 \Delta r_{t-1} - 0.66 \Delta r_{t-2} + 0.58 \Delta loan_{t-2} - 0.54 m2_{t-3} + 0.01$$
$$(-2.87) \quad (-2.25) \quad (3.10) \qquad (-2.80) \quad (1.95)$$

（5.14）

$R^2 = 0.56 \quad D.W. = 1.99$

方程（5.14）表明外汇市场压力和外汇储备的非均衡 ecm_1、ecm_2 会对我国外汇市场压力指数的变动在短期内产生较小的负向冲击，其修正系数分别为 -0.06 和 -0.04。并且，方程（5.14）表明，在短期内，外汇储备水平的增加和利率水平的提高，都将对 Δemp 产生负向冲击，即强化人民币的外汇市场升值压力。而滞后 1 期和滞后 2 期的信贷规模的相对增加，将对 Δemp，即对人民币形成贬值冲击。这同上述变量在长期内 EMP 的作用效应是类似的。

$$\Delta \ln(res)_t = 0.44 ecm_{1,t-1} - 0.03 ecm_{2,t-1} + 0.20 \Delta emp_{t-1}$$
$$\quad (2.76) \qquad (-3.42) \qquad (2.37)$$

---

① 方程系数下括号中为 t 统计量。

$$-0.49\Delta\ln(loan)_{t-1} - 0.15\Delta\ln(m2)_{t-2} + 0.01$$
$$(-6.87) \qquad\qquad (-2.15) \qquad\qquad (3.11)$$

$$(5.15)$$

$$R^2 = 0.28 \quad D.W. = 2.11$$

方程（5.15）表明外汇市场压力的非均衡 ecm_1 和外汇储备的非均衡 ecm_2 对我国外汇储备在短期内的影响分别为正向冲击和负向冲击，其影响系数分别为 0.44 和 -0.03。由于 ecm_2 的系数显著为负，表明外汇储备具有自我回归均衡水平的修正机制。滞后 1 期的 Δemp 对外汇储备形成正向冲击，这同长期内的影响效应是不一致的。2 期和 3 期的 $\Delta\ln m2$ 对外汇储备变动的影响都形成了负向冲击，这可能由于短期内货币量的上升，即流动性的充裕，将导致对外部资金需求的下降，这将对外汇储备变动形成负向冲击。而利率的上升，即紧缩性的货币政策，则会对外汇储备变动形成负向冲击。

$$\Delta\ln loan_t = 0.72ecm_{1,t-1} - 0.04ecm_{2,t-1} + 0.20\Delta emp_{t-1} - 0.52\Delta\ln res_{t-1}$$
$$(4.42) \qquad (-5.46) \qquad (2.40) \qquad\quad (-7.92)$$
$$-0.63\Delta r_{t-1} - 0.69\Delta r_{t-2} - 0.23\Delta\ln m2_{t-2} - 0.33\Delta\ln res_{t-3} + 0.28\Delta\ln loan_{t-3} + 0.01$$
$$(-2.05) \quad (-2.20) \quad (-2.97) \qquad (-2.16) \qquad (1.87) \qquad (2.72)$$

$$(5.16)$$

$$R^2 = 0.39 \quad D.W. = 2.11$$

方程（5.16）中外汇市场压力的非均衡 ecm_1 和外汇储备的非均衡 ecm_2 对信贷规模的冲击方向分别是正向和负向的，这表明，当外汇市场压力高于其均衡水平时，即存在贬值压力时，会对信贷规模形成正向冲击，这同坦纳尔（2001）的研究结论是类似的；而外汇储备高于其均衡水平时，则对信贷规模形成负向冲击。这可能是由于央行在应对资本内流时，需要进行冲销操作来抵销基础货币的投放，这往往推高市场利率，从而引起信贷规模的下降。

$$\Delta\ln m2_t = 0.61ecm_{1,t-1} - 0.03ecm_{2,t-1} - 0.52\Delta\ln res_{t-1}$$
$$(3.88) \qquad (-3.96) \qquad (-7.63)$$
$$-0.81\Delta r_{t-2} - 0.22\Delta m2_{t-2} + 0.01$$
$$(-2.56) \quad (-3.29) \qquad (2.38)$$

$$(5.17)$$

$$R^2 = 0.32 \quad D.W. = 2.13$$

方程（5.17）表明外汇市场压力的非均衡和外汇储备的非均衡对我国货币量 M2 分别构成正向影响和负向影响。外汇市场压力高于均衡水平，即贬值压力会导致 M2 上升，而外汇储备高于均衡水平，则会导致 M2 下降。

本章小结

本章通过测算人民币外汇市场压力指数，构建外汇储备、EMP、货币政策变量的向量误差修正模型，通过施加基于经济理论的约束条件来进行协整空间的识别，并识别了变量间的两个协整关系。EMP、外汇储备、信贷和利率之间具备长期协整关系，外汇储备增加、信贷规模收缩、利率提高都会导致 EMP 下降，即对人民币形成升值压力；而外汇储备、EMP、信贷和 M2 之间也具有长期协整关系，汇率升值压力（$EMP < 0$）、信贷规模下降和 M2 的增加将导致外汇储备规模的扩大。本章研究表明央行货币政策的变动将显著影响人民币外汇市场压力指数，货币政策的紧缩将导致升值压力增加。

综上，考虑到我国目前的货币政策取向已经由"适度宽松"转向"中性"，人民币外汇市场压力将因此增加。而这一升值压力的上升，又会作用于我国外汇储备，可能导致其规模继续攀升，央行将被动进行基础货币的投放，一定程度上会抵销央行紧缩性货币政策的努力。本章的研究结论从侧面反映出我国货币当局将在长期内面临"三元悖论"的困扰。

据此，我国央行应继续稳步推进人民币汇率形成机制改革，秉持"主动性"、"渐进性"和"可控性"原则，适度降低外汇市场干预强度，允许人民币汇率稳步升值，使其逐步接近市场均衡水平，同时央行可以通过增加人民币汇率的灵活性，实现汇率的双向波动，消除人民币汇率的单边升值预期。进一步，我国政策当局还应当积极运用汇率工具，实现宏观经济调控目标。具体建议如下：

（1）主动选择升值时机及幅度、控制汇率波动区间，避免在国际压力下被动升值。在当前形势下，人民币汇率不存在大幅升值空间，我国政府并不需要对人民币汇率一次性进行大幅调整，而应根据国内宏观调控目标的需要，确定升值幅度及时机。如国内经济增速较快、外贸顺差进一步扩大、通胀局面加剧，可适度扩大汇率升值幅度。反之，则控制汇率升值幅度。

（2）加强人民币汇率弹性，实现人民币汇率"双向波动"，应对外汇市场上的汇率升值预期。央行在外汇市场的干预行为应着力实现人民币汇率"双向波动"，消除汇率单边升值的预期。同时加强对跨境资本流动的管理，密切监控短期资本的流动，并对外资进入股市和楼市采取一定的限制措施，预防资产泡沫的形成和金融风险的累积。

（3）以国际金融危机为契机，完善人民币汇率形成机制。在美国国债信用等级下调和欧洲危机的背景下，我国政府应当以此为契机，通过国家间货币互换等措施逐步提升人民币的国际地位，使人民币逐步成为区域化的交易、储备货币，逐步提升人民币的国际地位。

（4）以推动国内经济结构改革、提高居民消费率为主，以人民币汇率调整为辅，逐步改善贸易失衡局面。我国只有通过经济结构调整、提高居民收入及消费水平，优化贸易结构，才能在长期内实现我国经济内外部的均衡发展。在此过程中，人民币汇率渐进式地升值将有助于上述目标的实现。

第6章

人民币汇率波动对中国
进出口的影响研究

  我国在 2005 年 7 月实施的人民币汇率形成机制改革标志着人民币汇率体制进入了一个新的发展阶段，从汇改前的事实上的钉住美元的汇率制度转向更灵活的、市场导向的汇率制度。人民币汇改的实施增加了人民币汇率的灵活性，外汇市场中的人民币汇率的波动多次达到央行规定的交易区间的上限，特别是人民币汇率的单日波幅由 3‰ 扩大为 5‰后，人民币汇率双向波动的特点进一步增强，但总体而言，人民币汇率水平值呈现出加速升值的趋势。人民币汇率加速升值的同时，我国"双顺差"的局面仍然在持续，在政策当局调整出口退税等多项政策的干预下，我国 2007 年的贸易顺差仍然达到 2622 亿美元。

  据此，一些经济学家指出：由于实际有效汇率才是影响一国贸易收支的关键因素，因此上述局面形成的主要原因是虽然人民币对美元升值显著，但对欧元等货币并未升值甚至贬值，即人民币实际有效汇率在汇改后并未显著升值。他们强调货币当局应进一步关注人民币实际有效汇率的变动。并且，他们认为货币当局应进一步扩大人民币汇率的波幅，并预计人民币汇率波幅的扩大将导致汇率在双边波动的情况下加速升值。另一方面，一些学者则强调汇率对调节贸易收支的作用有限，认为应保持汇率的相对稳定，避免汇率大幅波动对我国进出口造成冲击。本书认为，上述争议的焦点可以归结到人民币在汇改前后，实际有效汇率的水平值和波动性究竟如何影响我国的对外贸易。由于实际汇率升值一般会恶化贸易收支，因此本章主要关注人民币实际有效汇率波动性对我国进出口的影响。

　　而实际上，我国企业是否能够应对汇率波动导致的汇率风险也的确是我国货币当局在汇改之初的忧虑之一。尽管有调查表明，一些进出口企业自汇改以来，风险意识有所加强，一些企业能够充分利用现有的银行避险工具；或者通过改变贸易结算方式和结算货币等方式规避汇率风险，但一些政府官员及学者也指出由于我国金融市场还在发展之中，作为汇率避险工具出现的人民币远期交易、掉期交易①虽呈现快速增长的态势，但与整体贸易量相比，交易数额还较小②。这表明，在人民币汇率的灵活性可能进一步增强的情况下，考察汇率波动性引致的风险对我国贸易量的影响是非常必要的。

　　本章结构如下：首先就汇率波动性同贸易量之间的理论关系和实证研究进行了相关的综述；随后介绍了广义自回归条件异方差（Generalized Autoregressive Conditional Heteroscedastic，GARCH）模型，应用我国经济基本面建立了人民币实际有效汇率的 GARCH 模型，并根据此模型得出的条件方差度量了人民币汇率波动性；在第 6.3 节，构建了包含汇率波动性的进出口模型，第 6.4 节应用协整方程和误差修正模型分析了汇率波动性在长短期内对我国进出口的影响；最后是结论。

6.1　汇率波动性对进出口影响的理论基础及文献综述

　　20 世纪 70 年代布雷顿森林体系崩溃后，很多国家的名义汇率和实际汇率都出现了大幅波动，因而很多经济学家都关注了汇率波动性对贸易的影响。早期的相关研究主要从局部均衡的角度出发，学者们基于不同的理论构建了汇率风险可能对贸易产生负向或正向冲击的理论模型，而在后期的研究中，一些学者从一般均衡的角度出发，认为汇率风险同贸易量之间的关系是模糊的，依赖于经济系统的其他因素设定。而在实

　　① 掉期交易是指在买入或卖出即期外汇的同时，卖出或买进同一货币的远期外汇，以防止汇率风险的一种外汇交易。
　　② 据中国人民银行《二〇〇七年第三季度货币政策报告》，前 3 季度，人民币掉期市场共成交 2340 亿美元，是 2006 年成交量总和的 4.6 倍。银行间远期市场共成交 150 亿美元，同比增长 32%，主要成交品种为美元/人民币。

证方面，早期的研究主要关注了较早实施浮动汇率体制的发达经济体，后期的研究也扩展到发展中国家和新兴经济体，并且由于计量方法的不断创新，相关的实证研究也层出不穷。同理论上的观点不一致相同，各实证研究的结果也相去甚远。本节首先介绍相关理论观点，随后对相关的经验研究进行综述。

6.1.1 汇率波动性对贸易影响的局部均衡观点

从局部均衡角度出发分析汇率波动性对贸易影响的观点主要有三类，即汇率波动性将对贸易产生正向影响、负向影响，或两者关系不明确。

6.1.1.1 汇率波动性对贸易负向影响的理论模型

这种观点的主要思想是假定，汇率波动性将导致贸易中的风险增加，从而引起风险厌恶的厂商降低其产量，从而降低他们的贸易量，特别是当出口商无法通过金融工具来避险或者避险成本过高的时候。(Clark，1973；Hooper and Kohlhagen，1978；De Grauwe，1988)。克拉克（1973）描述了一个处于完全竞争地位的公司，只生产单一商品，完全在国外市场进行销售。厂商不需要在生产过程中投入进口的中间品，厂商的销售收入完全是国外货币所支付的，并且假定厂商未利用避险工具来规避汇率风险。进一步的，模型还假定厂商不能在生产过程中因汇率变动而对生产规模和投入要素进行调整，因此厂商需要在事前安排生产的时候将汇率风险考虑在内。在这种情况下，公司利润的变动完全来源于汇率变动的影响，由于假定厂商是风险厌恶的，因此更大的汇率波动性将导致生产水平的下降，从而导致出口的下降。

然而，由于克拉克模型的假设过于理想化，同实际经济的运作存在较大差异，因此一些学者对该模型的假设条件进行了修订。首先，对发达经济体而言，由于存在着远期外汇市场等成熟的市场，因此厂商不存在避险机会的假定是不成立的。当然，对发展中国家而言，这样的市场的确是不成立的。另一方面，如果出口商是一个跨国公司，可以在不同国家进行贸易和金融交易，在汇率变动的时候，存在多重机会来利用汇率的变动来规避风险（Cushman，1983，1986）。克拉克模型的另外一个关键的假设是假定厂商在生产的过程中，投入的要素不可以进行调整。如果放松这一假定，公司在生产过程为应对汇率变动可以调整投入的要素，则汇率的波动性实际上导致了更高的利润机会的产生（De Grauwe，1992）。

6.1.1.2　汇率波动性对贸易正向影响的理论模型

另外一派观点的主要思想借鉴了期权定价的理论模型，认为未执行的贸易合同相当于"期权"或"选择权"（option），风险越大，则收益越大。因此汇率波动性导致的风险反而可能增强贸易商的出口意愿并增加他们的利润（Franke，1991；Sercu and Vanhulle，1992；Dellas and Zillberfarb，1993）。

此类观点强调国际贸易中"沉没成本"（sunk cost）对厂商在进入或退出某一市场的决策的影响。沉没成本是指出口商在进入某一海外市场时，由于要进行市场调查、建立销售渠道、根据当地消费者需求对产品进行调整等，需要发生大量的固定成本，一旦退出这一市场，这些巨额的成本就会成为沉没成本。厂商拥有随时进入或退出这一出口市场的"选择权"（option），这类似于期权理论中的随时可执行期权，厂商对进入或退出出口市场的决策依赖于进入或退出的固定和变动成本。由于"沉没成本"的存在，厂商对汇率的短期波动可能不敏感，而且趋向于采取"等着看"（wait to see）的态度。按照期权定价理论，风险越大，即汇率的波动性越大，保持这一期权的价格越大，因此增加的汇率波动性导致了厂商进入或者退出的惰性。这意味着汇率波动性同贸易量之间的关系是非直接的（Dixit，1989）。

弗兰卡（1991）应用这个模型分析了汇率波动性对出口策略的作用。他构建一个跨期交易的模型，模型中厂商根据交易成本制定出口策略，厂商是风险中性的，处于垄断竞争的地位。厂商通过最大化其预期现金流的净现值来实现其利益最大化。模型还假定实际汇率是一个均值回归的过程，即假定汇率围绕其均衡水平进行波动，因此汇率不确定性来自于对其均值的偏离。厂商的净现值方程是汇率的凸方程，当厂商的资金流净现值因汇率波动性出现增长并大于进入或退出成本的时候，厂商就将受益于汇率波动性的扩大。当汇率波动性增加到充分大的时候，进入或退出出口市场的厂商就会增加，波动越剧烈，导致参与交易的厂商越多。因此，整体贸易量将随着汇率波动性的增加而增加。

舍库和范胡勒（Sercu and Vanhulle，1992）也阐述了类似的思想，他们对 Franke（1991）的厂商风险中性和实际汇率向均值回归的假定进行了改动。舍库和范胡勒假定厂商是风险厌恶的，但是可以进行完全的避险，并且汇率也不再是一个均值回归的过程，而是遵循一个随机扰动过程。他们分析了出口商的行为，并且假定初始进入成本是沉没成本。当汇率降低到某一水平之下的时候，厂商的选择是暂时的延迟贸易或者完全放弃这一市场。如果是暂时的延迟交易，厂商将持续地发生成本，如果完全退出市场，厂商将不再继续发生成本。他们认为，汇率风险的增加将使得出口商提高出口的价格，特别是对于处于垄断地位的厂商。并且，由于沉没成本的存在，厂商愿意在完全放弃某一市场之前维持损失，甚至进行倾销。而厂商的上述行为就使得汇率风险的加大可能导致贸易量的上升。

6.1.1.3 汇率波动性对贸易影响不确定的理论模型

同上述两类观点不同的，一些理论分析表明了汇率波动性同贸易之间的关系是模糊的。巴克拉斯、鲍姆和卡格拉杨（Barkoulas，Baum and Caglayan，2002）提出的模型就比较具有代表性。下面从汇率波动性对出口的影响角度来概述他们模型的思想。他们的模型强调经济人的理性预期的作用。模型假定汇率变动是由一个均值过程和一个扰动项构成的。经济人通过对宏观经济基本面的观测来判断汇率的均值过程，而汇率波动性则来自对汇率扰动项的条件方差的观测。模型假定每一期出口商依赖于对下一期汇率的预期来决定下一期的出口量。汇率（$\tilde{e}_t$）的变动基于下面的随机过程：

$$\tilde{e}_t = \bar{e} + \varepsilon_t \tag{6.1}$$

其中，随机过程的均值（$\bar{e}$）是被公众所知晓的，能够基于经济基本面判断得到；随机成分依照 $\varepsilon_t = \rho\varepsilon_{t-1} + v_t$ 来变动，其中 $v_t \sim N(0, \sigma_v^2)$，$v_t$ 包含了不被公众所了解的、影响基本面的信息。

假定出口商观察到一个噪声信号 $S_t = v_t + \psi_t$，并且假定出口商知道推动汇率变动的基准量（$\bar{e}$ 和 ρ），并且能够在每一期开始观察到 ε_{t-1}，因此出口商将形成有关下一期汇率水平值的预期。假定噪声 ψ_t 服从 0 均值、等方差的正态分布，并且和 v_t 是相互独立的。因此，出口商在每

一期开始基于信号 S_t 对汇率形成的预期就是:

$$E(\overline{e}_t \mid S_t) = \overline{e} + \rho\varepsilon_{t-1} + \lambda S_t , \text{ 其中 } \lambda = \frac{\sigma_v^2}{\sigma_\psi^2 + \sigma_v^2} \tag{6.2}$$

为发现汇率对实际出口的冲击,构建一个基于信号 S_t 的效用方程,方程的效用随着预期利润的增加而增加,随着预期利润方差的增加而减少:

$$E(\widetilde{U} \mid S_t) = E(\widetilde{\pi} \mid S_t) - 1/2\gamma Var(\widetilde{\pi} \mid S_t) \tag{6.3}$$

其中,$\widetilde{\pi}$ 为出口商利润,$dX + 1/2X^2$ 为出口商成本($d > 0$),eX 为出口商销售收入,因此 $\widetilde{\pi} = (e - d)X - 1/2X^2$,$X$ 代表出口量,γ 代表出口商的风险厌恶系数。为使出口商的效用最大化,对效用方程(6.3)求 X 的导数,得到最优的出口量:

$$X = \frac{\overline{e} + \rho\varepsilon_{t-1} + \lambda S_t - d}{1 + \gamma\lambda\sigma_\psi^2} \tag{6.4}$$

假定上式中 $\overline{e} + \rho\varepsilon_{t-1} + \lambda S_t > d$,即保证最优出口量有经济意义。

为了考察汇率波动性对出口量的冲击,对方程(6.4)针对 σ_v^2 求导数,得到:

$$\frac{\partial X}{\partial \sigma_v^2} = \frac{\sigma_\psi^2}{(\sigma_\psi^2 + \sigma_v^2)^2} \frac{(1 + \gamma\lambda\sigma_\psi^2)S_t + \gamma\sigma_\psi^2[d - (\overline{e} + \rho\varepsilon_{t-1} + \lambda S_t)]}{(1 + \gamma\lambda\sigma_\psi^2)^2} \tag{6.5}$$

由于上式的最终结果依赖于信号 S_t,因此无法判断汇率波动性(σ_v^2)同出口量(X)之间的关系。因此,巴克拉斯、鲍姆和卡格拉杨(2002)得出如下结论:由于推动汇率变动的经济基本面的随机过程的方差同出口之间的关系依赖于信号 S_t 的行为,因此这一关系是不确定的。

6.1.2 汇率波动性对贸易影响的一般均衡观点

上述分析都是在局部均衡的角度来进行的,即只考虑汇率变动对贸易的影响,假定其他影响贸易的变量都不发生变动。然而,汇率变动事实上将导致经济系统发生变动,而经济系统的变动将进一步影响贸易量,因此有些学者考虑了一般均衡框架下的情形。巴切塔和范温克普(Bacchetta and van Wincoop,2000)建立了一个两个国家的一般均衡模型，模型中的不确定性来自于货币冲击、财政冲击和技术冲击。他们比较了在固定和浮动汇率制度安排下的贸易量和福利水平。他们的分析得出了两个主要结论：首先，贸易水平和汇率制度安排之间的关系，依赖于消费者的偏好、消费和闲暇之间的替代以及货币政策规则。因此，汇率波动性和贸易量之间的关系是模糊的。其次，汇率波动性和贸易之间不存在着一一对应的关系，贸易水平的提高也不意味着福利水平的提高。

科伦和赛德勒（Koren and Szeidl，2003）构建了一个模型，在他们的模型中，并不是应用汇率自身的波动性来衡量汇率风险，而是应用汇率同模型中的其他变量的协方差来作为影响贸易量和贸易品价格的关键因素。并且，他们还进一步分析了厂商的不同定价行为，本地市场定价（pricing to local market）或生产商定价（pricing to producer）在多大程度上，影响公司所面临的风险。他们的进一步实证研究表明，使用本地市场定价方法引致的风险更高。

6.1.3　汇率波动性对贸易影响的实证研究

同理论研究类似，实证研究也没有明确汇率波动性同国际贸易量之间的关系。一些实证研究指出汇率波动性对贸易量存在负向影响，而另一些研究认为汇率波动性对贸易量存在正向影响，或者是认为两者间不存在明确的关系。科特（Cote，1994）在一篇综述性文章中给出的结论认为：无论是从总量还是从双边贸易上来看，大量的实证研究并不能给出汇率波动性同贸易之间明确的系统关系。麦肯齐（McKenzie，1999）给出了对文献详细地综述，讨论了哪些关键因素导致了汇率波动性与贸易关系实证研究的不同。这些因素主要包括汇率波动性的衡量、样本区间的考察、所研究的国家、所使用的数据的频度、加总的程度、所具体使用的估计方法。

6.1.3.1　汇率波动性对贸易量产生负向影响

库什曼（1983）针对工业化国家进行了研究，并利用实际汇率针对工业化国家进行了研究，并对样本规模进行了扩展，并且他使用的是实际汇率，而不是名义汇率。针对一一配对的 14 对工业化国家的研究结论是，国家间双边汇率的波动性对双边贸易存在显著的负向冲击效应。

艾莱斯（Arize，1998）应用了 Johansen 提出的协整方法，探讨了 8 个欧洲国家的进口同汇率波动性之间的长期关系。他使用的样本区间是从 1973 年 2 季度到 1995 年 1 季度，即考察布雷顿森林体系瓦解后欧洲国家实施浮动汇率制度后的情况。他的实证结果基本支持了汇率波动性导致贸易量下降的理论观点，汇率波动性对 6 个国家的进口量有着显著的负向影响，但汇率波动性对希腊和瑞典的贸易量存在显著的正向冲击。

罗斯（2000）分析了 186 个国家的双边汇率的波动性对双边贸易的影响，他研究的主要目的是考察加入货币联盟对其成员国贸易的作用。罗斯应用双边实际汇率的一阶差分的标准差度量了汇率波动性，并进一步应用面板数据方法进行了研究，分析表明汇率波动性对贸易存在较小的但是显著的负向冲击效应。

克莱因和香博也对固定和浮动汇率制度对贸易的影响进行了详尽的分析。他们的研究发现直接的汇率钉住体制对双边贸易量有着显著的正向效应，固定汇率制度相对浮动汇率制度也对贸易有着正向影响。另一方面，他们发现非直接的钉住汇率制度对双边贸易没有显著的影响。他们应用月度汇率的标准偏差来衡量汇率波动性。他们的分析表明，汇率波动性在统计上对贸易量有显著的负向关系。

宋志刚、丁一兵（2005）利用协整分析和误差修正模型，针对韩国、印度尼西亚、墨西哥和智利等新兴市场国家的汇率波动与出口的关系进行了经验分析，并得出了汇率波动会在一定程度上抑制新兴市场国家的出口，但对某些新兴市场国家出口的影响并不明显，其影响程度随一国经济发展水平、经济规模和开放度的差异而有区别。

6.1.3.2　汇率波动性对贸易量产生正向影响或两者之间的关系不显著

考雷和拉斯特拉普斯（Koray and Lastrapes，1989）应用 VAR 模型来预计汇率波动性对贸易的影响。采取这一方法的优点在于不需要对模型中的变量施加外生性的约束。他们检验了美国同五个国家的汇率波动性与进口之间的关系。每一个 VAR 模型都包含美国和外国的货币供给、产出、价格、利率和名义汇率。他们的结论是，汇率波动性同贸易之间的关系很弱。美国进口的方差分解只有很少的一部分可以被汇率波动性的方差来解释。这意味着汇率波动性对美国进口的影响很小。

爱瑟利和皮尔（Assery and Peel，1991）应用误差修正模型分析了五个工业化国家的汇率波动性与贸易量之间的关系。他们建立了汇率的 ARIMA 模型，并用模型的残差度量汇率波动性。对除了英国之外的 5 个工业化国家，他们发现 1973～1987 年这个阶段，汇率波动性对出口有显著的正向冲击。进一步的，他们认为前人的研究之所以未发现汇率波动性同贸易量之间的显著关系，是由于未考虑贸易量和解释变量都是非平稳的时间序列的事实，导致了未采用合适的计量方法。

盖格农（Gagnon，1993）也认为汇率波动性对贸易的影响不显著。在他的分析中，他构建了一个动态的最优化模型，并通过对模型的参数设定的计算表明，汇率波动性可能导致了布雷顿森林体系后的贸易量下降了 1% 到 3%。盖格农强调这些负向效应是很小的，并且在统计上并不显著。他指出由于实际中存在存货机制和远期外汇市场，因此这种负向效应可能被过度夸大了，他还认为实际中厂商的风险厌恶程度可能并没有模型中假设的那么大。

6.2　人民币汇率波动性的度量

由于汇率波动性不能直接观测到，因此必须给出适当的量度。在相关文献中，多采用双边汇率或有效汇率的汇率标准差的移动平均值（Mann，1989；Bini - Smaghi，1991；Kenen and Rodrik，1986）和基于 GARCH 模型得到的条件方差（Pozo，1992；Choudhry，2005）来衡量汇率的波动性，也有利用远期外汇市场汇率与当期汇率之间的差异来度量汇率波动性的。

众多的实证研究采取不同的方法来度量汇率波动性，主要是出于下述几个原因：首先，不存在统一的理论模型来论述汇率波动性与贸易量之间的关系，即理论分析并未提供统一的度量方法；其次，实证考察的国家不同也使得度量方法存在差异，对发达国家而言，由于存在发达的远期外汇市场，贸易主体可以利用远期外汇市场进行避险，因此可以根据远期外汇市场与当期的外汇之间的差异来度量汇率风险,但对发展中国家而言,就不适宜使用这种度量方法;再次,考察的时间跨度对度量方法的选择也很关键,例如,如果是考察短期内进行的交易,由于存在价格粘性,可以假定产出成本和进出口价格都是固定的,未发生变动,就适宜用名义汇率来进行度量,而如果在较长期限内进行交易,存在生产成本和价格调整,就应当采取实际汇率。最后,如果考察的是两国间的汇率波动性对双边贸易的影响,应采取双边汇率,而如果考察一国总体的汇率变动对贸易的影响,应当考察该国的有效汇率。

对我国而言,由于远期外汇市场还在发展之中,企业还未广泛应用远期外汇市场进行避险,因此采用远期外汇市场包含的信息度量汇率波动性是不合适的。移动平均方法实际上是假定购买力平价假说的成立,我国作为转型经济体,汇率在长期内表现出升值趋势,因此采取移动平均方法来进行度量也不合适。与上述两种方法相比,GARCH 模型一方面能够反映汇率数据所表现出的条件方差的时变特性及正向的自相关特性(聚类现象,即 volatility clustering),另一方面可以因其均值方程的设定,反映我国作为转型经济体的汇率升值趋势,因此本节将采用GARCH 模型来度量人民币汇率波动性。

6.2.1 GARCH 模型简介[①]

在金融时间序列中,常常会出现某一特征的值成群出现的情况。即一次大的波动后伴随着较大幅度的波动;一次较小的波动后伴随着较小幅度的波动。从统计学上看,这样的序列,往往存在着异方差现象,即误差项是随时间变化并且依赖于过去误差的大小。用静态的分布特征是不足以刻画这一特点的,为了更好地刻画这些特点,恩格尔(Engle,1982)提出自回归条件异方差模型(Autoregressive Conditional Heteroskedasticity Model,简称 ARCH 模型)。ARCH(p)模型的一般形式如下:

均值方程: $Y_t = \gamma_0 + \gamma_1 X_{1,t} + \cdots + \gamma_k X_{k,t} + u_t$ (6.6)

条件方差方程: $\sigma_t^2 = \omega + \sum_{i=1}^{p} \alpha_i u_{t-i}^2$ (6.7)

[①] 高铁梅等:《计量经济分析方法与建模》,清华大学出版社 2006 年版,第 174 页。

ARCH 模型的结构取决于移动平均的阶数 p。但如果 p 很大时，参数估计的效率就会降低，而且还会引发诸如解释变量多重共线性等其他问题。为了弥补这一弱点，博勒斯莱文（Bollerslev，1986）在 ARCH（p）模型中增加了 q 个自回归项，推广成 GARCH（p，q）模型。可以用较为简单的 GARCH 模型来代表一个高阶 ARCH 模型，使待估参数大为减少，从而模型的识别和估计都变得比较容易，解决了 ARCH 模型固有的缺点。GARCH（p，q）模型的一般形式如下：

均值方程： $Y_t = \alpha_0 + \alpha_1 X_{1,t} + \cdots + \alpha_k X_{k,t} + \varepsilon_t$ (6.8)

条件方差方程： $\sigma_t^2 = \omega + \sum_{j=1}^{q} \beta_j \sigma_{t-j}^2 + \sum_{i=1}^{p} \alpha_i u_{t-i}^2$ (6.9)

6.2.2　人民币汇率波动性的度量

周（Chou，2002）采用了 GARCH 模型来度量人民币汇率波动性，均值方程采取的是 AR（autoregressive）形式，即人民币汇率基于自身滞后项进行回归的形式，隐含了人民币汇率是随机游走过程的基本假设。从预期的角度分析，这种度量方式相当于经济人根据汇率变动的滞后信息进行一种事后判断，是对汇率波动性的适应性预期。并且，这种度量更强调波动性是汇率从一期到另一期的变动，而未包含在更长阶段内对汇率可能的变动趋势的判断。但在实际中，如果贸易商进行的是长期决策，贸易商可能不会关心汇率在滞后几期内的变动，而是更关注汇率的长期变动趋势以及实际值同这一长期趋势的可能偏差（Cote，1994）。

借鉴上述研究，本书认为：在近年来我国宏观经济基本面持续向好、国内外对人民币普遍持有升值预期的情况下，贸易主体可能并非简单地对汇率波动进行适应性预期，而可能更倾向于基于宏观经济基本面对汇率的均衡水平进行理性预期，并通过观测汇率实际值同均衡值的偏差的统计特性来预测汇率在未来一个阶段的风险（波动性），最终将这一风险因素引入贸易决策。因此，本书不再采取周（2002）等人的方法，而是借鉴均衡汇率理论并参照国内有关均衡汇率的研究，应用宏观经济基本面拟合人民币实际有效汇率，即构建 GARCH 模型中的均值方程，并通过 GARCH 模型的方差方程得到的条件方差来衡量汇率波动性。

　　近期的相关研究倾向于基于行为均衡汇率模型来选择影响人民币汇率的经济基本面变量，这些变量一般包括可贸易部门生产力发展水平、净对外资产、政府消费、开放度、贸易条件等变量。可贸易部门的生产力水平相对非可贸易部门的提高，就会因巴拉萨—萨缪尔森效应导致整体价格水平的上升，从而对汇率产生升值压力；净对外资产水平的提高，会提高一国的偿债能力，也将导致汇率升值；政府支出的提高一般意味着对非贸易品消费的增加，这将促使非贸易品价格的上升，导致汇率升值；开放度的提高，意味着贸易壁垒的下降，可能导致贸易收支恶化，引起汇率贬值；贸易条件的改善，意味着国际收支的改善，也会导致汇率升值。

　　在本书中，应用我国生产力发展水平来替代可贸易部门的生产力水平，应用外汇储备替代净对外资产，应用政府支出替代政府消费。进一步的，本书还将考察加入 WTO 和汇改这两个结构性因素对人民币实际有效汇率的影响。因此，本书在方程（6.6）中应用经济基本面变量——我国生产力发展水平（y_t）、外汇储备占 GDP 比重（res_t）、政府支出占 GDP 比重（g_t）、开放度（$open_t$）和贸易条件（tot_t）对人民币实际有效汇率（$REER_t$）进行回归。同时，本书还包含了结构变量 D_1（2001 年 4 季度前取 0，4 季度后取 1）和 D_2（2005 年 3 季度前取 0，3 季度后取 1），分别考察加入 WTO 和汇率制度改革的结构性影响。数据区间是从 1994 年 1 季度到 2006 年 3 季度，并对各数据进行了季节调整。人民币实际有效汇率 REER 来自于 IFS（International Finance Statistics），其值上升表示升值，反之表示贬值。对五个回归变量进行了对数变换，其中生产力发展水平包括：我国实际 GDP；贸易开放度：进出口总额实际值占实际 GDP 比重；贸易条件包括：我国出口价格指数（2000 = 100）与我国进口价格指数（2000 = 100）之比，上述数据分别来源于中国经济信息网、海关统计和 IFS[①]。

　　REER 的估计结果如下：

$$REER_t = 19.34y_t + 8.72res_t + 18.94g_t - 11.38open_t + 62.33tot_t$$
$$\quad\ \ (16.30)\quad (3.20)\quad\ \ (4.36)\quad\ \ (-3.04)\quad\ \ (5.60)$$

---

　　① 2005 年的 GDP 数据与以前年度数据不可比，本书利用国家统计局修正后的 2000 ~ 2004 年的年度 GDP 数据与原来的年度 GDP 相比，将得到的比率对原来的季度 GDP 的数据进行等比扩大，得到了估算的季度 GDP 数据。

$$- 7.10D_1 - 7.31D_2 + \bar{u}_t$$
$$(-2.94)(-3.76) \hspace{4cm} (6.10)^{①}$$
$$\sigma_t^2 = 0.38 - 0.17u_{t-1}^2 + 1.15\sigma_{t-1}^2$$
$$(1.86)(-1.93)(24.22)$$
$$R^2 = 0.84 \quad D.W. = 1.56$$

估计结果表明上述经济基本面变量及结构变量的线性组合对人民币实际有效汇率的运行轨迹进行了很好的拟合（见图6-1）。并且，结果表明各经济基本面变量对汇率的作用同理论阐述是一致的。而加入WTO和汇改这两个结构变量都是显著的。我国加入WTO后，各种关税及非关税壁垒大幅降低或逐步消除，对外开放度持续提高，因此这一结构因素对人民币汇率产生了贬值压力；而2005年实施的汇改标志着人民币汇率市场化进程的加快，有利于释放长期积累的人民币升值压力。图6-1表明我国实际有效汇率并未严重偏离经济基本面决定的均衡汇率。人民币汇率在1994年汇率并轨后直到1998年初一直呈升值趋势。这同此阶段我国生产力发展水平不断提高、外汇储备持续增加以及政府财政支出的增加是紧密联系的。同其他转型经济体类似，我国生产力发展水平的提高显著地提高了我国可贸易部门相对非可贸易部门的生产率，按照巴拉萨—萨缪尔森效应，这是导致人民币汇率长期升值趋势的主要原因。而我国近期外汇储备的大幅增长，标志着我国偿债能力的显著提高，这也是近期人民币汇率的主要升值来源。1997年亚洲金融危机发生之后，我国实施盯住美元的汇率政策，坚持人民币不贬值，我国外贸和投资都受到一定程度的冲击，经济发展速度减缓，同时外汇储备减少，这导致人民币汇率高于了均衡水平，出现一定程度的高估。2001年我国加入WTO后，进出口总额迅猛增长，贸易开放度大幅增加，我国GDP和外汇储备都保持了较高增速，但贸易条件出现一定程度的恶化，这些因素的共同作用使得人民币均衡汇率下降。而人民币实际有效汇率在2002年后也因美元的贬值而出现持续贬值，并在2005年左右开始低于均衡汇率水平。

根据方程（6.10）的估计结果，本书得出人民币汇率波动性的量度（$v_e = \sigma_t$），即将模型得出的条件标准差作为汇率波动性（见图6-

---

① 括号中的值为 z 统计量。均值方程的残差通过了稳定性检验。

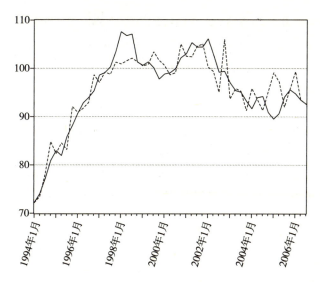

图6-1 人民币实际有效汇率（实线）及拟合值（虚线）

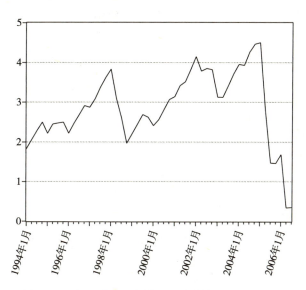

图6-2 人民币实际有效汇率波动性 σ_t（记为 v_e）

2）。图6-2中汇率波动性的运行轨迹表明人民币汇率波动性同汇率与其均衡水平的偏离程度及外界对汇率的预期是紧密联系的。由于我国在1994年的汇率并轨对人民币实施了超贬，并且这一阶段我国整体经济和外贸运行良好，外界对人民币形成了升值预期，但同时人民币实际有效汇率也持续上升，未显著偏离均衡水平，汇率变动方向同预期一致，因此 u_t 较小，汇率波动性较稳定。而 1997 年末，由于亚洲金融危机的影响，外部对人民币形成了强大的贬值预期，而人民币坚持不贬值，变动同预期不一致，u_t 变大，注意到方程（6.10）的方差方程中的 u_{t-1}^2 的系数为负，因此增大的条件方差导致汇率波动性 σ_t 减少。我国在 2001 年加入 WTO 后，我国外贸顺差和外汇储备持续增长，人民币升值预期不断加强，人民币汇率偏离均衡水平的程度提高，并在 2005 年出现较大水平的低估，u_t 的变大又迅速导致了汇率波动性的减少。2005 年 7 月我国汇改实施后，人民币实际有效汇率在 2006 年仍然低于其均衡水平，这导致了汇率波动性的持续减小。

6.3 建立包含汇率波动性的非完全替代进出口模型

汇率波动性通过将风险引入经济系统而直接对一国贸易产生影响，但正如我们在第 6.1 节中强调的，理论上并未明确汇率波动性和贸易之间的关系。不同的研究者通过对贸易主体在风险偏好、竞争地位、避险工具使用等方面以及贸易方程的不同设定，得出了各自不同的结论。有关人民币汇率对贸易的影响也是近年来的研究热点，但考察波动性对贸易影响的相对较少。少数相关文献（Chou，2000；曹阳、李剑武，2006）都给出了人民币汇率波动性将对出口产生负向冲击的结果。李广众和兰·P·潘（Lan P. Voon，2004）则关注了汇率波动性对制造业不同部门的影响，研究表明汇率波动性对制造业中各细分行业出口的影响是不同的，并不都表现为负向冲击。

对我国而言，人民币汇率波动性与贸易量的总体关系的确较为复杂。一方面，我国经济处于转轨阶段，贸易结构、贸易方式和贸易主体都有着转型经济体的特征。在贸易结构方面，高附件值的高科技产品的出口比重有所上升，但主导的仍是低附件值、低技术含量的劳动密集型产品；在贸易方式方面，来料及进料加工贸易仍占据着半壁江山；在贸易主体方面，外商投资企业对贸易增量和贸易顺差的贡献最显著，而民营企业进出口的比重也在增长中。正如我们在理论部分所讨论的,汇率波动性对不同贸易主体,具有垄断地位的跨国公司和缺乏市场地位的中小企业的影响也存在差异;对一般贸易和加工贸易的影响也不同。另一方面,我国金融体系还在发展之中,人民币远期交易、掉期等避险工具推出时间还不长,中国央行分别在 2005 年 8 月和 2006 年 4 月推出银行间人民币远期外汇市场和人民币外币掉期交易,而芝加哥商业交易所在 2006 年 8 月正式推出了人民币对美元、欧元和日元的期货,这些金融避险工具的交易量有限,还未被进出口企业所普遍使用。

本节从半均衡的角度出发建立进口和出口方程,直接将人民币汇率波动这一风险因素引入我国的进出口模型,以进一步考察汇率波动性与我国进出口的相互关系。本节进口和出口模型是参照戈德斯坦和卡恩 (Goldstein and Kahn,1985) 以及霍珀和柯尔哈根 (1978) 的研究建立的。他们的模型是典型的两国非完全替代模型,模型的关键假设是无论是进口或者出口都不是国内商品的完全替代品。其中,模型的进口方程是在进口部门实现均衡,即进口需求方程等于进口供给方程的情况下,推导得来的简化形式的进口均衡方程。同样的,模型的出口方程也是在出口部门实现均衡时的简化形式的出口方程。

进口均衡方程: $m = f_1(y, p_m, v_e)$;

$$\partial m/\partial y > 0 , \partial m/\partial p_m < 0 , \partial m/\partial v_e \neq 0 \qquad (6.11)$$

方程 (6.11) 中 m 表示的是本国的实际进口量;y 表示的是本国实际收入,衡量本国对外国商品的需求能力;p_m 表示本国进口商面对的实际相对进口价格,由名义进口价格除以本国国内商品价格水平得出,衡量进口品同国内商品之间的替代性;v_e 表示方程 (6.10) 得到的汇率波动性 σ_t。考虑到我国内外需不平衡,国内需求不足,进口主要由本国实际收入和相对进口价格决定,受进口供给能力影响较小,因此未在进口方程中包含衡量外国供给能力的产出水平变量。方程 (6.11) 表明本国进口随本国收入的增加而增加,随进口价格的增加而下降,而汇率波动性对进口影响不确定。

出口均衡方程: $x = f_2(y^f, p_x, v_e)$,

$$\partial x/\partial y^f > 0 , \partial x/\partial p_x < 0 , \partial x/\partial v_e \neq 0 \qquad (6.12)$$

方程 (6.12) 中 x 表示的是本国的实际出口量;y^f 表示的是外国实际收入,衡量外国对本国商品的需求能力;p_x 是本国出口商面对的实际相对出口价格，应用名义出口价格除以外国商品价格水平得出，衡量国内商品同外国商品间的相对替代性；v_e 表示汇率波动性。与进口方程类似，在出口方程中未包含衡量我国供给能力的产出水平变量。方程（6.12）表明本国出口随外国收入增加而增加，随出口价格的增加而下降，而汇率波动性对出口影响不确定。

进一步的，本节将 FDI 这一变量引入进出口方程，这主要出于下述考虑：首先，我国改革开放以来，一直奉行吸引外资的产业政策，这同世界产业转移趋势一致，使得外商投资企业在我国迅猛发展。1997～2006 年，外商投资企业进出口占我国进口和出口的比重都在 40% 以上，特别是在 2000 年以后，外商投资企业进出口占我国进出口的比重都在 50% 以上（见图 6-3）。

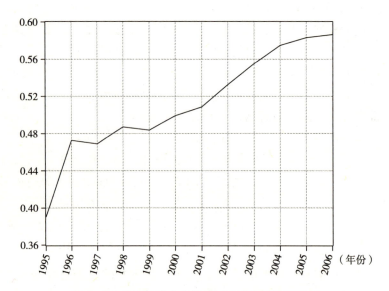

图 6-3　外商投资企业进出口占我国进出口比重

而 FDI 作为间接衡量外商投资企业在我国发展规模的指标，进出口总量同 FDI 之间的关系是相当紧密的。而我国相当部分的贸易顺差也是外商投资企业所贡献的，如图 6-4 所示。其次，外商投资企业可能因其母公司为跨国公司而导致进出口行为不同于我国的国有或民营企业。梅金（Makin，1978）从公司财务的角度出发，认为当跨国公司以不同币种对其资产和债务进行配置时，实质上相当于进行资产组合。在这一资产组合中，即使某项资产因汇率变动导致其收益风险变大，但这项资产仍然可能因优化了整个投资组合而被跨国公司所持有。基于此观点，如果将企业的进出口行为视为一种投资行为，则汇率风险导致跨国公司某项进出口决策的收益风险加大时，跨国公司仍可能从全局考虑，坚持进出口的行为甚至扩大进出口总量。最后，汇率波动性与 FDI 之间的关系也很紧密（Aizenman，1992）。

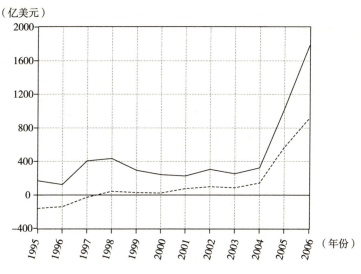

图 6-4 我国贸易顺差（——）和
外商投资企业贸易顺差（……）

因此，按照霍珀和柯尔哈根（1978）的研究，尽管方程（6.11）和（6.12）可能是非线性的，但是仍然可能将其转化为对数线性化的形式，并引入 FDI 这一变量得到扩展的进口方程（6.13）和出口方程（6.14）作为基准分析框架：

$$\ln m_t = \alpha_0 + \alpha_1 \ln y_t + \alpha_2 \ln p_{m,t} + \alpha_3 \ln FDI_t + \alpha_4 \ln v_{e,t} + \mu_{1,t} \qquad (6.13)$$

$$\ln x_t = \beta_0 + \beta_1 \ln y_t^f + \beta_2 \ln p_{x,t} + \beta_3 \ln FDI_t + \beta_4 \ln v_{e,t} + \mu_{2,t} \qquad (6.14)$$

6.4 人民币汇率波动性对我国进出口的冲击效应分析

为研究汇率波动性同我国进出口之间的关系，本节采取恩格尔和格兰杰（Engle and Granger，1987）提出的两步法，首先基于方程（6.13）和方程（6.14）判断变量间是否存在长期协整关系，然后建立误差修正模型来分析变量间的短期冲击效应。

6.4.1 进出口方程数据的处理及平稳性检验

进口方程采用的各变量①的含义和处理方法如下：m 表示我国的实际进口额，应用名义进口额除以我国进口价格指数计算得出；x 表示我国的实际出口额，应用名义出口额除以我国出口价格指数计算得出；y 表示我国的实际收入，用我国的实际 GDP 来进行衡量；y^f 表示我国主要贸易伙伴国的实际收入，是美国、日本、德国、荷兰、英国、韩国 6 国的以美元计算的实际 GDP 加总后再乘以人民币对美元汇率得到的；p_m 表示我国相对进口价格指数，由我国商品进口价格指数除以我国的 CPI 得到；p_x 表示我国的相对出口价格指数，由我国商品出口价格指数除以世界出口价格指数得到。FDI 表示以人民币计算的外商投资实际利用额。v_e 表示人民币实际有效汇率的波动性，采用第 6.2 节中方程（6.10）得到的条件标准差 σ_t 来度量。首先应用 ADF（Augment Dicker – Fuller）检验考察数据的平稳性，检验结果如表 6 –1 所示。

表 6 – 1 变量的 ADF 检验结果

变量	检验形式	T 统计量	单整阶数	变量	检验形式	T 统计量	单整阶数
ln$m$	(1, nt, c)	– 0.10	$I(1)$	Δln$m$	(2, nt, nc)	– 2.31*	$I(0)$

---

① 数据区间是从 1997 年 1 季度到 2006 年 3 季度，上述数据分别来源于中国经济信息网、海关统计和 IFS，我国进出口价格指数、世界出口价格指数和 CPI 都是以 2000 年为基期计算得出的。

变量	检验形式	T 统计量	单整阶数	变量	检验形式	T 统计量	单整阶数
$\ln x$	(8,nt,c)	2.06	$I(1)$	$\Delta \ln x$	(1,nt,nc)	-2.12^*	$I(0)$
$\ln y$	(1,nt,c)	0.61	$I(1)$	$\Delta \ln y$	(2,nt,nc)	-3.89^*	$I(0)$
$\ln y^f$	(0,nt,c)	-0.74	$I(1)$	$\Delta \ln y^f$	(0,nt,nc)	-6.31^*	$I(0)$
$\ln P_m$	(1,nt,c)	-3.42	$I(1)$	$\Delta \ln P_m$	(0,nt,nc)	-7.78^*	$I(0)$
$\ln P_x$	(8,nt,c)	-1.55	$I(1)$	$\Delta \ln P_x$	(8,nt,nc)	-3.07^*	$I(0)$
$\ln v_e$	(1,nt,c)	-2.57	$I(1)$	$\Delta \ln v_e$	(0,nt,nc)	-4.88^*	$I(0)$
$\ln FDI$	(0,nt,c)	-2.49	$I(1)$	$\Delta \ln FDI$	(0,nt,nc)	-6.85^*	$I(0)$

注：Δ 是差分算子，表中的 ADF 检验的最大滞后阶数为 12，检验形式（n，nt，c）或（n，nt，nc）中 n 表示滞后阶数，nt 表示无趋势项，c 或 nc 表示有截距项或无截距项。滞后阶数是根据 SIC 准则所确定的。*号表示 5% 的置信度下拒绝原假设。

结果表明各变量的原值都是 I（1）过程，而各差分变量都是 I（0）过程，因此可以使用恩格尔 - 格兰杰的两步法来判断变量间的长短期关系。

6.4.2　人民币汇率波动性对我国进口的影响

6.4.2.1　汇率波动性对进口的长期影响

首先针对模型（6.13）估计我国进口的长期均衡方程，由于 $\ln FDI$ 在统计上不显著，因此在进口方程中删除 $\ln FDI$，得到进口长期均衡方程（6.15），括号中的值为 t 统计量，残差 $\hat{u}_1$ 检验结果表明是平稳的。因此，我国进口、我国实际收入、相对进口价格、汇率波动性之间存在协整关系：

$$\ln m_t = -14.90 + 1.78\ln y_t - 0.16\ln p_{m,t} + 0.06\ln v_{e,t} + \hat{u}_{1,t} \quad (6.15)$$
$$(-28.82)(56.48)\ (-2.76)\quad (2.15)$$

方程（6.15）表明我国进口主要受实际收入水平拉动，GDP 每上升 1%，进口将上升 1.78%。近年来，我国 GDP 增速都保持在 10% 左右，这显著带动了进口增长。但由于我国多年实施以出口和投资拉动经济增长的增长模式，内需不足，因此由居民最终消费引致的进口需求增长有限，更多的进口需求来自于国内的投资引致的进口需求和加工贸易导致的对进口产品的刚性需求。

国内投资势头的高涨和加工贸易比重的居高不下，使得我国对国际市场的能源、原材料、加工设备和关键零部件等很多进口产品都产生了过度依赖，这又导致我国对进口产品议价能力的降低。近年来，我国进口价格指数持续上升，2006 年比 2000 年上涨了 30% 左右，而我国国内的价格水平则保持在较低的水平，相对进口价格表现为明显的、持续的增长。但在此阶段，我国进口仍维持了较高增速，这充分表明了我国进口 m 对相对进口价格 p_m 变动不敏感，正如方程（6.15）所估计的进口价格弹性，只有 –0.16。

关于汇率波动性对进口的影响，根据方程（6.15）的估计，汇率波动性对进口产生了正向冲击。本书认为，这一结论首先印证了对我国出口的国际厂商所处的强势地位和拥有的丰厚利润空间。根据吉奥瓦尼尼（Giovannini，1988）等人的研究，汇率波动性对进出口厂商的影响，取决于他们在签订贸易合同时，究竟由哪一方来承担汇率风险（以哪一方货币进行结算），这就意味着拥有强势地位的国外厂商可以将汇率风险转嫁到我方。另外，根据霍珀和珂尔哈根（1978）的研究，拥有强大议价能力的国外厂商在面临汇率风险时，可能调整其产品价格，而并不降低他的出口量。再者，人民币汇率风险对我国进口的正向冲击也证实了发达国家的贸易商可以利用金融市场来进行避险，甚至套利。正如我们在前面所强调的，国外已经正式推出人民币对美元、欧元、日元的期货交易，而交易量也远远大于国内的人民币远期及掉期量。因此，对我国货币当局而言，当务之急是强化企业的风险意识，并推进人民币金融衍生品的发展，使得企业能够更好地利用金融市场避险。本书认为，正是上述机制的共同作用使得人民币汇率波动对我国进口产生了正向冲击。

6.4.2.2 汇率波动性对进口的短期影响

在得出了汇率波动性同我国进口之间的长期关系后，可以进一步基于协整理论建立误差修正模型。首先定义误差修正项 $ecm_{1,t} = \hat{u}_{1,t}$，然后建立进口的误差修正模型（6.16）：

$$\Delta \ln m_t = c + \alpha_0 ecm_{1,t-1} + \sum_{i=1}^{n} \alpha_{1i} \Delta \ln m_{t-i} + \sum_{i=0}^{n} \alpha_{2i} \Delta \ln y_{t-i}$$

$$+ \sum_{i=0}^{n} \alpha_{3i} \Delta \ln p_{m,t-i} + \sum_{i=0}^{n} \alpha_{4i} \Delta \ln v_{e,t-i} + \varepsilon_{1,t} \qquad (6.16)$$

由于本书考察的季度数据，因此将最大滞后阶数设定为 $n = 4$，然后通过 AIC 准则判定各变量的滞后阶数，并根据从一般到特殊的方法去掉在统计上不显著的解释变量，得到回归结果，见表6-2。

表6-2　　　　　　　我国进口方程误差修正模型估计结果

变量	系数	标准差	T统计量	P
$Ecm_{1,t-1}$	-0.23	0.10	-2.37	0.02
$\Delta \ln m_{t-1}$	0.91	0.12	7.58	0.00
$\Delta \ln y_{t-1}$	6.01	1.44	4.18	0.00
$\Delta \ln y_{t-2}$	-6.31	2.41	-2.61	0.01
$\Delta \ln y_{t-3}$	5.07	2.36	2.15	0.04
$\Delta \ln y_{t-4}$	-3.29	1.31	-2.51	0.02
$\Delta \ln p_{m,t}$	-0.75	0.10	-7.67	0.00
$\Delta \ln p_{m,t-4}$	0.20	0.09	2.08	0.04
$\Delta \ln v_{e,t-1}$	-0.03	0.01	-2.33	0.03
$\Delta \ln v_{e,t-4}$	-0.05	0.02	-3.03	0.00
R^2	0.77			
D. W.	1.42			

　　结果表明，误差修正项的系数为负并且在统计上很显著，这表明方程（6.15）得出的协整关系很稳定。在短期冲击中，进口受自身滞后一期的显著影响，冲击效应达到0.91；我国实际收入1~4期的滞后项都对我国进口存在显著的影响，但冲击方向各异，因此冲击效应大部分都相互抵消了；而相对进口价格指数的变动在当期就对进口产生较显著的影响，价格上升在当期就会对进口产生抑制作用。同长期冲击效应不一致，汇率波动性在短期内（滞后1期和4期）对进口都表现为负向冲击。这表明至少在短期内，过大的汇率风险将使得贸易商无法形成稳定预期，会抑制进口。由于短期内汇率的波动主要来自金融市场的扰动及政治角力等因素，因此，保持金融市场及升值预期的稳定是很必要的。并且，对人民币汇率每日波幅的放开，也应保持谨慎的态度，避免大幅升值或贬值，稳定企业的利润预期。

6.4.3 人民币汇率波动性对我国出口的影响

6.4.3.1 汇率波动性对出口的长期影响

与前面类似，针对模型（6.14）估计我国出口的长期均衡方程，得到方程（6.17），括号中的值为 t 统计量，残差 $\hat{u}_{2,t}$ 检验结果表明是平稳的。我国出口、贸易伙伴国实际收入、相对出口价格、汇率波动性及 FDI 间的协整关系为：

$$\ln x_t = -41.80 + 3.17\ln y_t^f - 2.21\ln p_{x,t} - 0.12\ln v_{e,t} + 0.79\ln FDI_t + \hat{u}_{2,t}$$
$$(-3.13)\ (3.04)\quad (-2.18)\quad (-2.11)\quad (4.24)$$

$$(6.17)$$

方程（6.17）表明，贸易伙伴国实际收入和 FDI 都显著推动了我国的出口。我国出口对主要贸易伙伴国实际收入的弹性达到 3.17。2001 年以来，我国出口增速一直维持在 20% 左右，这同欧盟、美国及日本的经济运行态势较为良好直接相关。但这也同时意味着一旦世界经济出现紧缩，我国出口及相关产业将受到巨大的冲击。FDI 对出口的拉动作用也很明显，每增长 1%，拉动出口增长 0.79%，这同杨全发（2005）等人的研究是类似的。

与进口对价格变动不敏感相对的，是我国出口的价格弹性较高，达到 -2.22，这意味着相对出口价格每下降（上升）1%，出口将上升（下降）2.22%。出口对价格的较大弹性是我国出口产品结构单一、附加值较低、出口市场集中、国内厂商恶性竞争等不合理贸易现象的一个集中体现。上述因素的共同作用导致我国出口商在国际市场上主要依赖价格进行竞争，议价能力很低，还因此背上了倾销的恶名，不断受到反倾销调查。欧美等一些经济学家也发出了中国向世界输出通货紧缩的论断。2002 ~ 2006 年，我国出口价格指数小幅上涨了 10% 左右，而世界出口价格指数上涨了 30% 左右，正是这种价格优势在很大程度上促成了出口两位数的增长。另一方面，这一结果也表明我国出口产品的竞争优势已经很脆弱，如果人民币持续小幅升值，我国出口厂商必然被迫上调出口产品价格，这必将对出口产生负向冲击。

与对进口的正向冲击效应相反，汇率波动性对出口产生负向冲击，这一结果反向印证了厂商竞争地位、利润空间、金融市场发育程度等因素对汇率波动性与贸易量之间关系的影响。即当国内厂商过度依赖出口、议价能力低、利润空间较小时，人民币汇率波动性的变动将对国内厂商的利润产生较大影响，从而导致出口下降。另外，风险意识以及金融避险工具的缺乏也使得我国厂商无法规避汇率风险，导致影响最终利润及出口。

联系方程（6.15）和方程（6.17）的结果，从长期来看，汇率波动性对我国进口和出口的影响表现为非对称，对进口为正向冲击，对出口为负向冲击。从这一角度，增强汇率灵活性确实能够降低我国贸易顺差。

6.4.3.2　汇率波动性对出口的短期影响

下面建立出口的误差修正模型（6.18），定义误差修正项 $ecm_{2,t} = \hat{u}_{2,t}$，

$$\Delta \ln x_t = c + \beta_0 ecm_{2,t-1} + \sum_{i=1}^{n} \beta_{1i} \Delta \ln x_{t-i} + \sum_{i=0}^{n} \beta_{2i} \Delta \ln y_{t-i}^f$$
$$+ \sum_{i=0}^{n} \beta_{3i} \Delta \ln p_{x,t-i} + \sum_{i=0}^{n} \beta_{4i} \Delta \ln FDI_{t-i}$$
$$+ \sum_{i=0}^{n} \beta_{5i} \Delta \ln v_{e,t-i} + \varepsilon_{2,t} \tag{6.18}$$

将最大滞后阶数设定为 $n = 4$，然后通过 AIC 准则判定各变量的滞后阶数，并根据从一般到特殊的方法去掉在统计上不显著的解释变量，得到最终结果（见表6-3）。

表6-3　　　　　　　　我国出口方程误差修正模型估计结果

变量	系数	标准差	t 统计量	p
$ecm_{2,t-1}$	-0.12	0.05	-2.45	0.02
$\Delta \ln x_{t-1}$	0.91	0.12	7.58	0.00
$\Delta \ln y_{t-4}^f$	-0.83	0.33	-2.53	0.02
$\Delta \ln p_{x,t}$	-0.97	0.21	-4.55	0.00
$\Delta \ln p_{x,t-1}$	1.07	0.29	3.66	0.00
$\Delta \ln v_{e,t-2}$	-0.02	0.01	-1.85	0.08
$\Delta \ln v_{e,t-4}$	-0.03	0.01	-2.46	0.02
$\Delta \ln FDI_t$	0.14	0.05	2.95	0.01
$\Delta \ln FDI_{t-2}$	0.08	0.04	1.80	0.08
R^2	0.52			
D.W.	2.24			

表6-3表明，从短期影响来看，误差修正项系数为负，并且很显著；我国出口在短期内受自身滞后1期的影响很明显；滞后4期的主要贸易伙伴国收入对出口表现为负向冲击；当期和滞后1期的相对出口价格对出口的冲击方向相反，大部分冲击相互抵消；滞后2期和滞后4期的汇率波动性对出口的短期影响都表现为负向冲击，而当期和滞后2期的FDI对出口都表现为正向冲击，这表明FDI的增长在长短期内都促进了我国出口的增长。汇率波动性在短期内对进出口都产生负向冲击，但对出口在短期的冲击效应（-0.02和-0.03）要小于对进口的冲击效应（-0.03和-0.05），表明在短期内，汇率波动性的增大将有利于降低我国的贸易顺差。

本章小结

本章基于汇率波动性对贸易量影响方向不确定的模型假设和均衡汇率理论，应用GARCH模型度量了人民币汇率波动性，并通过建立我国进出口误差修正模型，考察了这一波动性对我国进出口的影响。分析表明：人民币汇率波动性对进出口的影响显著不同，对进口在长期内表现为正向冲击，对出口在长期内表现为负向冲击，对进出口在短期都表现为负向冲击。从宏观角度分析，上述结果的出现同我国吸引外资、以出口和投资拉动经济增长的增长模式导致的内外需不平衡、加工贸易比重过大、贸易结构不合理等因素紧密相关。

同时，本章分析还表明，我国贸易伙伴国的实际收入及我国实际利用FDI的增长，能明显促进我国出口，而我国出口的价格弹性较大，相对出口价格的下降将明显刺激我国出口的增长，反之价格上涨将导致出口下降。我国进口的增长则主要受我国实际收入增长的推动，但进口收入弹性要小于出口的收入弹性；而相对进口价格的变动对我国进口影响较小，明显小于出口的价格弹性。这种在进出口方面收入弹性和价格弹性的非对称也进一步暴露出我国经济内外不均衡、贸易结构、贸易方式不合理等经济中的深层次矛盾。

本章的结论表明，人民币实际有效汇率波动性对我国进出口的影响是显著的，因此，我国货币当局在关注人民币实际有效汇率水平值的同时，也应进一步关注其波动性。但是，由于人民币实际有效汇率的水平值和波动性受我国和贸易国名义汇率、价格水平以及外部冲击等多种因素的影响，是难以直接调控的，因此我国政策当局应当综合使用汇率政策、利率政策、财税政策等多种调控措施来调节贸易收支。进一步的，本章的研究也表明单纯的汇率政策难以解决我国贸易中的深层次问题。我国政府只有改变经济增长模式，提高居民实际收入、增加内需，有选择的引进外资，优化贸易结构，才能从根本上解决我国贸易非均衡的问题。

第7章

人民币汇率波动对产出的影响研究
——基于辽宁省和大连市的经验分析

2005 年 7 月 21 日，为缓解我国内外经济长期失衡的局面，我国货币政策当局开始实行"以市场供求为基础、参考一篮子货币进行调节、有管理的浮动汇率制度"。从"汇改"实施到 2008 年，人民币对美元的名义汇率一直表现为持续性、小幅度的升值，人民币实际有效汇率也表现为大幅度的升值。在 2008 年美国次贷危机引发的全球金融危机在全球蔓延之后，人民币汇率的升值步伐有所停滞，但中国实体经济强劲的基本面和持续增长的外汇储备仍预示着人民币汇率未来潜在的升值压力。

在 2007 年美国次贷危机爆发后，特别是在 2008～2009 年演变为全球经济危机后，世界经济迅速萎缩，外部需求大幅度下降，我国外贸部门也受到了相当大的影响。在此背景下，将人民币汇率变动因素从其他因素中剥离出来，全面考察人民币汇率变动在不同的外部经济环境下，对我国总体及局部经济的影响，就成为政府及经济学界关注的焦点和必须予以回答的问题。

研究人民币汇率对我国宏观经济的影响一直是经济学界的热点，但是，众多的研究多集中于对我国整体经济的影响，而针对某一区域的研究较少。并且，在现有关于汇率形成机制改革对我国经济影响的文献中，主要的研究集中在人民币汇率体制变革及汇率行为变动对整个国家的影响，很少有研究深入到人民币汇率变动对某一省域经济的影响，在现有关于汇率改革对我国经济影响的文献中，定性的居多；在定量分析中，也主要是在探讨人民币汇率变动与我国贸易之间的关系，从经济增长角度进行考察的研究相对较少。

基于此，我们认为需要选取典型区域，深入分析人民币汇率形成机制改革对我国各区域、各省际的影响。特别是在当前美国次贷危机引发的全球金融危机仍在发展中的宏观背景下，更应当从区域的视角，来考察汇改至今引发的汇率变动的影响，以期为汇率机制改革及区域经济发展提供支持和决策参考。辽宁省是我国外贸出口大省之一，但其对外开放程度、工业基础、贸易结构等都存在自身特点，汇率变动对辽宁省的影响可能不同于广东、浙江等外贸大省。因此，研究汇率体制变革对辽宁省经济的影响不仅对探讨如何在人民币升值背景下振兴东北老工业基地具有重要的现实意义，同时也可以为我国不同区域如何应对汇率波动冲击、防范汇率风险提供典型经验。并且，考虑到现有经验研究或是从贸易角度，或是从经济增长角度来考察汇率变动效应，本章试图从更多的维度来辨析人民币汇率升值对辽宁省经济体的影响，即分别考察汇率变动对辽宁省进口、出口和 GDP 的影响效应。结构如下：首先是引言及文献综述；随后构建辽宁省的进出口模型，判断人民币汇率变动对辽宁省进出口在长短期内的冲击效应；再者通过构建包含人民币汇率及辽宁省产出、消费、财政收入和，进一步考察汇率变动对辽宁省经济总量的冲击效应；最后是结论和政策建议。

7.1　汇率波动影响产出的理论模型及文献综述

在短期内，汇率变动对经济的冲击作用主要表现在贸易收支上，如本币升值直接效应是本国价格上升，从而贸易收支恶化，通过凯恩斯的乘数效应降低国内产出；而从长期来看，汇率行为对经济增长的作用则主要体现在要素的配置上。如汇率升值能够降低进口投资品价格，刺激新增投资，同时也会降低进口的原材料、中间产品的价格，因此降低所有最终产品（包括非贸易品）的生产成本，导致产出增加和雇佣，从而可以增加经济的产出总量和就业。综上，即使货币升值对总需求的净效应是紧缩的，供给面效应的存在使得升值仍有可能是扩张性的。因此，本书通过借鉴爱德华兹（1986）的研究，构建包含要素价格的、由商品市场及货币市场构成的一般均衡模型来判断汇率变动对产出的影响效应。

7.1.1 理论分析框架

根据宏观经济一般均衡理论，一国的宏观经济可以由商品市场和货币市场组成。如果商品市场与货币市场同时均衡，则宏观经济均衡。首先分析商品市场均衡时的情况：

$$Y = C + I + (X - M) = TD + NX \tag{7.1}$$

$$NX = NX(E) \tag{7.2}$$

该方程将国民收入恒等式分为总需求 TD 和净出口 NX 两个部分，其中，Y 代表国民收入，E 是实际有效汇率，$NX(E)$ 表明净出口受实际有效汇率的影响。

$$TD = a_{11}w - a_{12}r + a_{13}G \tag{7.3}$$

方程（7.3）标明总需求是受实际工资 w、利率水平 r 和政府支出 G 决定的。其中，实际工资和政府支出的增加会导致总需求增加，而利率上升则导致总需求下降。

商品市场均衡时：

$$Y = a_{11}w - a_{12}r + a_{13}G + NX(E) \tag{7.4}$$

在货币市场上，货币供给 M^s 由中央银行决定，货币需求由收入 Y 和利率 r 决定：

$$M^d = a_{21}Y - a_{22}r \tag{7.5}$$

当货币市场均衡时，货币需求等于货币供给，$M^d = M^s$，因此，货币市场均衡：

$$M^s = M^d = a_{21}Y - a_{22}r = M \tag{7.6}$$

当商品市场和货币市场同时达到均衡时：

$$Y = \frac{a_{11}a_{22}}{a_{22} + a_{12}a_{21}}w + \frac{a_{12}}{a_{22} + a_{12}a_{21}}M + \frac{a_{13}a_{22}}{a_{22} + a_{12}a_{21}}G + \frac{a_{22}}{a_{22} + a_{12}a_{21}}NX(E) \tag{7.7}$$

因为实际工资 RW 等于名义工资（W）扣除物价水平（P），所以将实际工资用名义工资和物价水平替换，则公式（7.7）可改写为：

$$Y = \frac{a_{11}a_{22}}{a_{22} + a_{12}a_{21}}(W/P) + \frac{a_{12}}{a_{22} + a_{12}a_{21}}M +$$

$$\frac{a_{13}a_{22}}{a_{22}+a_{12}a_{21}}G + \frac{a_{22}}{a_{22}+a_{12}a_{21}}NX(E) \qquad (7.8)$$

由此，得到了在宏观经济均衡时，国民收入（Y）由名义工资（W）、物价水平（P）、政府支出（G）、货币供给（M）和实际汇率（E）所决定。据此，可建立一个考察人民币实际汇率与经济增长之间关系的 6 变量 VAR 模型，该模型如下：

$$X = (Y,W,P,G,M,E)' \qquad (7.9)$$

7.1.2　汇率波动影响产出的文献综述

关于实际汇率与经济增长之间关系的实证分析，爱德华兹（1989）最早运用相关发展中国家的面板数据，将实际 GDP 与货币增长、政府支出、名义汇率、实际汇率、贸易条件等变量进行回归分析，发现货币贬值倾向于使产出减少。阿戈诺尔（Agenor，1991）运用发展中国家的面板数据，将产出对实际汇率的当期值和预期值以及货币供给、政府支出、国外收入等变量进行回归，发现非预期性贬值能够促进产出增长，而预期性贬值却使产出减少。摩尔利（Morley，1992）同样以发展中国家的面板数据作为样本，将生产能力对货币供给量、贸易条件、进口增长、出口增长、财政结余等进行回归，发现实际汇率倾向于使产出减少。爱德华兹、阿戈诺尔和摩尔利等人所做的实证研究方法都是利用面板数据对研究变量进行单方程的回归分析，并得出对于他们所研究的发展中国家而言，实际汇率贬值倾向于减少产出的结论。罗杰斯和王（Rogers and Wang，1995）运用包含有政府支出、通货膨胀、实际汇率、产出水平和货币供给增量等 5 个变量的 VAR 模型，对墨西哥宏观经济进行研究，他们发现墨西哥产出的大部分增长来源于内在冲击，实际汇率贬值导致产出减少。罗德里格斯和迪亚兹·甘扎尼（Rodriguez and Diaz Gazani，1995）运用包括产出的增长、实际工资的增长、汇率贬值、通货膨胀、货币增长和索罗剩余等 6 个变量的 VAR 模型对秘鲁宏观经济进行分析，发现汇率贬值对产出水平具有不利的影响。科普曼和维尔纳（Copelman and Werner，1996）通过使用包括产出、实际汇率、名义汇率的贬值率、实际信贷等 5 个变量对墨西哥经济进行分析，得到汇率贬值引起产出水平下降而实际汇率改变对产出没有影响的结论。卡明和罗杰斯（Kamin and Rogers，2000）应用包括产出、实际汇率、通货膨胀等 3 个内生变量和美国利率这一外生变量的 VAR 模型，以 1981~1995 年的季度数据为样本，发现永久性汇率贬值将长期地对产出产生的不利影响。米尔斯和彭特科斯特（Mills and Pentecost，2000）运用误差修正模型分析波兰、匈牙利、斯洛文尼亚、捷克共和国 4 个国家汇率对产出的影响，结果发现实际汇率贬值仅对波动经济增长具有正向的刺激作用。

由于人民币汇率的长期升值趋势及近期的升值预期背景，很多研究都关注了人民币汇率在实体经济方面的波动效应，基本上得出了人民币汇率升值不利于贸易、投资，对经济增长具有紧缩效应的结论。陈国伟和夏江（2002）利用 1978~2000 年样本数据，将 GDP 与货币供给量、职工平均工资、实际汇率进行回归分析，发现人民币实际汇率贬值对总产出的作用是扩张性的。李建伟、余明（2003）分析了人民币实际有效汇率变动对我国进出口和外商直接投资进行了分析。他们应用 1995 年 1 月到 2003 年 6 月的统计数据，运用两阶段最小二乘法，分析得出：实际有效汇率贬值会刺激出口增加、导致进口减少，并降低利用外资增速。范金等（2004）采用社会核算矩阵技术，从一般均衡分析角度，以 2005 年中国社会核算矩阵为冲击对象，人民币升值并不会改变我国的贸易顺差状况，认为人民币升值无论是采用支出法还是收入法计算得出的 GDP 的影响都不大。李未无（2005）在卡明和罗杰斯理论框架的基础上构建了含有产出、货币供给量和实际汇率的 VAR 模型，通过格兰杰因果检验、协整分析、脉冲反应函数等计量工具分析中国的实际汇率与经济增长之间的关系，结果发现人民币实际汇率贬值我国经济增长是正向的因果关系，并存在一定的长期均衡关系。魏巍贤（2006）通过建立中国可计算一般均衡模型研究了人民币升值对中国经济的影响，结果表明人民币升值对中国实际 GDP 增长的影响是负向的并且是非线性的。卢万青、陈建梁（2007）考虑了汇率与国内总产出之间的相互作用，即考虑了汇率变动首先影响净出口和外商直接投资，随后通过乘数效应和反馈效应来影响国内生产总值。他们的结论是，从 1995~2005 年，人民币实际有效汇率上升 1%，出口和进口分别下降 2.37% 和 2.192%，经济增长下降 0.12 个百分点。李众敏、吴凌燕（2008）基于全球贸易分析模型采取协整和格兰杰因果关系检验等方法，认为从长期看人民币升值对产出、出口有着明显的负面影响。

与上述研究的理论基础不同，施建淮（2007）的研究借鉴了国外有关汇率贬值导致发展中国家经济紧缩的理论和实证研究，强调汇率升值可能导致产出增长的一些作用机制。因此，他未采取结构化的研究方法，而是应用向量自回归模型考察了人民币实际汇率冲击对中国产出的影响，他的分析表明，人民币实质汇率升值仍会导致中国产出一定程度的下降，因此货币升值在中国是紧缩性的。

上述综述表明，在考察汇率变革对一国或区域经济影响的时候，研究汇率对进出口的影响效应是必要的一环；但由于使用的方法、建立的模型和数据样本区间的不同，关于汇率变动与我国进出口之间关系的研究结果不尽相同。但是，由于进出口仅是影响经济增长的因素之一，因此也有必要突破局部均衡的框架进行一般均衡的研究，即构建系统化的模型，考察汇率变动最终对经济增长的影响。

7.2   人民币汇率波动影响辽宁省经济增长的效应分析

本书基于上述模型和辽宁省的年度数据，建立一个描述辽宁省经济的 VAR 模型来进一步分析。

7.2.1   数据来源及处理

考虑到辽宁省的货币量 M 不可获，我们用辽宁省的社会消费零售总额来进行替代①。因此进一步将模型表示为

$$X = (Y,W,P,G,C,E)' \qquad (7.10)$$

其中，Y 表示辽宁省的国内生产总值 GDP，W 表示辽宁省的职工工

---

① 模型中辽宁省数据来源为中国经济信息网年度数据库，数据区间是 1994～2008 年，由于获得的是年度数据，为了扩大样本量，保证 VAR 模型的参数估计的准确，本文通过将年度数据转换为季度数据来增加数据量，具体采用 EViews 中的低频数据向高频数据转换中的 congstant‑match sum 方法将年度数据转变为季度数据。这样数据区间变为 1994 年 1 季度到 2008 年 4 季度。而模型中的人民币实际有效汇率仍来自于 IFS。

资，P 表示辽宁省的价格水平，G 表示辽宁省政府支出，C 表示辽宁省社会消费零售总额，E 表示人民币实际有效汇率。

本书采取向量自回归模型是考虑到采取此模型，可以同等对待经济系统中各变量，并不强制认定某变量为外生或者内生变量，可以研究变量间的动态关系。

7.2.2 变量间协整关系和因果关系检验

与前面的数据来源和平稳性检验类似，首先基于模型（7.10），对其中的变量进行平稳性检验，检验过程及结果不再赘述，结果表明所有变量都是 $I(1)$ 过程，因此需要进一步对这些变量之间是否存在协整关系进行检验。进一步的，应用 SC 及 LR 准则来确定 VAR 模型的滞后阶数为 3。本书采用约翰森协整检验方法对六个模型系统中的变量进行协整检验，表 7-1 给出了约翰森协整检验结果。

表 7-1 向量 X 协整检验结果

原假设：协整关系个数	特征根	迹检验		最大特征根检验	
		统计量	5% 临界值	统计量	5% 临界值
$r=0$	0.64	141.49 *	95.75	48.05 *	40.07
$r\geqslant 1$	0.57	93.43 *	69.81	39.15 *	33.87
$r\geqslant 2$	0.41	54.27 *	47.85	24.90	27.58
$r\geqslant 3$	0.28	29.37	29.79	15.38	21.13
$r\geqslant 4$	0.20	13.98	15.49	10.49	14.26
$r\geqslant 5$	0.07	3.48	3.84	3.48	3.84

注：* 号表示在 95% 的置信度下拒绝原假设。本文选取的检验形式是包含截距，但不包含趋势的协整检验形式。

结果表明每个模型的变量组都至少存在一个协整向量。由于每个模型的变量组都至少存在一个协整向量，因此要识别向量空间的协整关系，需要施加长期或短期约束条件，这需要基于经济理论来判断各变量扰动项的冲击路径。而基于前面的分析，汇率对产出的作用途径并不明确，可以基于需求或供给两方面对产出产生影响，因此施加约束条件易造成主观性的错误。有些经济学家建议：如果经济理论并不能确定变量组是否存在协整关系或者协整向量的形式是什么，那么按水平变量估计VAR 模型的做法要好于先估计协整向量然后估计含有误差修正项的VAR 模型（即向量误差修正模型，简记为 VEC 模型）的做法，因此本书也采取按照水平变量估计的 VAR 模型来进行我们的研究。

进一步的，为判断变量间的关系，我们采用格兰杰因果关系检验来考察人民币实际汇率 REER 究竟是不是其他变量变动的影响因素，结果见表 7-2。其中，滞后阶数是根据 AIC 准则来进行选择的。

表 7-2　　　　　变量间的格兰杰因果关系检验结果

原假设	滞后阶数	F 统计量	P 值
GDP 不能格兰杰引起 REER	1	4.71	0.03
REER 不能格兰杰引起 GDP	1	25.78	0.00
G 不能格兰杰引起 REER	1	3.44	0.07
REER 不能格兰杰引起 G	1	6.22	0.01
C 不能格兰杰引起 REER	2	5.03	0.03
REER 不能格兰杰引起 C	2	36.83	0.00
W 不能格兰杰引起 REER	1	3.11	0.08
REER 不能格兰杰引起 W	1	2.01	0.15
P 不能格兰杰引起 REER	1	9.75	0.00
REER 不能格兰杰引起 P	1	6.74	0.00

从表 7-2 中可以看出，REER 是导致辽宁省产出、财政收入、社会消费品零售总额、价格水平的关键因素。汇率 REER 出现波动，大多在下一期就影响到辽宁省的各项宏观经济指标，影响发生的时滞很小。但汇率 REER 并不是影响辽宁省在岗职工工资的格兰杰原因，在 10% 的置信度水平下原假设仍然被接受。这表明，汇率对工资的直接影响较小。另一方面，辽宁省的宏观经济变量看似是实际有效汇率变动的原因，这可能是由于辽宁省经济变量同我国宏观经济整体走势一致，因此通过了格兰杰因果关系检验。

7.2.3　基于脉冲响应函数研究变量间的动态关系

由于变量间不存在协整关系，并且我们关心的是 1 单位的汇率波动对辽宁省其他宏观经济变量的影响，因此这里我们基于脉冲响应函数来判断汇率变动对其他变量的冲击效应。

首先我们判断1单位的汇率变动对辽宁省经济总量和财政收入的脉冲响应的冲击效应，结果表明，人民币实际有效汇率 REER 的升值将对辽宁省经济产生显著的紧缩效应，即形成负向冲击，并且持续的时间较长，如图7-1所示。图7-1表明，汇率升值对 GDP 产生的冲击将延续30个季度以上，并且这种影响在初始的冲击效应较小，随后逐步扩大，在第15个到20个季度左右达到峰值。这意味着自2005年启动的人民币汇率形成机制改革所引发的人民币汇率的持续升值，其长期影响在未来一段时期内还会对辽宁省的经济增长产生影响。如图7-2所示，1单位的汇率变动对辽宁省财政收入的冲击较小。虽然也会导致财政收入出现一定程度的下降，但幅度较小。汇率对财政收入的负向冲击也是在15个季度左右开始表现出负向影响的峰值。

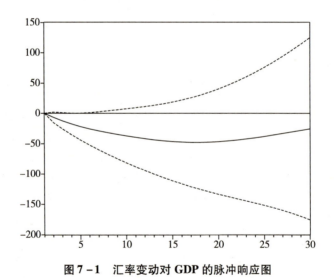

图7-1　汇率变动对 GDP 的脉冲响应图

进一步我们判断1单位的汇率变动对辽宁省经济社会消费品零售总额和价格的冲击效应。结果表明，人民币实际有效汇率 REER 的升值将对辽宁省的消费产生负向冲击的显著影响。如图7-3所示。图7-3也表明，汇率升值在开始的5个季度内对 GDP 几乎不产生影响，而在5个季度后才逐步表现出抑制了消费的作用。汇率变动对价格也产生了显

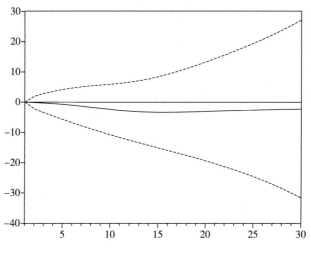

图 7 - 2　汇率变动对财政收入的脉冲响应图

著的负向冲击影响。按照宏观经济学观点，汇率升值导致进口产品价格
下降，出口产品价格上升，更多的消费者将转向外国商品，外需也同时
下降，从而总需求下降，导致价格下降。如图 7 - 4 所示，汇率升值的
影响也将在 15 期左右达到峰值。

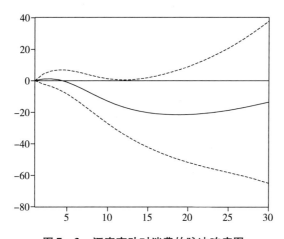

图 7 - 3　汇率变动对消费的脉冲响应图

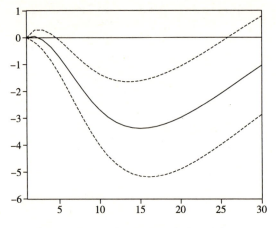

图 7 - 4　汇率变动对价格的脉冲响应图

　　最后我们判断 1 单位的汇率变动对辽宁省在岗职工平均工资的影响。如图 7 - 5 所示，结果表明，人民币实际有效汇率 *REER* 的升值也会导致工人工资出现下降。结合前面汇率对消费的影响，我们可以认定汇率升值导致了产出水平的下降，从而引起提供的就业机会下降，导致工资下降，最终影响了社会消费水平。

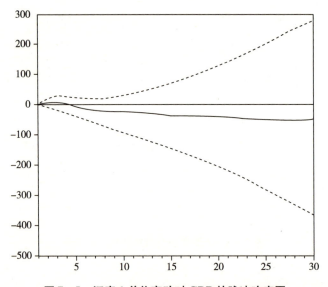

图 7 - 5　汇率 1 单位变动对 GDP 的脉冲响应图

7.3 人民币汇率波动影响大连市经济增长的效应分析

7.3.1 数据来源及处理

本部分实证研究中所应用的各变量的含义如下：y 表示大连市的国内生产总值 GDP，w 表示大连市的职工工资，用大连市在岗职工社平工资衡量，p 表示大连市的价格水平，以大连市消费者价格指数（CPI）经环比 CPI 数据定基处理转化得来，g 表示大连市政府支出，c 表示大连市社会消费零售总额，以上数据均取自大连市国民经济和社会发展统计公报，e 表示人民币实际有效汇率，来源于国际清算银行（BIS）。本书的数据区间是从 1999 年 1 季度到 2009 年 4 季度。

7.3.2 变量间协整关系和因果关系检验

由于协整检验仅对于已知非平稳的序列有效，因此根据模型（7.10），应用 ADF（Augment Dicker – Fuller）检验考察数据的平稳性，检验结果见表 7 – 3。

表 7 – 3 变量的 ADF 检验结果

变量	检验形式	T 统计量	单整阶数	变量	检验形式	T 统计量	单整阶数
ln$y$	(1, nt, c)	− 0.24	$I(1)$	Δln$y$	(0, nt, c)	− 3.34 *	$I(0)$
ln$w$	(0, nt, c)	− 2.56	$I(1)$	Δln$w$	(0, nt, c)	− 5.29 *	$I(0)$
ln$p$	(1, nt, c)	− 1.50	$I(1)$	Δln$p$	(0, nt, nc)	− 1.70 *	$I(0)$
ln$g$	(1, nt, c)	9.54	$I(1)$	Δln$g$	(0, nt, c)	− 28.53 *	$I(0)$
ln$c$	(5, nt, c)	1.50	$I(1)$	Δln$c$	(4, nt, c)	− 4.24 *	$I(0)$

注：Δ 是差分算子，表中的 ADF 检验的最大滞后阶数为9，检验形式（n, nt, c）中 n 表示滞后阶数，nt 表示无趋势项，c 和 nc 分别表示有截距项和无截距项。滞后阶数是根据 SIC 准则所确定的。* 号表示 10% 的置信度下拒绝原假设。

结果表明各变量的原值都是 I（1）过程，而各二阶差分变量都是 I（0）过程，因此需要进一步对这些变量之间是否存在协整关系进行检验。

本书采用约翰森（1995）基于 VAR 的协整检验方法对六个模型系统中的变量进行协整检验。根据 AIC 判据和 SIC 判据，我们选取向量自回归的滞后阶数为 4 阶。在表 7－4 给出了约翰森协整检验结果。

表7－4　　　　　　　　　　　向量 *X* 协整检验结果

原假设：协整关系个数	特征根	迹检验		最大特征根检验	
		统计量	5% 临界值	统计量	5% 临界值
$r = 0^*$	0.98	276.65	95.75	131.42	40.08
$r \geq 1^*$	0.88	145.23	69.82	73.03	33.88
$r \geq 2^*$	0.61	72.20	47.86	33.13	27.58
$r \geq 3^*$	0.47	39.07	29.80	22.28	21.13
$r \geq 4^*$	0.36	16.79	15.49	15.50	14.26
$r \geq 5$	0.04	1.29	3.84	1.29	3.84

注：＊号表示在 95% 的置信度下拒绝原假设。本文选取的检验形式是包含截距，但不包含趋势的协整检验形式。

迹统计量和最大特征根统计量的结果表明这 6 个变量的 VAR 模型中存在 4 个协整向量，说明这 6 个变量之间存在协整关系，即大连市国内生产总值与大连市在岗职工工资、社会消费零售总额、人民币实际有效汇率、大连市消费者物价指数和大连市财政收入之间存在长期稳定的关系，由于每个模型的变量组都至少存在一个协整向量，因此变量的非平稳性不再是一个特别需要关注的问题。有些经济学家建议：如果经济理论并不能确定变量组是否存在协整关系或者协整向量的形式是什么，那么按水平变量估计 VAR 模型的做法要好于先估计协整向量然后估计含有误差修正项的 VAR 模型（即向量误差修正模型，简记为 VEC 模型）的做法。因此本书也采取按照水平变量估计的 VAR 模型来进行研究。

进一步，为判断变量间的关系，我们采用格兰杰因果关系检验来考察人民币实际汇率 *e* 究竟是不是其他变量变动的影响因素，结果如表

7-5 所示。其中，滞后阶数是根据 AIC 准则来进行选择的。从表 7-5
中可以看出，e 是大连市政府财政收入、在岗职工工资、价格水平的格
兰杰原因的原假设被拒绝，即可以说明 e 是影响财政收入、在岗职工工
资、价格水平的关键因素。汇率对各项产生影响的时滞较小。但汇率 e
并不是影响辽宁省产出、社会消费品零售总额的格兰杰原因，在 10%
的置信度水平下原假设仍然被接受。

表 7-5   变量间的格兰杰因果关系检验结果

原假设	滞后阶数	F 统计量	P 值
y 不能格兰杰引起 e	2	2.30	0.11
e 不能格兰杰引起 y	2	0.20	0.82
g 不能格兰杰引起 e	1	0.41	0.53
e 不能格兰杰引起 g	1	11.54	0.00
c 不能格兰杰引起 e	3	2.15	0.11
e 不能格兰杰引起 c	3	0.22	0.88
w 不能格兰杰引起 e	3	2.03	0.13
e 不能格兰杰引起 w	3	3.34	0.03
p 不能格兰杰引起 e	1	9.75	0.00
e 不能格兰杰引起 p	1	6.74	0.00

7.3.3 基于脉冲响应函数研究变量间的动态关系

明确了变量间的协整关系，我们关心的是 1 单位的汇率波动对大连
市其他宏观经济变量的影响，因此这里我们基于脉冲响应函数来判断汇
率变动对其他变量的冲击效应。

首先我们判断 1 单位的汇率变动对大连市经济总量和财政收入的脉
冲响应的冲击效应，结果表明，人民币实际有效汇率的升值将对大连
市经济产生显著的紧缩效应，即形成负向冲击，并且持续的时间较长，如
图 7-6 所示。图 7-6 也表明，汇率升值在开始的 5 个季度内对 GDP 几
乎不产生影响，是在 10 个季度后才逐步表现出抑制了经济增长的作用。
图 7-5 表明，汇率升值对 GDP 产生的冲击将延续 30 个季度以上，并

且这种影响从第10季度开始转为负向冲击，随后逐步扩大，在第15个季度左右达到峰值，且一直维持稳定水平。这意味着自2005年启动的人民币汇率形成机制改革所引发的人民币汇率的持续升值，其长期影响在未来一段时期内还会对大连市的经济增长产生影响。如图7-7所示，1单位的汇率变动对大连市财政收入的冲击较小。汇率变动并没有引起财政收入的下降，反而有小幅度的上升，即汇率对财政收入的冲击从当期开始一直呈现正向的上升趋势。

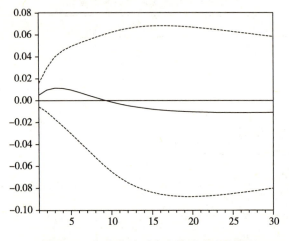

图7-6　汇率变动对产出的脉冲响应图

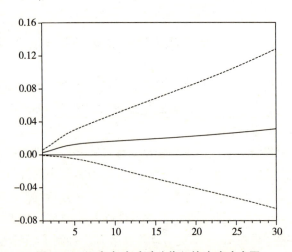

图7-7　汇率变动对财政收入的脉冲响应图

　　进一步我们判断 1 单位的汇率变动对大连市经济社会消费品零售总额和价格的冲击效应。结果表明，人民币实际有效汇率 *REER* 的升值将对大连市的消费产生一定程度的正向冲击的影响。但效果不是很明显，且一直保持在一定水平上，如图 7-8 所示。汇率变动对价格产生了显著的负向冲击影响。按照宏观经济学观点，汇率升值导致进口产品价格下降，出口产品价格上升，更多的消费者将转向外国商品，外需也同时下降，从而总需求下降，导致价格下降。如图 7-9 所示，汇率升值的影响也将在 15 期左右达到峰值，而在 30 期左右冲击影响才得以消除。

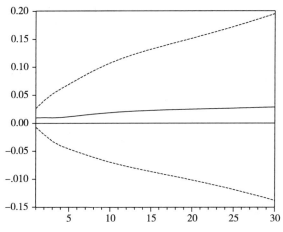

图 7-8　汇率变动对消费的脉冲响应图

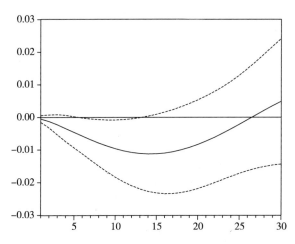

图 7-9　汇率变动对价格的脉冲响应图

最后我们判断 1 单位的汇率变动对大连市在岗职工平均工资的影响。如图 7 - 10 所示，结果表明，人民币实际有效汇率 REER 的升值也会导致工人工资出现下降。2005 年汇改以后人民币一直保持小幅度的升值，对对外企业造成了一定的影响，引起就业机会下降，导致工资下降，但由于大连经济稳步增长，在 30 期左右，汇率变动对在岗职工平均工资的影响逐步消失。

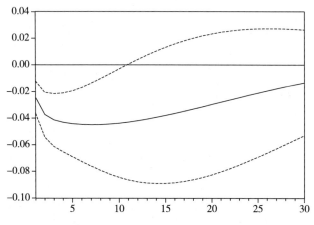

图 7 - 10　汇率变动对平均工资的脉冲响应图

2005 年实施的人民币汇率形成机制改革迄今为止，对我国各省际的经济增长总量、经济增长模式、产业结构等都产生了深远的影响，大连市作为对外开放程度较高的城市，其经济增长总量和模式也发生了相应的变动。在这一时期，大连市依靠其传统的装备制造业的产业优势，致力于推动附加值较高的商品出口，较为成功地抵御了人民币显著升值对外贸部门的冲击，在贸易总量上保持了较为迅猛的增长势头。但是，"汇改"引发的人民币升值对大连市经济的负面冲击也是不可小视的。通过研究我们发现，人民币汇率升值对大连市外贸部门存在一定的负向冲击效应，也发现汇率升值将在较长阶段内对大连市经济总量、平均工资、居民消费等产生一定程度的消极影响。

本章小结

2005 年实施的人民币汇率形成机制改革迄今为止，对我国各省际的经济增长总量、经济增长模式、产业结构等都产生了深远的影响，辽宁省作为对外开放程度较高的省份，其经济增长总量和模式也发生了相应的变动。"汇改"引发的人民币升值对辽宁省经济的负面冲击也是不可小视的。本章判断了汇率升值对辽宁省经济的宏观经济效应，也同样发现了汇率升值将在较长阶段内对辽宁省经济总量、财政收入、居民消费等产生一定程度的消极影响。

与此同时，大连市依靠其传统的装备制造业的产业优势，致力于推动附加值较高的商品出口，较为成功地抵御了人民币显著升值对外贸部门的冲击，在贸易总量上保持了较为迅猛的增长势头。但是，"汇改"引发的人民币升值对大连市经济的负面冲击也是不可小视的。通过研究我们发现，人民币汇率升值对大连市外贸部门存在一定的负向冲击效应，也发现汇率升值将在较长阶段内对大连市经济总量、平均工资、居民消费等产生一定程度的消极影响。

在我国宏观经济整体仍处于"双顺差"的非均衡经济增长模式下，人民币汇率将在较长的阶段内呈现升值趋势，辽宁省和大连市政府应以此为契机，依赖传统的产业优势，并发掘新兴的经济增长点，促进产业结构全面升级，才能保障经济长期平稳、快速的增长。进一步，辽宁省和大连市政府也应采取下述措施应对人民币汇率的升值：

第一，需要加强企业外汇风险意识。企业必须根据自己的成本、能力等实际情况来选择对自己有利的计价货币和结算方式及适合自身风险结构的金融产品。企业内部要建立科学的财务管理机制，健全资金风险的日常监测管理，充分利用金融衍生工具来规避汇率风险。

第二，鼓励金融机构加大金融创新力度。商业银行应针对不同类型企业开发不同的规避汇率风险的金融衍生产品。现有规避汇率风险的金融衍生产品有外汇期权、外汇掉期交易、远期合同等，商业银行应开发更多适用于企业规避汇率风险的金融衍生工具，以增加企业汇率避险的选择权，提高风险对冲能力。

第三，加大政府对企业的扶持。在当前形势下，政府应继续为企业提供更好的发展环境，从而帮助企业提高抵抗汇率风险的能力。除增加优惠政策外，应增加引进人才措施，加大科技研发力度，扩大生产品种，鼓励引进国外先进技术，增强企业的核心竞争力。

第8章

人民币汇率波动对上市公司
股价的影响研究

在一国实施浮动汇率制度后，汇率变动就作为重要的宏观经济的不确定因素之一，被引致到经济体当中。公司作为微观经济主体，其公司价值也可能受到汇率波动的显著影响。赫克曼（Hekman，1983）基于有效市场假说，将公司的经济价值或股价对汇率变动的敏感性定义为外汇风险暴露（exchange rate exposure）。一般认为企业的外汇风险暴露分为交易风险暴露、折算风险暴露和经济风险暴露（Stulz and Williamson，2000）。前两种风险暴露认为企业签订合同后，汇率变动对交易金额折算为国内货币时的货币价值产生影响，进而影响到公司的现金流及资产负债表，交易风险和折算风险可以基于公司的资产负债表来衡量，并且可以采用套期保值交易对这类风险进行规避。而经济风险暴露则是汇率变动导致不同国家的相关商品价格发生变化，从而影响到行业各公司的竞争地位，并间接影响了这个公司的经济环境和未来发展（Marston，2001）。

由于我国长期实施盯住美元的汇率制度，即汇率风险被锁定在国家层面，企业作为微观主体并不承担汇率风险。但随着我国央行在2005年7月宣布实施人民币汇率形成机制改革，人民币汇率的灵活性有所增加，并呈现出双向波动、渐进升值的趋势。截至2008年7月，人民币对美元在"汇改"实施3年后升值幅度达到20.4%，汇率风险成为企业经营过程中不可小觑的风险因素。在人民币"汇改"推进至2008年中期时，由于受美国次贷危机引发的全球金融危机影响，我国央行重新在外汇市场进行积极干预，保持了人民币对美元汇率的相对稳定。直到金融危机影响逐步消退后，我国央行于2010年6月宣布"汇改"重启，人民币再次回归到双向波动的升值路径上。

在人民币汇率市场化程度逐步加强，汇率波动可能进一步加剧的背景下，考虑汇率风险对企业经营效益及公司市值的影响，就成为学界及资本市场主要的议题之一。同时，由于我国企业涉外经营、投资的深度和广度都日益加强，汇率风险对企业经营绩效的影响也将有所增加。而上市公司经营绩效涉及多方利益相关人，考察汇率波动对上市公司经营绩效或市值的影响就显得尤为重要。基于上述考虑，本书拟基于行业视角，采用事件研究法，分别考察2005年7月人民币"汇改"及2010年6月"汇改重启"两次关键事件对分行业的上市公司股价波动的影响，从而判断两次事件引致的汇率风险在多大程度上影响了分行业的上市公司的收益状况。并且，由于"汇改"及"汇改重启"两次事件导致的人民币汇率的短期波动行为和特征存在一定的差异，因此可以比较两次事件导致的上市公司汇率风险暴露的异同。进一步地，本书也可以通过比较两次事件对上市公司股价的影响，考察上市公司经营者在汇率风险识别及规避方面是否与汇改之初存在差异性。本章的结构如下：首先是汇率风险暴露的文献综述；随后对事件研究法进行介绍；进一步，本章应用事件研究法对各行业的外汇风险暴露程度进行了实证分析；最后得出本章的结论。

8.1 外汇风险暴露的文献综述

在早期的研究中，阿德勒和杜马斯（Adler and Dumas，1984）应用单因子市场模型来估计公司股价收益对汇率变动的弹性，即估计公司股价的外汇风险暴露。之后的研究多在此基础上进行扩展。

阿德勒和杜马斯（1984）衡量汇率风险的单因子模型如下：

$$r_{i,t} = \delta_i + \delta_m r_{m,t} + \delta_x r_{x,t} + \varepsilon_{i,t} \quad i = 1,2,\cdots,n \quad (8.1)$$

其中 $r_{i,t}$ 是公司 i 在时刻 t 的股票收益，$r_{m,t}$ 是时刻 t 的市场组合收益，$r_{x,t}$ 是汇率在时刻 t 的变动，这里汇率被表示成外国货币的本国标价（直接标价法）。δ_m 是公司 i 对市场收益的暴露程度，δ_x 是公司 i 的汇率风险暴露系数，度量公司收益对汇率变动的敏感性。$\varepsilon_{i,t}$ 是回归残差，假定其遵循零均值等方差的正态分布，即 $\varepsilon_t \sim N(0, \sigma^2)$。

　　尽管基于理论分析外汇风险暴露是显著存在的，但仅有一些实证研究得出了外汇风险对公司市值存在影响的结论。从阿德勒和杜马斯（1984）开始，经济学家试图通过限定其他变量因素后，对汇率变动引起的股票收益率变动进行回归，以此测定外汇风险暴露。然而，与预期不同的是很多研究都显示外汇变动与股票收益率之间同期关系不显著。乔瑞（Jorion，1990）对 287 家美国跨国公司数据进行检验，发现名义汇率波动对于样本中大多数公司股票收益率影响不显著。崔（Choi，1995）选取了 1978～1989 年 12 年间 409 家跨国公司的一系列数据，研究结果显示只有 15% 的公司具有明显的汇率波动敏感度。

　　关于外汇风险暴露在统计上不显著的原因，学者们主要从三方面进行了解释：首先是投资者无法观测上市公司是如何应对汇率风险的，他们只有在观测到汇率风险已经影响到公司现金流时才能进行投资决策，这导致当期汇率变动和公司市值之间的关系较为模糊（Bartov and Bodnar，1994）。其次，学者们认为企业可以应用金融衍生工具来规避汇率风险，这导致公司市值对汇率波动不敏感。最后，企业对可能发生的汇率风险进行有效规避后，实证研究中企业对汇率的敏感度也随之降低。埃勒亚尼斯（Allayannis，1998）发现所测样本公司中运用套期保值的公司外汇风险暴露程度更小。周等人（Chow et al.，1997）也发现公司运用低成本金融工具对短期风险进行套期保值小有成效。进一步的，一些学者指出，由于汇率波动与股票收益率之间可能存在的非线性关系，导致前期基于线性模型的实证研究结果不显著。目前很多研究都致力于发掘汇率波动与股票收益率之间的非线性关系。寇特英斯和马丁（Koutmos and Martin，2003）考察了汇率风险暴露在汇率的升值—贬值周期的转换间是否存在非对称性，结果表明 4 个国家、9 个部门直属的汇率风险暴露都存在非对称性。巴特拉姆（Bartram，2004）则应用非线性模型对德国的上市公司进行研究，发现外汇风险暴露存在显著的非线性关系。穆勒和维厄斯库（Muller and Verschoor，2006）针对美国跨国公司的研究也表明，汇率不同幅度的波动将导致公司的汇率风险暴露呈现出显著的非对称性。

　　汇改前我国长期实行固定汇率制度，因此有关人民币汇率风险导致上市公司收益、市值及股价变动的相关研究直至 2005 年人民币汇率实施后才开始起步。多数研究指出我国上市公司总体而言外汇风险暴露水平较高,同时不同的市场投资组合、行业组合中的上市公司所受的外汇风险暴露也存在一定的差异性。陈学胜、周爱民(2007)选取沪市143家上市公司股票进行检验,结果显示23.07%的样本企业存在显著的外汇风险暴露。吴娓等(2007)选取在深圳证交所上市的67家上市公司为样本,结果显示1%显著水平下,28%的公司存在显著外汇风险暴露,其中有7家公司外汇风险暴露系数显著为正,12家公司外汇风险暴露系数显著为负。罗航、江春(2007)发现A股上市公司的整体股票收益率对人民币升值反应敏感。吕江林等(2007)选取特定事件对不同种类股票收益率与汇率波动关系进行研究,发现相对于H股,A股和B股股票收益率对汇率波动更敏感。谢赤、丁晖、王雅瑜(2008)研究结果显示我国钢铁行业面临显著的外汇风险暴露。

针对我国上市公司的研究大多借鉴了阿德勒和杜马斯(1984)的研究,并采用线性回归模型、利用各行业或各上市公司的面板数据进行回归,对汇率波动和上市公司市值之间的非线性关系并未进行充分考察。而本书拟采取的事件研究法,则可以避免线性或非线性模型设定的误差,即通过观测某一时间点上的外汇风险暴露,可以避免由于对长期变量强加既定系数所导致的非线性测量误差。

8.2 "汇改"及"汇改重启"对上市公司股价的影响

2005年7月人民币汇率形成机制改革,人民币对美元汇率一次性升值2%,这一较为突然的、显著的汇率升值行为为我们采用事件研究法判断汇率风险对上市公司的影响提供了一个良好的契机。而2010年6月"汇改"重启,人民币汇率则没有进行一次性调整,仅是汇率波动性增加,两次事件在性质上存在一定差异。

8.2.1 事件研究法

事件研究法以影响股票市场某类股票价格的某一特殊事件为中心,

通过研究事件的发生是否影响了相应的股票日收益率来检验市场对事件的反应。

8.2.1.1 定义评估期和事件期

首先选定事件日，并在此基础上将所研究时间分为两个时间段——评估期和事件期。我们采用单因子模型来计算股票正常收益率，并对事件窗中正常收益率进行预测，具体形式如下：

$$R_{i,t} = \alpha_i + \beta_i R_{m,t} + \varepsilon_{it} \tag{8.2}$$

其中，α_i、β_i 为待估计的参数，ε_{it} 为随机误差项，服从正态分布，即 $\varepsilon_t \sim N(0, \sigma^2)$，$i$ 为拟选定的相关市场指数或股票指数，$R_{i,t}$ 表示所研究股票或市场指数的收益率，$R_{m,t}$ 表示拟选定的相关市场指数或股票的对数收益率。

8.2.1.2 计算股票预期正常收益率及异常收益率

根据公式（8.2）对评估期数据进行回归，并以此对股票的预期正常收益率进行估计，得到式（8.3）。

$$\hat{R}_{i,t} = \hat{\alpha}_i + \hat{\beta}_i R_{m,t} \tag{8.3}$$

其中，$\hat{\alpha}_i$、$\hat{\beta}_i$ 分别为 α_i、β_i 的估计值。实际收益率与预期正常收益率的差为异常收益率 AR_t（abnormal returns），即

$$AR_t = R_t - \hat{R}_t \tag{8.4}$$

在事件期内将异常收益率进行加总，得到累积异常收益率 CAR（cumulative abnormal returns），如式（8.5）：

$$CAR_t = \sum_{i=1}^{n} AR_i \tag{8.5}$$

其中，n 为事件期长度。可以看出，累积异常收益率即是事件窗内异常收益率加总。

8.2.1.3 显著性检验

我们通过对计算得出的累积异常收益率，CAR_t 进行 t 检验，从而考察事件窗口中事件在统计上是否显著。通过设定原假设和备择假设来进行假设检验，其中原假设（H_0）：在事件窗口内事件并未对股票价格产生影响，即 $CAR_t = 0$；备择假设（H_1）：在事件窗口内事件对股票

价格产生了影响，即 $CAR_t \neq 0$。检验统计量为 $t(n-1) = \dfrac{CAR}{S/\sqrt{n}}$。其中

S 为样本均方差 $S(CAR_t) = \sqrt{\dfrac{1}{n-1}\sum_{t=1}^{n}(AR_t - \hat{AR})^2}$。

8.2.2 样本选取

为了避免汇率升值预期对外汇风险暴露检验结果产生影响，本书对两次事件发生前汇率新闻进行筛选，并选定事件前第 240 个交易日到事件前第 61 个交易日为评估期，即评估窗口定义为 [−240，−61]，为了将"汇改"给公司市值带来的影响充分考虑进来，我们将事件窗口定义为 30 天，"汇改"事件窗口相应为事件前第 15 个交易日到事件后第 14 个交易日，由于"汇改重启"事件公告日为非交易日，因此事件窗口向后扩展一天，即事件前第 15 个交易日到事件后第 15 个交易日。

本书按照证监会行业分类标准中 13 个行业分类①，对中国行业外汇风险暴露进行研究。本书实证研究部分所使用的数据来自锐思（RES-SET）数据库，根据方程（8.2）计算预期收益率，其中 $R_{m,t}$ 表示相应交易日深圳综指日收益率，$R_{i,t}$ 表示 i 行业日收益率，分别由深圳综指及各行业指数收盘价计算得出（$R_{i,t} = \ln P_{i,t} - \ln P_{i,t-1}$，$R_{m,t} = \ln P_{m,t} - \ln P_{m,t-1}$）。其中，$P_{i,t}$ 和 $P_{i,t-1}$ 分别表示各行业股票指数当前交易日和前一交易日的收盘价，$P_{m,t}$ 和 $P_{m,t-1}$ 则分别表示深圳综指相应交易日收盘价。

8.2.3 基于事件研究法的经验研究

下文根据单因素市场模型方程（8.2），运用事件研究法分别对两次事件引起各行业股价发生变动的显著性进行检验，结果如表 8−1 所示。表 8−1 给出了各行业指数针对"汇改"事件及"汇改重启"事件

① 中国证监会为加强证券公司分类管理力度，2001 年颁布《上市公司行业分类指引》将证券公司分为 13 个行业：A. 农、林、牧、渔业；B. 采掘业；C. 制造业；D. 电力、煤气及水的生产和供应业；E. 建筑业；F. 交通运输、仓储业；G. 信息技术业；H. 批发和零售贸易；I. 金融、保险业；J. 房地产业；K. 社会服务业；L. 传播与文化产业；M. 综合类。

的累积延长收益率 *CAR* 及统计量 *T* 值。

由表 8 - 1 可见，在"汇改"事件中，84.6% 的行业存在显著的外汇风险暴露，受到显著正向影响与负向影响的行业比例分别为 30.7% 和 53.8%。而"汇改重启"事件中，存在显著外汇风险暴露行业仅为 53.8%，受到正向影响与负向影响行业比例分别下降 7.7% 和 23.1%。38.5% 的行业在汇改事件窗口中显著，在"汇改重启"事件中不显著，只有建筑业在汇改事件窗口中不显著，而在"汇改重启"事件窗口中显著。

8.2.3.1 "汇改"事件对上市公司股价的影响分析

2005 年"汇改"实施时，人民币汇率一次性升值 2%。同时由于此前人民币汇率累积了大量的升值压力，因此资本市场投资者及上市公司管理层在"汇改"实施来后都普遍形成了汇率升值预期。对境外投资者而言，汇率升值意味着以人民币计价的 A 股市场得以重新估值，即"汇改"随 A 股市场形成了财富效应。而对上市公司而言，特别是涉外经营较多的企业，汇率升值则会通过改变企业的资产、负债、收入、成本等账面价值，通过汇兑损益的变化影响其经营业绩。而汇率升值预期的形成，也会导致资本市场投资者对各行业企业经营状况的预期发生改变，从而导致一些行业股价在短期就出现显著波动，使得这些行业出现显著的外汇风险暴露。

表 8 - 1　　　　　　　基于事件研究法的行业指数检验结果

	汇改事件		"汇改重启"事件	
	CAR	T 值	CAR	T 值
A. 农、林、牧、渔业	− 0.0732	− 10.1735 *	0.0007	0.0793
B. 采掘业	− 0.0294	− 3.1772 *	− 0.0716	− 5.2231 *
C. 制造业	− 0.0063	− 4.1782 *	− 0.0004	− 0.1735
D. 电力、煤气及水的生产和供应业	0.0355	6.7986 *	− 0.0102	− 1.3466
E. 建筑业	0.0148	1.5492	0.0883	12.3555 *
F. 交通运输、仓储业	0.0282	4.0038 *	0.0036	0.5833
G. 信息技术业	0.0237	3.2081 *	− 0.0328	− 3.7339 *
H. 批发和零售贸易	− 0.0224	− 2.4869 *	0.0561	1.5695

续表

	汇改事件		"汇改重启"事件	
	CAR	T 值	CAR	T 值
I. 金融、保险业	-0.0290	-2.7718*	-0.0323	-2.2216*
J. 房地产业	0.0694	6.2141*	0.0487	3.5526*
K. 社会服务业	-0.0061	-0.9528	0.0030	0.4861
L. 传播与文化产业	-0.1168	-5.2531*	-0.0271	-2.1715*
M. 综合类	-0.0317	-5.7518*	0.0171	2.1015*

注：＊表示在95%的置信度下显著，＊＊表示在99%的置信度下显著。

根据表 8-1，在本书所检验的 13 个行业中，共有 11 个行业的外汇风险暴露程度在统计上较为显著，只有建筑业和社会服务业不存在显著的外汇风险暴露。而在存在外汇风险暴露的 11 个行业中，"汇改"事件所导致的影响又有所不同，对交通运输业、房地产等行业的股价表现为正向冲击，而对制造业、金融、保险业等行业的股价表现为负向冲击。

8.2.3.1.1 "汇改"事件对股价形成正向冲击的行业

一般而言，人民币升值将对进口比重高、外债规模大或者拥有高流动性的行业是长期利好。本书结果表明，在 2005 年汇改事件窗口中，有 30.7% 的行业受到显著的正向冲击，这些行业大多数为进口大量原材料的行业及持有大量外债的行业。图 8-1 和图 8-2 给出了两个典型的受益于"汇改"事件的行业——交通运输及仓储业、房地产业的累积异常收益率。

如图 8-1 所示，从事件窗首日开始交通运输、仓储业的累积异常收益率即出现正向波动，虽然事件前出现小幅下降，但事件日出现显著上升，交通运输、仓储业受到了显著的正向影响。交通运输、仓储业在人民币升值过程中也受益于设备采购成本的降低，其中子行业航空业受益于人民币升值最为明显，航空业属于外债较高的行业，且航空业中许多费用较高的固定资产从国外采购，人民币升值显著改善了其资产负债结构。因此人民币升值将直接降低这些企业的成本和负债水平。

如图 8-2 所示，事件前房地产业累积异常收益率比较平稳，受事件

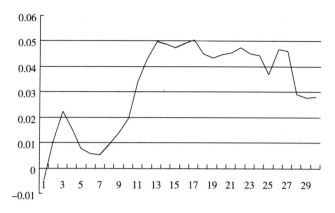

图 8 - 1　交通运输、仓储业累计异常收益率

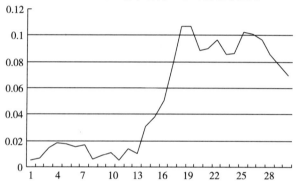

图 8 - 2　房地产业累计异常收益率

影响，其累积异常收益率出现显著上升，这主要是由于"汇改"实现并强化了人民币升值预期，国际资本在人民币资产财富效应上升的背景下持续进入房地产市场，从而导致房地产行业股价受到显著的资金效应和财富效应推动，即受到显著的正向冲击。只要人民币升值预期不消除，人民币升值带来的充裕流动性，就可能推高房地产板块的估值水平。

8.2.3.1.2　"汇改"事件对股价形成负向冲击的行业

一般而言，人民币升值将对出口行业、外币资产比重大或者产品由国际定价的行业冲击较大。本书检验结果表明，在此事件窗口中有53.8%的行业受到显著的负向冲击，如采掘业、制造业及金融保险业。

由图 8 - 3 可见，金融、保险业在"汇改"发生后的累积收益率主要为负值。一般而言，由于人民币升值将吸引大量的境外资金进入，这将有利于金融业的发展，因此金融、保险业可能受益于汇率升值。但另一方面，人民币升值也可能导致我国金融体系中外币资产的价值缩水、外汇净头寸出现损失，同时"汇改"对一些企业的冲击也可能波及商业银行的经营状况，从而影响商业银行的经营绩效。本书的实证结果表明，在短期内，金融、保险业还是受到"汇改"的负向冲击。

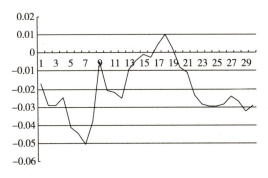

图 8 - 3　金融、保险业累积异常收益率

由图 8 - 4 可知，人民币"汇改"对我国制造业形成了较为显著的负向冲击。在我国制造业当中，相当一部分企业属于出口导向型的行业，同时上述企业一般还具有技术含量低、附加值较小、出口议价能力较低等特点。对这些企业而言，人民币升值导致的成本上升并不能完全传递到出口商品的价格上，企业的利润空间将进一步受到挤压，一些小型出口加工企业甚至破产。上述原因都使得制造业受到显著的负向冲击，由表 8 - 4 可以看出，制造业的累积异常收益率在大部分时间内都为负值。

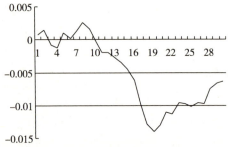

图 8 - 4　制造业累积异常收益率

8.2.3.1.3　"汇改"事件对股价影响不显著的行业

在 2005 年汇改事件窗口中，仅建筑业和社会服务业不存在显著的外汇风险暴露。建筑业和社会服务业涉及商品大多为非贸易品，对外贸易活动较少，通常以本币进行结算。虽然在汇改当日受到人民币升值的小幅影响，但对于汇率波动反应不强烈，不存在显著的外汇风险暴露。

8.2.3.2　2010 年"汇改重启"事件检验结果

由表 8-1 可知，在 2010 年"汇改重启"事件窗口中，外汇风险暴露显著行业只有 53.8%。与"汇改"事件窗口结果相比，无论受正向影响行业和受负向影响行业比例均有所下降。

为什么在 2005 年"汇改"事件中，多数行业都呈现出外汇风险暴露，而在 2010 年"汇改重启"事件中受影响的行业比重有所下降？其中一个主要原因是 2005 年"汇改"事件中人民币升值幅度明显大于2010 年汇改事件。2005 年，人民币汇率制度改革，央行宣布人民币对美元一次性升值 2%，与此相比，"汇改"重启后人民币兑美元升值并不明显，两天升值 0.41%，30 天累计升值 0.68%。正如前文所说的，穆勒和维厄斯勒（2006）指出汇率不同幅度的波动也将导致公司的汇率风险暴露呈现出显著的非对称性，即当汇率在某一波动幅度下，公司管理者和资本市场投资者都可能选择忽略这一汇率风险，而当汇率波动大到一定程度时，公司管理者及资本市场投资者才会采取相应的调整策略。另一个原因可能是由于近年来，随着人民币"汇改"的逐步推进，微观经营主体对外汇风险的重视程度有所加强，同时金融机构也开展了远期、掉期等汇率避险业务。微观主体汇率风险识别水平及避险能力的提高也导致了企业汇率风险暴露程度的下降。

本书运用事件研究法，选取两个特定事件——2005 年人民币汇率制度改革和 2010 年人民币汇率制度改革重启，对我国深市 13 个行业的外汇风险暴露进行了检验。实证结果表明，在"汇改"事件窗口中，13 个行业中共 11 个行业表现出显著的外汇风险暴露，农、林、牧、渔业外汇风险暴露最为显著，房地产业及电力、煤气及水的生产和供应业外汇风险暴露程度较高，批发和零售业显著程度最低，只有建筑业和社会服务业不显著。其中交通运输、房地产等行业收益率受到"汇改"事件的正向冲击，而制造业、金融及保险等行业收益率受到负向冲击。

而在"汇改"重启事件中，由于汇率波动幅度相对较低、上市公司加强汇率避险等原因，对外汇风险识别及规避程度的提高等原因，13 个行业中仅 7 个行业表现出外汇风险暴露。

8.3　纺织服装业上市公司外汇风险暴露研究

涉及人民币外汇风险暴露的研究多采用乔瑞（1990）提出的市场模型进行研究，并且对外汇风险暴露的非对称性研究较少涉及，本节则从公司层面出发，基于扩展的 Fama – French 三因素模型测度外汇风险暴露程度，并进一步考察其非对称性。

8.3.1　实证模型

乔瑞（1990）提出的市场模型如（8.6）所示。

$$R_{i,t} = \alpha_i + \beta_i R_{m,t} + \gamma_i \theta_t + \varepsilon_{i,t} \tag{8.6}$$

其中，$R_{i,t}$ 表示公司 i 在 t 时刻整体收益率，$R_{m,t}$ 表示整个股票市场在 t 时刻的收益率，α_i 表示常数，β_i 表示公司 i 对于市场波动的收益敏感度，θ_t 表示以美元表示的相应货币汇率（直接标价法下）的变动率，γ_i 表示公司 i 的股票收益率对于未预期到的汇率变动的敏感度，即外汇风险暴露系数，$\varepsilon_{i,t}$ 表示白噪声。由于一般情况下 θ_t 表示直接标价法下的汇率变动，因此 $\gamma_i > 0$ 表示本国货币贬值将对公司 i 收益率存在正向影响，若 $\gamma_i < 0$，则表示本国货币贬值将对公司 i 收益率存在负向影响。

一些资产定价研究表明：由于包含了刻画规模 – 收益之间关系的控制变量，Fama – French 三因素模型在对股价收益率的估计方面，要优于传统的市场模型（Lawrence et al.，2007；Hung，2008）。霍夫曼等（Huffman et al.，2010）也指出在外汇风险暴露研究中，运用三因素模型比应用市场模型可以得到更高的显著性。进一步，考虑到金融时间序列一般具有时变性方差，对方差采用独立同分布的假设可能影响模型的估计效果，因此本书采用包含 GARCH（generalized autoregressive conditional heteroscedasticity）效应的模型来检验外汇风险暴露程度，并具体采用 GARCH（1，1）来拟合方差。因此，模型（8.6）被扩展为包含了 GARCH（1，1）效应的 Fama – French 三因素模型，即模型（8.7）。

$$R_{i,t} - R_{ft} = \alpha_i + \lambda_{i,m}MRP_t + \lambda_{i,s}SMB_t + \lambda_{i,h}HML_t + \lambda_i\theta_t + \varepsilon_{i,t}$$

$$(8.7)$$

$$\varepsilon_{i,t} = \mu_{i,t} \times (h_{i,t})^{1/2}, \ h_{i,t} = \delta_i + \tau_i\varepsilon_{i,t-1}^2 + \nu_i h_{i,t-1}$$

其中，$R_{i,t}$ 表示公司 i 在 t 时刻整体收益率，R_{ft} 表示无风险收益率，MRP_t 表示 t 时刻的市场资产组合风险溢价因子，即市场收益率与无风险收益率之差；SMB_t 表示 t 时刻的市值因子，即小规模公司的收益率与大规模公司的收益率之差；HML_t 表示 t 时刻的账面市值比因子，即市净率高的公司收益率和市净率低的公司收益率的差，θ_t 表示人民币对美元汇率（直接标价法）的变动值。其中，h_t 表示残差的条件方差，δ_i、τ_i、ν_i 为未知参数，$\mu_{i,t}$ 表示白噪声。

进一步，本书还将考察纺织服装业上市公司的外汇风险暴露在人民币升值和贬值阶段是否存在非对称性。一般而言，汇率升值会对出口企业形成负向冲击，而贬值会造成正向冲击。我国在 2005 年人民币汇改后，汇率双向波动，但主要表现为升值趋势。因此，有必要辨析人民币升值和贬值状态下前述公司外汇风险暴露是否存在差异性。上市公司外汇风险暴露在升值及贬值阶段的差异性可能出于公司定价策略、套期保值策略等原因。科内特（Knetter，1994）指出，如果公司目标是维持市场份额而不是提高收益率时，本国货币贬值导致公司现金流增加的幅度是低于升值时公司现金流降低的幅度的。布兹（Booth，1996）指出由于公司在汇率升值和贬值过程中进行套期保值引起的交易成本和收益不同，因此公司外汇风险暴露存在非对称性。克里斯多夫（Christophe，1997）认为，在货币贬值时，一旦有新的竞争对手进入，进口商能迅速发现；而当货币升值时，出口商在发现新的竞争对手进入市场时，存在时滞性，这种时滞性提高了公司在货币升值时的沉没成本，从而造成了外汇风险暴露的非对称性。

本书在模型（8.7）中加入虚拟变量 S_t，得到模型（8.8）。其中，汇率波动 θ_t 为负（即人民币升值）时，S_t 为 1，其他情况为 0。$\Gamma_i' + \Gamma_i$ 表示人民币汇率升值时的暴露系数，Γ_i 表示人民币汇率贬值时的暴露系数。

$$R_{i,t} - RF_t = \alpha_i + \lambda_{i,m}MRP_t + \lambda_{i,s}SMB_t + \lambda_{i,h}HML_t$$
$$+ (\Gamma_i + \Gamma_i' \times S_t) \times \theta_t + \varepsilon_{i,t} \qquad (8.8)$$
$$\varepsilon_{i,t} = \mu_{i,t} \times (h_{i,t})^{1/2} \qquad h_{i,t} = \delta + \tau_i\varepsilon_{i,t-1}^2 + \nu_i h_{i,t-1}$$

8.3.2 数据来源及样本选取

考虑到人民币对美元汇率是在 2005 年 7 月汇改实施后开始出现显著波动，而本书拟考察这一名义汇率变动对上市公司的影响，因此本书选取的数据为 2005 年 7 月至 2012 年 12 月的月度数据。选择人民币对美元汇率作为汇率的度量指标是基于下述考虑：（1）美元是中国国际贸易的主要结算货币。（2）如果采用有效汇率等贸易加权汇率，则可能由于与相关国家贸易权重的变化导致无法准确观察汇率不同方向的变化，从而忽略了交易风险（Miller and Reuer，1998），使得汇率变动带来的影响进一步减弱（Dominguez and Tesar，2001）。截止到 2012 年 12 月份，我国纺织服装业上市公司共有 72 家，我们剔除 2005 年 7 月份之后上市的公司数据，样本缩减为 51 家纺织服装业上市公司。各上市公司的股价数据、市场组合风险溢价因子、市值因子、账面市值比因子和无风险收益率（一年期中央银行票据的票面利率）均来自于锐思（RE-SET）数据库。汇率为人民币对美元汇率的月度值，来自于中国经济信息网数据库。研究中一般应用短期国债利率来替代无风险收益率，但由于我国国债市场还在发展当中，同银行间市场处于分割状态，因此本书中无风险收益率选用"一年期中央银行票据"的票面利率，并根据年化利率作月度化数据处理。

8.3.3 实证结果

本书应用模型（8.7）对各样本公司进行回归，结果如表 8 - 2 所示。其中，51 家中 37 家公司暴露系数为正，14 家暴露系数为负。这表明大多数的纺织服装业上市公司的股票收益率将受到人民币贬值的正向影响。因此，近期人民币汇率的升值将对该行业多数公司的市值产生负向影响。而在 5% 的置信水平下，共有 12 家公司具有显著的外汇风险暴露，其中 9 家为正，3 家为负。这一结论充分反映了我国纺织服装业在人民币升值时，公司市值和股票收益率出现下降的状况。由于我国纺织服装业企业出口依存度高、产品附加值低、议价能力低、同业竞争激烈，在人民币汇率升值时汇率传递（exchange rate pass - through）效应较弱，无法将升值成本转嫁给国外消费者，最终导致利润空间受挤压。同时，正是由于纺织服装业行业利润率较低，人民币汇率大幅波动导致的汇兑风险也将显著影响上市公司市值及股票收益。

表 8 - 2　　　　　基于三因素模型的汇率风险暴露检验结果

公司简称	外汇风险暴露系数 λ_i	公司简称	外汇风险暴露系数 λ_i
ST 中冠 A	0.6228 *	鄂尔多斯	- 0.5224
深纺织 A	- 0.0873	三房巷	0.1877
常山股份	0.2296 *	ST 贤成	0.1671
ST 四环生物	0.1792	华纺股份	0.6910 *
鲁泰 A	- 0.2900 *	福建南纺	0.5567 *
ST 三毛派神	0.2298	凤竹纺织	0.5080 *
ST 天山纺织	0.6240	黑牡丹	- 0.0398
华茂股份	0.0484	龙头股份	- 1.1473 *
ST 迈亚	0.6739 *	上海三毛	0.0845
ST 中银绒业	0.3438	海欣股份	0.3041
霞客环保	- 1.2974	航民股份	0.0107
美欣达	- 0.3683	* ST 远东	0.4473
宜科科技	0.9203 *	* ST 中服	0.2910
华孚色纺	- 0.0675	ST 欣龙	- 1.3401 *
众和股份	- 0.0076	七匹狼	0.3864
* ST 德棉	0.0574	江苏三友	0.0545
孚日股份	0.2214	美尔雅	0.6291
新野纺织	- 0.0703	雅戈尔	0.2947
宏达高科	- 0.4866	大杨创世	0.5359
山东如意	0.3951	时代万恒	0.3687
浙江富润	0.0978	凯诺科技	0.6345 *
维科精华	0.2720	红豆股份	0.4128
华升股份	0.4545 *	ST 中茵股份	- 0.1043
江苏阳光	0.0300	* ST 源发	0.2941
金鹰股份	- 0.1212	杉杉股份	0.3801
华芳纺织	0.1087		

注：* 表示在 5% 置信水平下显著。

随后根据模型（8.8）进行外汇风险暴露的非对称分析。回归结果表明①，51家中的15家样本公司在汇率升值和贬值过程中，存在显著的非对称性并在5%的置信度下显著。这表明用模型（8.8）考察更能准确度量人民币汇率波动对上市公司股价的影响。表8-3给出了各样本公司根据模型（8.8）的回归结果得到的各系数估计值的统计分析结果。Γ_i均值为0.1875，表明人民币汇率在贬值阶段对上市公司市值存在正向影响，$\Gamma'_i + \Gamma_i$均值为-0.0615，表明人民币汇率在升值阶段对上市公司市值存在负向影响；并且Γ_i均值要显著高于$\Gamma'_i + \Gamma_i$均值，这表明人民币在贬值和升值过程中对样本公司存在显著的非对称影响，而升值的负向冲击要小于贬值的正向冲击。

表8-3　　　　　模型（8.8）各系数估计值的统计分析结果

	均值	中值	标准差	偏度
α_i	0.0557	-0.008	1.1742	-1.4340
$\lambda_{i,s}$	0.9102	0.9153	0.6834	0.4445
$\lambda_{i,s}$	1.0546	1.1728	0.4590	-0.6150
$\lambda_{i,h}$	0.6291	0.8106	0.4705	-0.7479
r_i	0.1875	0.8686	8.7715	-0.1136
$r'_i + r_i$	-0.0615	-0.0238	0.4093	-1.3048
C	0.0021	0.0006	0.0039	2.1111
ARCH	0.3547	0.1981	0.5694	1.1906
GARCH	0.5592	0.7667	0.6006	-0.6359

纺织服装业公司外汇风险暴露存在非对称性的主要原因可能是其在定价策略上的非对称性。由于我国纺织服装业缺乏自主品牌及知识产权，产品附加值低，议价空间小，在国际市场上主要以价格取胜。因此在出口定价时，如果面临人民币汇率升值，为维持市场份额可能会承担一部分汇率升值的成本，并不会完全将人民币升值部分加总到以外币计价的产品定价上，即通过削减成本等消化人民币升值的影响。而在人民币汇率贬值时，我国厂商为维持竞争地位，可能会较为

---

① 受篇幅所限，模型（8.8）估计结果略。

积极地下调以外币计价的产品定价，市场份额及营业收入会因此增加。因此，升值阶段的负向的外汇风险暴露小于贬值阶段的正向外汇风险暴露。

本章小结

本章首先基于事件研究法，通过选取 2005 年人民币"汇改"及 2010 年"汇改重启"两次关键事件，考察了两次事件对我国深市 13 个行业指数外汇风险暴露的影响。结果表明，在"汇改"事件窗口中，13 个行业中共 11 个行业表现出显著的外汇风险暴露，其中交通运输、房地产等行业收益率受到"汇改"事件的正向冲击，而制造业、金融及保险等行业收益率受到负向冲击。而在"汇改"重启事件中，由于汇率波动幅度相对较低、上市公司加强汇率避险等原因，13 个行业中仅 7 个行业表现出外汇风险暴露。

进一步，本章还选取了中国纺织服装业上市公司数据，应用包含了 GARCH 效应的 Fama - French 三因素模型对中国纺织服装业上市公司的外汇风险暴露进行了检验。结果表明，24% 的上市公司存在显著的外汇风险暴露，而 29% 的上市公司在人民币汇率的升值和贬值阶段存在非对称性。人民币升值对公司市值存在负向效应，人民币贬值对公司市值存在正向效应。

由于我国在 2012 年 4 月进一步扩大了人民币汇率日波幅，汇率风险将进一步加剧。在此背景下，上市公司管理层需要提升自身的财务运营能力，规避汇率风险，加强自身的汇率风险管理水平。而资本市场中的中小投资者在制定投资策略时对此也需要提高认识。在国家层面，我国货币当局一方面在促进金融机构开展外汇避险业务的同时，应着力推进人民币国际化，开展货币互换等区域货币合作，争取人民币在多边贸易中的结算地位，以降低汇率风险对微观经济主体的影响。

第 9 章

结 论

2005 年 7 月实施的人民币汇率形成机制改革标志着我国汇率体制的发展进入了一个新的历史阶段，我国政府也期冀利用汇率工具对我国宏观经济内外不均衡的状况进行调控。汇改实施以来，人民币汇率的升值和汇率灵活性的增大，对我国的实体经济和虚拟经济都产生了重大影响，我国经济内外失衡的状况得到了一定程度的缓解。但伴随着人民币汇改的推进，各界对央行具体的汇改方式及汇改对经济的冲击也存在一定的争议。本书在汇率制度选择的理论框架内，利用经济计量方法辨析了人民币汇率的波动行为及特征，并分析了人民币汇率波动对我国宏观经济体的影响机制及效应，并提出了相应的政策建议。

9.1 主要结论

（1）基于行为均衡汇率模型测算了人民币的均衡水平，分析表明汇改前后人民币汇率偏离均衡水平幅度较小。

考虑到我国作为转型经济体，本书通过建立包含了转型经济因素和中美利差的人民币行为均衡汇率模型，测算了人民币汇率的均衡水平和错位程度，并在人民币均衡汇率方程的基础上利用误差修正模型分析了各宏观经济基本面因素对人民币实际有效汇率的长短期影响。

分析表明从 1997 年至今，人民币实际有效汇率在其均衡水平附近波动，并未有严重高估或低估的局面出现。2005 年 7 月人民币汇率形成机制改革后，人民币实际有效汇率迅速向其均衡水平回归。生产力发展水平、外国直接投资、贸易条件、国有企业比重在长期和短期内都对人民币汇率产生正向冲击，而开放度则表现为负向冲击。政府支出在长期内对汇率表现为正向冲击，而在短期内表现为负向冲击。中美利差在长期内导致人民币汇率贬值，但在短期内表现为显著的正向冲击。

（2）构建中美间相对变量构成的 SVAR 模型，判断出人民币对美元实际汇率的波动来源主要是实际冲击。

为考察人民币汇率体制在应对外部冲击方面的作用，本书分别构建了中美相对变量构成的三变量和四变量 VAR 模型，并基于蒙代尔 - 弗莱明 - 多恩布什模型的理论分析施加了长期约束，采用 SVAR 方法识别了供给冲击、需求冲击、名义冲击和货币政策冲击对我国产出、汇率、价格的影响。

分析结果表明实际冲击解释了人民币对美元实际汇率的大部分，人民币汇率变动符合汇率变动来源的均衡观点，即人民币汇率波动性的扩大，有助于缓解外部的冲击。并且，与中美利差冲击相比，中美相对信贷冲击对我国经济的影响程度更大。名义冲击对我国产出、汇率和价格的影响程度可能随着我国金融体系和资本账户开放程度的提高而有所提高。

（3）测算了非模型依赖的人民币外汇市场压力指数并分析了其影响因素，结果表明中美货币政策将显著影响人民币升值压力。

在人民币汇率升值预期长期持续的背景下，本书测算了非模型依赖的人民币外汇市场压力指数，并分析了这一指数的波动成因。进一步，为了判断人民币外汇市场压力的长短期影响因素，基于央行采取冲销措施应对资本内流的理论框架，构建了包含人民币外汇市场压力、外汇储备和货币政策变量的受限向量误差修正模型，着重分析了我国在后危机时期，中美货币政策变动对人民币外汇市场压力的作用机制及效果。

本书结论，自汇改至今，人民币外汇市场压力主要表现为升值压力，中国货币政策紧缩、美国货币政策宽松将导致人民币升值压力上升。为保持货币政策的独立性，央行有必要通过增加汇率灵活性逐步释放人民币升值压力。

（4）度量了人民币汇率波动性并分析了汇率波动性对我国进出口的影响，分析表明汇率波动性对进出口影响是显著的。

汇率波动性引致的汇率风险对一国贸易的影响是汇率制度选择的关

键议题之一。我国货币当局在汇改之初，也对市场微观主体应对汇率风险的能力有所顾虑。本书在人民币汇率波动性可能进一步扩大的背景下，基于汇率波动性对贸易量影响方向不确定的模型假设和均衡汇率理论，应用 GARCH 模型度量了人民币汇率波动性，并通过建立我国进出口误差修正模型，考察了这一波动性对我国进出口的影响。

分析表明：人民币汇率波动性对进出口的影响显著不同，对进口在长期内表现为正向冲击，对出口在长期内表现为负向冲击，对进出口在短期都表现为负向冲击。从宏观角度分析，上述结果的出现同我国吸引外资、以出口和投资拉动经济增长的增长模式导致的内外需不平衡、贸易结构不合理等因素紧密相关。从微观角度看，我国厂商和国外厂商在市场地位、利润空间、避险工具使用等方面存在差异也导致了汇率波动性对我国进出口影响的不同。

（5）基于格兰杰因果检验和脉冲响应函数考察了人民币汇率升值对辽宁省和大连市经济的效应，分析表明人民币升值对区域经济存在紧缩效应。

在人民币汇率长期升值的背景下，本书以开放度较高的辽宁省和大连市为例，分析了人民币升值对经济产出的效应。本书构建了包含经济总量、工资水平、价格水平、财政收入、居民消费、人民币汇率的向量自回归模型，基于 Granger 因果检验和脉冲响应函数判断了变量间的动态关系。

分析表明：人民币汇率升值对辽宁省和大连市经济产生紧缩性的宏观经济效应，也同样发现了汇率升值将在较长阶段内对辽宁省和大连市经济总量、财政收入、居民消费等产生一定程度的消极影响。

（6）应用事件研究法和包含 GARCH 效应的 Fama - French 三因素考察了人民币汇率体制变革及汇率波动对上市公司股价的影响，结果表明人民币汇率体制性变动和汇率波动都将对上市公司产生显著影响。

本书从微观视角出发，侧重考察了人民币汇率体制变革及汇率波动对上市公司股价的影响。本书首先基于 2005 年人民币"汇改"及 2010 年"汇改重启"这两次关键事件，应用事件研究法考察了两次关键事件对我国深市 13 个行业指数收益率的影响；随后选取纺织服装业这一特定行业，应用包含 GARCH 效应的 Fama - French 三因素模型考察了人民币汇率对该行业上市公司股价的影响。

　　分析表明，人民币"汇改"及"汇改重启"事件都会显著地影响上市公司的收益率。而对纺织服装业上市公司的分析则表明，人民币汇率波动会影响上市公司股价。

9.2　政策建议

　　（1）强化人民币达到或接近均衡水平的预期，秉持渐进性原则调整人民币汇率，避免市场形成单边升值或贬值预期。

　　在汇改后累积升值超过 30% 的基础上，人民币汇率已经达到经济基本面决定的均衡汇率水平。央行应采取"汇率沟通"等较新颖的汇率干预工具，稳定市场中的人民币汇率预期。同时继续秉持"主动性"、"渐进性"和"可控性"原则，稳步推进人民币汇率形成机制改革。在人民币汇率预期分化的背景下，央行可进一步扩大人民币汇率波动区间，强化汇率决定的市场基础。

　　（2）实施金融体系改革，加速利率形成机制改革，稳固人民币汇率形成的市场基础。

　　人民币汇率的市场化改革无法一蹴而就，还需要国内金融体系改革的配合，特别是我国利率形成机制的市场化改革。利率和汇率的协同作用，才有助于调节国内外经济的均衡。考虑到汇率工具对抑制我国通货膨胀水平的作用有限，在目前国内价格水平仍在高位运行的情况下，我国货币当局应保持货币政策的独立性，同时利用利率、存款准备金率和汇率等多种货币政策工具来收紧流动性，调控国内的价格水平，避免通货膨胀的恶化。

　　（3）加强对短期跨境资本的监控，循序渐进的开放资本账户。

　　在近年来外汇储备非正常增长的背景下，我国政府应当严密监控国际短期资本的流动状况，加强对非法跨境资本的打击力度，并且应当适度关注资产价格，着力稳定国内资本市场，避免资产价格的大幅波动导致大规模短期套利资本的迅速进出对我国金融市场、银行体系及宏观经济产生重大冲击。在后金融危机时期，我国货币当局应当首先致力于提高利率和汇率的市场化水平，加强对银行业的监管水平，循序渐进地开放我国的资本账户，避免全球金融市场的扰动和银行业危机向我国经济的传染。

（4）调整引进外资政策，综合使用多种财政货币政策调控贸易收支。

在目前我国国内资本并非稀缺的情况下，我国政府应当逐步调整我国的引进外资政策，从重视数量转向重视引进外资的质量，同时逐步对外商投资企业实施国民待遇。我国巨额的贸易顺差是我国多年来大力引进外资、发展外向型经济的结果，虽然汇率工具能够在一定程度上缓解贸易顺差，优化贸易结构，但汇率工具对贸易总量和结构的调控作用有限，并不能从根本上解决我国贸易中的深层次问题。因此我国政府应当综合使用产业政策、汇率政策、财税政策等多种调控措施来调节贸易收支。

（5）采取货币互换等多种措施提升人民币的国际地位。

短期资本在国际避险需求上升时流出我国的事实表明，人民币的国际地位还需要进一步加强，还未成为储备货币。因此，应继续推进国家间货币互换等措施来逐步提升人民币的国际地位，使人民币成为区域化的交易、储备货币。同时，积极争取在 IMF 改革中的话语权，在争取人民币进入 SDR 货币篮子等问题上持续不断地努力。但人民币国际化应是人民币汇改推进、水到渠成的结果，不应在条件不成熟的情况下，刻意推进人民币国际化路线图的实施。

9.3　需要进一步研究的问题

本书主要从宏观视角考察了汇率体制演进背景下人民币汇率的波动成因及波动效应，涉及微观层面的研究还不多。因此，在未来的研究中仍有一些关键问题需进一步探讨：

（1）本书主要基于宏观视角考察了经济基本面因素对汇率波动的影响，而缺乏从外汇市场运行机制、央行实际干预行为、央行沟通等角度对汇率波动的考察。在未来的研究中，应结合外汇决定的信号模型、超调模型、理性预期模型等，构建包含经济基本面和人民币外汇市场运行特征的理论及计量模型，来具体考察人民币汇率的波动特征及背后的动因。

（2）本书主要从经济总量的宏观角度考察了人民币汇改实施后汇率行为变动对我国贸易和产出价格水平的影响，但实际上，由于我国不同的产业部门和具体行业存在显著的差异，汇率对各行业的冲击也存在差异性。如果基于行业数据或公司层面的数据，研究汇率升值对企业进出口、定价行为和避险风险的影响，才能更准确地衡量汇率改革对我国贸易的影响。

（3）本书中的计量模型多采取线性模型，但实际上，考虑到我国经济处于转型期，对汇率自身波动的描述或对汇率与宏观基本面之间的考察，采取非线性计量模型可能更为准确。因此，运用门限协整、STAR、非线性 Granger 因果关系检验等非线性模型来重新描述人民币汇率波动特征、考察波动效应，应当是未来的研究方向之一。

参考文献

［1］［美］多恩布什·费希尔·斯塔兹：《宏观经济学》，中国人民大学出版社 2000 年版。

［2］［美］理查德·E·凯弗斯、杰弗里·A·法兰克尔、罗纳德·W·琼斯：《世界贸易与国际收支》，中国人民大学出版社 2005 年版。

［3］Lucio Sarno & Mark P. Taylor，何泽荣主译：《汇率经济学》，西南财经大学出版社 2006 年版。

［4］卜永祥、秦宛顺著：《人民币内外均衡论》，北京大学出版社 2006 年版。

［5］丁一兵著：《汇率制度选择》，社会科学文献出版社 2005 年版，第 11 ~ 41 页。

［6］董文泉、高铁梅、姜诗章、陈磊：《经济周期波动的分析与预测方法》，吉林大学出版社 1998 年版。

［7］高铁梅、王金明、吴桂珍、刘玉红：《计量经济分析方法与建模》，清华大学出版社 2006 年版。

［8］李婧著：《中国资本账户自由化与汇率制度选择》，中国经济出版社 2006 年版，第 14 ~ 72 页。

［9］易纲、张磊著：《国际金融》，上海人民出版社 1999 年版。

［10］周宇著：《人民币汇率机制》，上海社会科学院出版社 2007 年版，第 208 ~ 250 页。

［11］卜永祥、秦宛顺：《关税、货币政策与中国实际均衡汇率》，载于《经济研究》2002 年第 5 期。

［12］秦宛顺、靳云汇、卜永祥：《中国经济周期与国际经济周期相关性分析》，载于经济蓝皮书《2002 年：中国经济形势分析与预测》，社会科学文献出版社 2002 年版。

［13］陈平、王曦：《人民币汇率的非均衡分析与汇率制度的宏观效率》，载于《经济研究》2002 年第 6 期。

[14] 曹阳、李剑武：《人民币实际汇率水平与波动对进出口贸易的影响——基于 1980~2004 年的实证研究》，载于《世界经济研究》2006 年第 8 期。

[15] 崔远淼：《人民币汇率水平对 FDI 流入的影响分析》，载于《世界经济研究》2007 年第 8 期。

[16] 窦祥胜、杨炘：《人民币均衡汇率估计——不同方法的比较》，载于《数量经济技术经济研究》2004 年第 4 期。

[17] 丁剑平：《汇率波动与亚洲的经济增长》，载于《世界经济》2003 年第 7 期。

[18] 陈六傅、刘厚俊：《人民币汇率的价格传递效应——基于 VAR 模型的实证研究》，载于《金融研究》2007 年第 4 期。

[19] 范志勇、向弟海：《汇率和国际市场价格冲击对国内价格波动的影响》，载于《金融研究》2006 年第 2 期。

[20] 范金、郑庆武、王艳、袁小慧：《完善人民币汇率形成机制对中国宏观经济影响的情景分析——一般均衡分析》，载于《管理世界》2004 年第 7 期。

[21] 封思贤：《人民币实际有效汇率的变化对我国进出口的影响》，载于《数量经济技术经济研究》2007 年第 4 期。

[22] 高海红、陈晓莉：《汇率与经济增长：对亚洲经济体的检验》，载于《世界经济》2005 年第 10 期。

[23] 高铁梅、康书隆：《外商直接投资对中国经济影响的动态分析》，载于《世界经济》2006 年第 4 期。

[24] 谷宇、高铁梅：《人民币汇率波动性对我国进出口的影响分析》，载于《世界经济》2007 年第 10 期。

[25] 江小涓：《中国的外资经济对增长、结构升级和竞争力的贡献》，载于《中国社会科学》2002 年第 6 期。

[26] 江锦凡：《外商直接投资在中国经济增长中的作用机制》，载于《世界经济》2004 年第 1 期。

[27] 卢万青、陈建梁：《人民币汇率变动对我国经济增长影响的实证研究》，载于《金融研究》2007 年第 2 期。

[28] 卢锋：《我国劳动生产率增长及国际比较（1978~2004）——人民币实际汇率长期走势研究之一》，北京大学中国经济研究中心

讨论稿，No. C2006004，2006 年 4 月。

[29] 卢峰：《我国制造业单位劳动成本变动及其对汇率的影响（1978 ~2006）——依据巴拉萨 – 萨缪尔森效应视角的实证分析》，北京大学中国经济研究中心讨论稿，No. C2007003，2007 年 2 月。

[30] 李建伟、余明：《人民币有效汇率的波动及其对中国经济增长的影响》，载于《世界经济》2003 年第 11 期。

[31] 李天栋、许少强、朱奇：《FDI 的流向、汇率预期的自我强化与冲销式干预的有效性》，载于《世界经济》2005 年第 7 期。

[32] 吕江林、李明生、石劲：《人民币升值对中国股市影响的实证分析》，载于《金融研究》2007 年第 6 期。

[33] 刘穷志：《出口退税与中国的出口激励政策》，载于《世界经济》2005 年第 6 期。

[34] 梁琦、徐原：《汇率对中国进出口贸易的影响——兼论 2005 年人民币汇率机制改革》，载于《管理世界》2006 年第 1 期。

[35] 刘荣茂、何亚峰、黄烁：《人民币汇率波动对我国国际收支调节的有效性分析》，载于《金融研究》2007 年第 4 期。

[36] 卢向前、戴国强：《人民币实际汇率波动对我国进出口的影响》，载于《经济研究》2005 年第 5 期。

[37] 李扬、余维彬：《人民币汇率制度改革：回归有管理的浮动》，载于《经济研究》2005 年第 8 期。

[38] 李广众，Lan P. Voon：《实际汇率错位、汇率波动性及其对制造业出口贸易影响的实证分析：1978 ~ 1998 平行数据研究》，载于《管理世界》2004 年第 11 期。

[39] 吕惠娟、许小平：《出口贸易对中国经济增长影响的再思考》，载于《数量经济技术经济研究》2005 年第 2 期。

[40] 赖平耀：《中国的对外贸易：绩效、问题及未来的政策选择》，载于《国际经济评论》2005 年 5 ~6 月。

[41] 聂小刚：《经济冲击与汇率制度选择》，复旦大学博士学位论文2005 年。

[42] 潘红宇：《汇率波动率与中国对主要贸易伙伴的出口》，载于《数量经济技术经济研究》2007 年第 2 期。

[43] 裴平：《汇率并轨对改善我国进出口状况的效用》，载于《经济研

究》1994 年第 10 期。

[44] 施建淮:《人民币升值是紧缩性的吗?》,载于《经济研究》2007 年第 1 期。

[45] 施建淮、余海丰:《人民币均衡汇率与汇率失调:1991～2004》,载于《经济研究》2005 年第 4 期。

[46] 宋玉华、徐前春:《世界经济周期理论的文献述评》,载于《世界经济》2004 年第 6 期。

[47] 宋志刚、丁一兵:《新兴市场国家的汇率波动与出口:一个经验分析》,载于《数量经济技术经济研究》2005 年第 9 期。

[48] 孙华好、马跃:《化解热钱流入形成的升值压力——市场自动调节机制和政策措施》,载于《世界经济》2005 年第 4 期。

[49] 汪洋:《中国的资本流动:1982—2002》,载于《管理世界》2004 年第 7 期。

[50] 王爱俭、沈庆劼:《人民币汇率与房地产价格的关联性研究》,载于《金融研究》2007 年第 6 期。

[51] 王坤、张书云:《中国对外贸易与经济增长关系的协整性分析》,载于《数量经济技术经济研究》2004 年第 4 期。

[52] 王水林、黄海州:《人民币汇率形成机制的改革及对相关政策的影响》,载于《国际经济评论》2005 年第 9～10 期。

[53] 王世华、何帆:《中国的短期国际资本流动:现状、流动途径和影响因素》,载于《世界经济》2007 年第 7 期。

[54] 王松奇、史文胜:《论汇率的决定机制、波动区间与政策搭配》,载于《财贸经济》2007 年第 4 期。

[55] 王曦、才国伟:《人民币合意升值幅度的一种算法》,载于《经济研究》2007 年第 5 期。

[56] 王晓天:《贸易、外国直接投资与汇率:一个简单的理论框架和基于 VAR 模型的动态分析》,载于《经济科学》2005 年第 6 期。

[57] 王维国、黄万阳:《人民币均衡实际汇率研究》,载于《数量经济技术经济研究》2005 年第 7 期。

[58] 王振中:《汇价水平的变化与对外经济的发展》,载于《经济研究》1986 年第 4 期。

[59] 魏巍贤:《人民币升值的宏观经济影响评价》,载于《经济研究》

2006 年第 4 期。

[60] 谢建国：《外商直接投资、实际有效汇率与中国的贸易盈余》，载于《管理世界》2005 年第 9 期。

[61] 谢多：《人民币汇率分析》，NERI working paper 1997 年 001。

[62] 杨全发、陈平：《外商直接投资对中国出口贸易的作用分析》，载于《管理世界》2005 年第 5 期。

[63] 杨帆：《人民币汇率制度历史回顾》，载于《中国经济史研究》2005 年第 4 期。

[64] 俞乔：《论我国的汇率政策与我国国内经济目标的冲突与协调》，载于《经济研究》1999 年第 7 期。

[65] 张斌：《人民币均衡汇率：简约一般均衡下的单方程模型研究》，载于《世界经济》2003 年第 11 期。

[66] 张纯威：《人民币现实均衡汇率的历史轨迹与未来走势——基于一般均衡框架下多方程结构模型的分析》，载于《数量经济技术经济研究》2007 年第 6 期。

[67] 中国人民银行：《货币政策执行报告》，2007 年各季度，www. pbc. gov. cn。

[68] 中国发展门户网：《世界银行新报告建言中国优化外资利用》，www. chinagate. com. cn，2007 年 9 月 28 日。

[69] 《商务部官员：今年贸易摩擦形势不容乐观》，载于《经济参考报》2008 年 01 月 08 日。

[70] 《2006 年我国贸易摩擦涉案金额逾 20 亿美元，今年我国贸易摩擦形势依旧严峻》，载于《中国贸易报》2007 年 1 月 25 日。

[71] Cecchetti, Stephen G. : "Money, Banking, and Financial Markets" (影印本)，北京大学出版社 2006 年版。

[72] Dominick, Salvatore："International Economics"（影印本），清华大学出版社 2004 年版。

[73] Krugman, Paul R. and Obstfeld, Maurice："International Economics：Theory and Policy"（影印本），清华大学出版社 2004 年版。

[74] De Grauwe, Paul, 1992, "The Benefits of a Common Currency," The Economics of Monetary Integration, ed. by Paul De Grauwe, (New York：Oxford University Press).

[75] Dixit A. K. , and Pindyck R. S. Investment under Uncertainty [M].

Princeton: Princeton University Press,1994.

[76] Dornbusch, Rudiger. Open Economy Macroeconomics. New York: Basic Books, 1980.

[77] Goldstein, M. and Khan, M. S. , "Income and Price Effects in Foreign Trade. "[M], Handbook of International Economics, Vol. 2. , 1985.

[78] Hamilton, J. D. , 1994, *Time Series Analysis*, Princeton: Princeton University Press.

[79] Koren, Miklos, and Adam Szeidl, 2003, "Exchange Rate Uncertainty and Export Prices," mimeo, Harvard University.

[80] Nurkse, R. 1945,"Conditions of International Monetary Equilibrium" Essays in International Finance 4(Spring)Princeton, University Press.

[81] Aghion, P. , Bacchetta, P. , Ranciere, R. and Rogoff, K. , 2006, "Exchange Rate Volatility and Productivity Growth: The Role of Financial Development", *NBER Working Papers* 12117.

[82] Aizenman, J. , 1992, "Exchange Rate Flexibility, Volatility, and Domestic and Foreign Direct Investment", *International Monetary Fund Staff Papers*, Vol. 39, No. 4, pp . 890 – 922.

[83] Aizenman, Joshua, 1993, "Exchange Rate Flexibility, Volatility and the Patterns of Domestic and Foreign Direct Investment", *NBER Working Paper*, W3953.

[84] Alexius, Annika and Post, Erik, 2005, "Exchange Rates and Asymmetric Shocks in Small Open Economies", *Working Paper Series* 2005: 10, Uppsala University, Department of Economics.

[85] Arize, A. C. , 1998, "The Long-Run Relationship between Import Flows and Real Exchange Rate Volatility: the Experience of Eight European Economies" [J], *International Review of Economics and Finance* 7(4), pp. 187 – 205.

[86] Artis, Michael and Ehrmann, Michael, 2006, "The exchange rate-A shock-absorber or source of shocks? A study of four open economies" [J], *Journal of International Money and Finance*, Vol. 25(6), pp. 874 – 893.

[87] Artus J. 1978, "Methods of assessing the long run equilibrium value of

an exchange rate" [J], *Journal of International Economics* 8: 277 - 299.

[88] Asseery A. , and David A. Peel, 1991, "The Effects of Exchange Rate Volatility on Exports" [J], *Economics Letters* 37, 173 - 177.

[89] Bacchetta, Philippe and Eric Van Wincoop, 2000, "Does Exchange - Rate Stability Increase Trade and Welfare?" [J], *The American Economic Review* 90(5).

[90] Balassa B. , 1964, "The Purchasing Power Parity Doctrine: a Reappraisal" [J], *Journal of Political Economy*, 72, 584 - 596.

[91] Baxter, Marianne and Crucini, Mario J. , 1995, "Business Cycles and the Asset Structure of Foreign Trade" [J], *International Economic Review*, Vol. 36(4), pp. 821 - 854.

[92] Baxter, Marianne and Kouparitsas, Michael A. 2006, "What determindes bilateral trade flows?", *NBER Working Papers* 12188.

[93] Baxter, Marianne and Stockman, Alan C. , 1989, "Business cycles and the exchange-rate regime: Some international evidence" [J], *Journal of Monetary Economics*, Vol. 23(3), pp. 377 - 400.

[94] Barkoulas, John T. , Baum, Christopher F. and Caglayan, Mustafa, 2002, "Exchange rate effects on the volume and variability of trade flows" [J], *Journal of International Money and Finance*, Vol. 21(4), pp. 481 - 496.

[95] Benassy-Quere, A. , Fontagne, L. and Lahreche - Revil, A. , 2000, "Exchange Rate Strategies in the Competition for Attracting FDI" [J], *Journal of Japanese and International Economies*, Vol. 15, No. 2, pp. 178 - 198.

[96] Beveridge, S. and C. R. Nelson, 1981, "A New Approach to Decomposition of Economic Time Series into Permanent and Transitory Components with Particular Attention to Measurement of the Business Cycle," *Journal of Monetary Economics* 7, 151 - 174.

[97] Bini-Smaghi, Lorenzo. , 1991, "Exchange Rate Variability and Trade: Why Is It So Difficult to Find any Empirical Relationship?" [J], *Applied Economics* 23, 927 - 935.

[98] Blanchard, Olivier Jean and Quah, Danny, 1989, "The Dynamic Effects of Aggregate Demand and Supply Disturbances"[J], *American Economic Review*, Vol. 79(4), pp. 655 – 673.

[99] Bollerslev T. , 1986, "Generalized autoregressive conditional heteroskedasticity"[J], *Journal of Economics*, 31: 307 – 327.

[100] Borghijs, A. , and L. Kuijs, 2004, "Exchange Rates in Central Europe: A Blessing or a Curse?," *IMF Working Paper*, WP/04/02.

[101] Brada, Josef C. , 1998, "Introduction: Exchange Rates, Capital Flows, and Commercial Policies in Transition Economies"[J], *Journal of Comparative Economics*, 26, pp. 613 – 620.

[102] Buiter, W. , 2000, "Optimum Currency Areas"[J], *Scottish Journal of Political Economy*, 47, 213 – 250.

[103] Calvo, G. , and Mishkin, F. , 2003, "The Mirage of Exchange Rate Regimes for Emerging Market Countries", *NBER Working Paper* No. 9808.

[104] Calvo, Guillermo A. , and Reinhart, Carmen M. , 2002, "Fear of Floating"[J], *The Quarterly Journal of Economics*, Vol. 117(2), pp. 379 – 408.

[105] Canova, Fabio and Dellas, Harris, 1993, "Trade Interdependence and the International Business Cycle"[J], *Journal of International Economic*, 34(1/2), 23 – 47.

[106] Canzoneri, M. , B. , Valles Liberal, Javier and Vinals, Jose, (1996), "Do Exchange Rates Move to Address International Macroeconomic Imbalances?," *CEPR Discussion Papers* 1498.

[107] Cerra, V. and Dayal-Gulati, A, 1999, "China's trade flows: Changing price sensitivities and the reform process", *IMF Working Paper* 99/1.

[108] Chadha, Bankim and Prasad, Eswar, 1997, "Real Exchange Rate Fluctuations and the Business Cycle: Evidence from Japan", *International Monetary Fund Staff Papers*, Vol. 44, No. 3, pp. 328 – 355.

[109] Cheung, Yin-Wong, Chinn, Menzie D. and Fujii, Eiji, 2007, "The overvaluation of Renminbi undervaluation"[J], *Journal of Interna-*

tional Money and Finance, Vol. 26(5), pp. 762 –785.

[110] Chou, W. L., 2000, "Exchange rate variability and China's exports" [J], *Journal of Comparative Economics* 28, pp. 61 –79.

[111] Choudhry, Taufiq, 2005, "Exchange rate volatility and the United States exports: evidence from Canada and Japan" [J], *Journal of the Japanese and International Economies* Volume 19, Issue 1, pp. 51 –71.

[112] Clark, P. B., 1973, "Uncertainty, Exchange Rate Risk, and the Level of International Trade" [J], *Western Economic Journal* 11, 302 –313.

[113] Clarida, Richard and Gali, Jordi, 1994, "Sources of Real Exchange Rate Fluctuations: How Important are Nominal Shocks?," *NBER Working Papers* 4658.

[114] Cole, Harold L. and Obstfeld, Maurice, 1991, "Commodity trade and international risk sharing : How much do financial markets matter?" [J], *Journal of Monetary Economics*, Vol. 28(1), pp. 3 –24.

[115] Côté, Agathe, 1994, "Exchange Rate Volatility and Trade," *Working Paper* No. 94 –95, Bank of Canada.

[116] Coricelli, Fabrizio and Jazbec, Bostjan, 2001, "Real Exchange Rate Dynamics in Transition Economies", *CEPR Discussion Papers* 2869.

[117] Coudert, Virginie and Couharde, Cecile, 2005, "Real Equilibrium Exchange Rate in China", *CEPII Working Paper* No. 2005 –01.

[118] Cushman, David O., 1983, "The Effects of Real Exchange Rate Risk on International Trade" [J], *Journal of International Economics* 15, pp. 43 –63.

[119] Cushman, David O., 1985, "Real Exchange Rate Risk, Expectations, and the Level of Direct Investment" [J], *Review of Economics and Statistics*, Vol. 67, pp. 297 –308.

[120] Cushman, David O., 1986, "Has Exchange Risk Depressed International Trade? The Impact of Third – Country Exchange Risk" [J], *Journal of International Economics* 5, pp. 361 –379.

[121] Cushman, David O., 1988, "US Bilateral Trade Flows and Exchange

Rate Risk during the Floating Period"[J], *Journal of International Economics* 24, 317 – 330.

[122] De Grauwe, P., 1988, "Exchange rate variability and the slowdown in growth of international trade", *IMF Staff Papers*, 35: 63 – 84.

[123] De Broeck, Mark and Torsten Slok, 2001, "Interpreting Real Exchange Rate Movements in Transition Countries", *IMF Working Paper* WP/01/56.

[124] Dellas, Harris, 1986, "A real model of the world business cycle" [J], *Journal of International Money and Finance*, Vol. 5(3), pp. 381 – 394.

[125] Dellas, H. and Zilberfarb, H., 1993, "Real exchange rate volatility and international trade: A reexamination of the theory"[J], *Southern Economic Journal* 59, pp. 651 – 657.

[126] Devereux, M. and Engel, C., 1998, "Fixed versus Floating Exchange Rates: How Price Setting Affects the Optimal Choice of Exchange Rate Regime", *NBER Working Paper* No. 6867.

[127] Dixit, A. K., 1989, "Entry and Exit Decisions under Uncertainty," *Journal of Political Economy* (97:3), pp. 620 – 638.

[128] Domac, Iiker and Maria Soledad Martinez Peria, 2000, "Banking Crisis and Exchange Rate Regimes: Is there a Link?", *Policy Research Working Paper* 2489, Washington, D. C.: The World Bank.

[129] Dornbusch, R., 1976, "Expectations and Exchange Rate Dynamics," *Journal of Political Economy*, 84, 1161 – 1176.

[130] Dunaway, S., Leigh, L. and Li, X., 2006, "How Robust are Estimates of Equilibrium Real Exchange Rates: The Case of China", *IMF Working Paper*, WP/06/220.

[131] Edwards, Sebastian and Levy Yeyati, Eduardo, 2005, "Flexible exchange rates as shock absorbers"[J], *European Economic Review*, Vol. 49(8), pp. 2079 – 2105.

[132] Eichengreen, Barry, 1994, "International Monetary Arrangements for the 21st Century", Washington, DC: Brookings Institution.

[133] Eichengreen, B. and Arteta, C., 2000, "Banking Crises in Emerging

Markets"[J], *Economic Journal* 110, pp. 256 – 272.

[134] Eichengreen, B., A. Rose, and C. Wyplosz, 1996, "Contagious Currency Crises", *NBER working paper*, w5681.

[135] Egert, Balázs, 2004, "Assessing equilibrium exchange rates in CEE acceding countries: Can we have DEER with BEER without FEER? A critical survey of the literature", *BOFIT Discussion Papers* 1/2004, Bank of Finland, Institute for Economies in Transition.

[136] Engle, R. F., 1982, "Autoregressive Conditional Heteroscedasticity With Estimates of The Variance of United Kingdom Inflation"[J], *Econometrica*, Vol. 50, No. 4, pp. 987 – 1007.

[137] Engle, R. F. and Granger, C. W. J., 1987, "Cointegration and Error – Correction: Representation, Estimation, and Testing"[J], *Econometrica* 55(March), pp. 251 – 276.

[138] Farrant, K., and G. Peersman, 2005, "Is the exchange rate a shock absorber or a source of shocks? New empirical evidence", *Working Papers of Faculty of Economics and Business Administration*, Ghent University, Belgium 05/285.

[139] Forbes, K. J., 2001, "Are Trade Linkages Important Determinants of Country Vulnerability to Crises?", *NBER Working Paper* No. 8194.

[140] Franke, G., 1991, "Exchange Rate Volatility and International Trading Strategy" [J], *Journal of International Money and Finance* 10, pp. 292 – 307.

[141] Frankel, Jeffery, 1999, "No Single currency Regime is Right for All Countries or at All Times", *NBER Working Paper* 7338.

[142] Frankel, Jeffery, 2003, "Experience of and Lessons from Exchange Rate Regimes in Emerging. Economies", *NBER Working paper* 10032.

[143] Frankel, Jeffery, 2006, "On the Yuan: The Choice between Adjustment under a Fixed Exchange Rate and Adjustment under a Flexible Rate," *CESifo Economic Studies*, Oxford University Press, Vol. 52 (2), pp. 246 – 275.

[144] Frankel, J., Schmukler, S. and Serven., L., 2000, "Verifiability

and the Vanishing Intermediate Exchange Rate Regime", *NBER Working Papers* 7901.

[145] Funke, Michael, 2000, "Macroeconomic Shocks in Euroland vs. the UK: Supply, Demand, or Nominal?", *Quantitative Macroeconomics Working Papers* 20001, Hamburg University, Department of Economics.

[146] Funke, Michael and Rahn, Jorg, 2005, "Just How Undervalued is the Chinese Renminbi?" [J], *The World Economy* 28 (4), 465 –489.

[147] Gagnon, J., 1993, "Exchange rate variability and the level of international trade", *Journal of International Economics*, Vol. 34 pp. 269 – 340.

[148] Gaulier, G., Lemoine, F., and Unal – kesenci, D., 2006, "China's Emergence and the Reorganization of Trade Flows in Asia," *CEPII Working Paper* No. 2006 – 05.

[149] Ghosh, Atish R., Anne-Marie Gulde, Jonathan D. Ostry and Holger C. Wolf, 1997, "Does the Nominal Exchange Rate Regime Matter?", *NBER Working Papers* 5874.

[150] Giovannini, Alberto, 1988, "Exchange Rates and Traded Goods Prices" [J], *Journal of International Economics* 24 (February): 45 – 68.

[151] Goldberg, Linda S., and Kolstad, Charles D., 1995, "Foreign Direct Investment, Exchange Rate Variability and Demand Uncertainty" [J], *International Economics Review* Vol. 36(4), pp. 855 – 873.

[152] Golley, J., and Tyers, R., 2007, "China's Real Exchange Rate", College of Business and Economics, Australian National University, *Working Paper* No. 479.

[153] Hodrick, Robert, and Edward C. Prescott, 1997, "Postwar U. S. Business Cycles: An Empirical Investigation", *Journal of Money, Credit, and Banking*, Vol. 29, No. 1, 1 – 16.

[154] Hooper, P. and Kohlhagen, S., 1978, "The effect of exchange rate uncertainly on the prices and volume of international trade" [J], *Jour-*

nal of International Economics , 8 , pp. 483 – 511.

[155] Johansen, Soren, 1991, "Estimation and Hypothesis Testing of Coin-
tegration Vectors in Gaussian Vector Autoregressive Models", Econo-
metrica 59: 1551 – 1580.

[156] Joyce, Joseph and Kamas, Linda, 2003, "Real and nominal determi-
nants of real exchange rates in Latin America: Short – run dynamics
and long – run equilibrium", *The Journal of Development Studies* ,
Vol. 39(6) , pp. 155 – 182.

[157] Kaminsky, Graciela, Saul Lizondo, and Carmen M. Reinhart, 1997,
"Leading Indicators of Currency Crises", *IMF Working Paper* , WP/
97/79.

[158] Kenen, P. , and D. Rodrik, 1986, "Measuring and Analysing the
Effects of Short – Term Volatility on Real Exchange Rates" [J] , *Re-
view of economics and Statistics* (Notes) , pp. 311 – 315.

[159] Klein, Michael W. and Jay C. Shambaugh, 2004, "Fixed Exchange
Rates and Trade," *NBER Working Papers* 10696.

[160] Kontolemis, Zenon, and Ross, Kevin, 2005, "Exchange Rate Fluctu-
ations in the New Member States of the European Union," Macroeco-
nomics 0504015, EconWPA.

[161] Korary, K. and W. Lastrapes, 1989, "Real Exchange Rate Volatility
and U. S. Bilateral Trade: A Real Approach" [J] , *Review of Econom-
ics and Statistics* 71 , 708 – 12.

[162] Krugman, Paul, 1979, "A Model of Balance-of-Payments Crises" [J] ,
Journal of Money , *Credit and Banking* , Vol. 11(3) , pp. 311 – 325.

[163] Krugman, Paul R. , 1991, "Target Zones and Exchange Rate Dynam-
ics" [J] , *The Quarterly Journal of Economics* , Vol. 106(3) , pp. 669 –
682.

[164] Lastrapes, W. D. , 1992, "Sources of Fluctuations in Real and Nomi-
nal Exchange Rates" [J] , *The Review of Economics and Statistics* ,
Vol. 74(3) , pp. 530 – 539.

[165] Levy-Yeyati, E. , and F. Sturzenegger, 2001, "Exchange Rate Re-
gimes and Economic Performance", *IMF Staff Papers* , Vol. 47, Spe-

cial Issue, 62 – 98.

[166] Levy-Yeyati, E. , 2003, "To Float or to Fix: Evidence on the Impact of Exchange Rate Regimes on Growth" [J] , *American Economic Review*, Vol. 93 (4) , pp. 1173 – 1193.

[167] Levy-Yeyati, E. , 2005, "Classifying exchange rate regimes: Deeds vs. words" [J] , *European Economic Review*, Vol. 49 (6) , pp. 1603 – 1635.

[168] Liu, Li-Gang, Chow, Kevin and Li, Unias, 2006, "Determinants of Foreign Direct Investment in East Asia: Did China Crowd Out FDI from Her Developing East Asian Neighbours," *Working Papers* 0617, Hong Kong Monetary Authority, revised .

[169] Lucio Sarno and Mark P. Taylor, 2002, "Purchasing Power Parity and the Real xchange Rate," *IMF Staff Papers*, Vol. 49 (1) , P. 5.

[170] MacDonald, R. , 1997, "What Determines Real Exchange Rates? — The Long and Short of It", *IMF Working Paper*, WP/97/21.

[171] MacDonald, R. , and Ricci, L. , 2003, "Estimation of the Equilibrium Real Exchange rate for South Africa", *IMF Working Paper*, WP/03/44.

[172] Makin, J. H. , 1978, "Portfolio Theory and the Problem of Foreign Exchange Risk" [J] , *Journal of Finance*, Vol. 33 (2) , pp. 517 – 534.

[173] Mann, Catherine L. , 1989, "The Effects of Exchange Rate Trends and Volatility on Export Prices: Industry Examples from Japan, Germany, and the United States" [J] , *Weltwirtschaftliches Archiv* 125: 588 – 618.

[174] McKenzie, M. D. , 1999, "The Impact of Exchange Rate Volatility on International Trade Flows" [J] , *Journal of Economic Surveys*, Vol. 13, No. 1, pp. 71 – 106.

[175] McKinnon, Ronald I. , 1963, "Optimum Currency Areas", *American Economic Review*, Vol 53, pp. 717 – 724.

[176] McKinnon, Ronald I. , 2005, "Exchange Rate or Wage Changes in International Adjustment? Japan and China versus the United States", *China & World Economy*, Vol. 13, No. 5, 3 – 10.

[177] McKinnon, Ronald Ian and Gunther Schnabl, 2006, "China's Exchange Rate and International Adjustment in Wages, Prices, and Interest Rates: Japan Deja Vu?", *CESifo Working Paper* No. , CESifo GmbH.

[178] Montiel, P. J., 1999, "Determinants of the Long-Run Equilibrium Exchange Rate: An Analytical Model", In Lawance E. Hinkle and Peter J. Montiel, Eds , *Exchange Rate Misalignment: Concepts and Measurement for Developing Countries.* 264 – 290. New York: The World Bank.

[179] Mundell, R. A., 1961, "A Theory of Optimum Currency Areas"[J], *American Economic Review* 51: 657 – 665.

[180] Mussa, M., 1986, "Nominal Exchange rate regimes and the behavior of real exchange rates: Evidence and Implications," *Carnegie-Rochester Conference Series on Public Policy*, Vol. 25, No. 1, pp. 117 – 213.

[181] Obstfeld, M., 1985, "Floating exchange rate: experience and prospects", *Brookings Papers on Economic Activity*, 369 – 450.

[182] Obstfeld, M., 1994, "The Logic of Currency Crises?", *NBER Working Paper* No. 4640.

[183] Obstfeld, M., 1998, "The Global Capital Market: Benefactor or Menace?", *NBER Working Paper* No. W6559.

[184] Obstfeld, M., 2007, "The Renminbifs Dollar Peg at the Crossroads," *IMES Discussion Paper Series* 07 – E – 11, Institute for Monetary and Economic Studies, Bank of Japan.

[185] Obstfeld, Maurice and Rogoff, Kenneth, 1995, "The Mirage of Fixed Exchange Rates"[J], *Journal of Economic Perspectives*, Vol. 9(4), pp. 73 – 96.

[186] Ofair Razin, Susan M. Collins, 1997, "Real exchange rate misalignments and growth", *NBER Working Paper*, No. 6174.

[187] Palley, T. I., 2006, "External Contradictions of the Chinese Development Model: Export-led Growth and the Dangers of Global Economic Contraction" [J], *Journal of Contemporary China*, Vol. 15(46).

[188] Pozo, Susan, 1992, "Are Flexible Exchange Rates Really More Vola-

tile? Evidence from the Early 1900s" [J], *Applied Economics* 24: 1213 – 18.

[189] Prasad, Eswar S., 1999, "International Trade and the business cycle" [J], *the Economic Journal*, 109(October), 588 – 606.

[190] Prasad, E., and Wei, S., 2005, "The Chinese approach to capital inflows: Patterns and possible explanations", *NBER Working Paper* 11306.

[191] Reinhart, Carmen M., and Rogoff, Kenneth S., 2002, "The Modern History of Exchange Rate Arrangements: A Reinterpretation", *NBER working paper* 8963.

[192] Rodrik, D., 2006, "what's so special about china's exports?", *NBER working paper* 11947.

[193] Rogoff, K. S., Husain, A. M., Mody, A., Brooks, R. and Oomes, N., 2003, "Evolution and Performance of Exchange Rate Regimes", *IMF working Paper* WP/03/243.

[194] Ronald MacDonald, 1998, "What do we really know about exchange rates?", *Working Papers* 28, Oesterreichische Nationalbank(Austrian Central Bank), revised .

[195] Rose, Andrew K., 1999, "One Money, One Market: Estimating the Effect of Common Currencies on Trade", *NBER Working Papers* 7432.

[196] Rose, Andrew K., 2000, "One Money, One Market: The Effect of Common Currencies on Trade" [J], *Economic Policy*, April, 9 – 45.

[197] Rumbaugh, Thomas and Blancher, Nicolas, 2004, "China: International Trade and WTO Accession", *IMF Working Paper* No. 04/36.

[198] Samuelson, Paul A., 1964, "Theoretical Notes on Trade Problems," *Review of Economics and Statistics* 23, pp. 145 – 154.

[199] Sercu, Piet and Vanhulle, Cynthia, 1992, "Exchange Rate Volatility, International Trade, and the Value of Exporting Firms" [J], *Journal of Banking and Finance* 16, 155 – 182.

[200] Stockman, Alan C., 1983, "Real Exchange Rates under Alternative Nominal Exchange-Rate. Systems," *Journal of International Money*

and Finance 2 −2, 147 −166.

[201] Stockman, Alan C. , 1986, "Real Exchange Rate Variability Under Pegged and Floating Nominal Exchange Rate Systems: An Equilibrium Theory", *RCER Working Papers* 128.

[202] The World Bank, 2008, "Global Economic Prospects 2008: Technology Diffusion in the Developing World ", (http://www. worldbank. org/).

[203] Wang, Tao, 2004, "China: Sources of Real Exchange Rate Fluctuations", *IMF Working Paper* No. WP/04/18.

[204] Weber, Axel A. , 1997, "Sources of Purchasing Power Disparities between the G3 Economies" [J], *Journal of the Japanese and International Economies*, vol 11(4), 548 −583.

[205] Williamson, J. , 1984, "The Exchange Rate System Policy Analyses in International Economics", Vol. 5, Washington: Institute of International Economics.

[206] Williamson, J. , 1994, "Estimates of FEERs", In John Williamson, Ed. , Estimating Equilibrium Exchange Rates, 177 − 245. Washington, DC. : Institute for International Economics.

[207] Xing, Yuqing, 2006, "Why is China so attractive for FDI? The role of exchange rates" [J], *China Economic Review*, Vol. 17, issue 2, pp. 198 −209.

后 记

《汇率制度演进背景下人民币汇率波动成因及波动效应研究》一书是在我的博士毕业论文和近年来发表的论文基础上整理而成的。

每当回忆起攻读博士的日子，心中依然满怀对导师高铁梅教授的感激之情。本书的大部分内容，都是在导师高铁梅教授的悉心指导下完成的。高老师在繁忙的工作中抽出大量的时间指导了我博士论文的选题、写作和修订，倾注了大量的心血。在攻读博士的三年中，我时刻感受着高老师严谨的治学态度、渊博的学识、勤勉的工作作风，这种言传身教的表率作用将使我终生受益。攻读博士期间与高老师合作的一些研究成果陆续发表在《金融研究》、《世界经济》、《数量经济技术经济研究》等国内权威期刊，并被人大复印资料转载。高老师还时刻如慈母一般关心着我的生活点滴，并传授我做人的道理。在此，我谨以此书向我的导师高铁梅教授表示深深的谢意和敬意。

在获得吉林大学商学院数量经济学博士学位后，我进入大连理工大学管理与经济学部经济学院，开始从事教学、科研工作。经济学院秉持"笃行厚学"的院训，为青年教师提供了良好的科研基础条件及浓厚的科研协作氛围，我得以继续潜心于人民币汇率、外汇储备等国际金融领域方面的研究。在此过程中，我陆续取得了一些研究成果，发表在《统计研究》、《经济科学》、《国际贸易问题》等国内权威期刊上，并形成了本书的后半部分内容。依托这些研究成果，我成功申请并主持了1项国家社会科学青年基金项目和1项教育部人文社科青年基金项目。

在此我要深深感谢大连理工大学经济学院的领导、同事们，特别要感谢李延喜教授、安辉教授、成立为教授、史金艳博士，是你们的支持、鼓励与帮助使我取得了今天的些许成绩，并使本书得以完成。

最后，感谢我的父母和爱人，你们的支持是我前进的最大动力。

我将加倍努力前行于学术之路上！

谷宇

2013年7月14日